中国古代语言学简史

王功龙◎著

辽海出版社

图书在版编目 (CIP) 数据

中国古代语言学简史 / 王功龙著. —沈阳：辽海出版社，
2004.1（2018.3 重印）

ISBN 978-7-80669-878-5

Ⅰ. 中… Ⅱ. 王… Ⅲ. 汉语—语言学史—古代—高等学校—
教材 Ⅳ .H 1-09

中国版本图书馆 CIP 数据核字 (2P,004) 第 000182 号

中国古代语言学简史

责任编辑	丁　凡	
责任校对	刘为明	
开　　本	155mm × 230mm　1/16	
字　　数	280 千字	
印　　张	22	
版　　次	2018 年 3 月第 2 版	
印　　次	2018 年 3 月第 1 次印刷	

出　　版	辽海出版社
印　　刷	天津兴湘印务有限公司

ISBN 978-7-80669-878-5　　　　　　定价：54.80 元

应予关注的一部中国语言学史新著

——《中国古代语言学简史》序

曲彦斌

前年，曾应著名的前辈学者王文宝先生盛情相邀，诚惶诚恐地为其新著《中国民俗学史》写了篇序。现在，王文宝先生的大著刚刚出版，又逢王功龙先生盛邀为其即将问世的《中国古代语言学简史》作序。

于是，我就有幸分别为语言学与民俗学这两个领域的两部学术专门史写序。我想，除却同两位作者的友情而外，也许更主要的还是我同两个学科的学术之缘。那可能就是，"民俗语言学"是本人所主要从事的研究领域，"民俗语言学"则于客观上直接地沟通着语言学与民俗学的双向研究，于是我也就成了名副其实的"双栖学者"。

语言之于人类社会生活的重要性，已经是一种基本的科学常识了。语言学可谓人类社会一门非常古老的学科。关于中国语言学的发生，人们还有不同的看法。王力先生等认为在"五四"运动以前，人们对于语言的研究属于语文学研究的性质（《中国语言学史》），但谁也不能否认中国古人对于语言的研究，早在先秦时代就已经开始了。抛开"语文学"与"语言学"两个概念内涵的差别不谈，如果要叙述中国语言学发生发展的历史，则中国人对语言的研究，迄今已有二千多年的历史了。何九盈的《中国古代语言学史》提出，"从汉代开始，语言学已经算是一门独立的学科了。《方言》、《说文》、《释名》这三大名著的产生，就是语言学独立成为一门学科的标志"。尽管现代科学意义上的中国语言学是否是个很老的学科还有争议,但人类关于研究语言的历史,却十分悠久。若追溯、探讨中国古代语言研究的源头,同古希腊等世界各国非常相近的是,中国语言学发展史上最初的语言研究,以及有关语言问题的学术思想,大都掺杂在历史和哲学等著作的论述里面。例如,孔子、老子和墨子等先秦诸子的著作里面,颇有一些散在的关于语言问题论述。

在国外,语言学史业已成为一门独立的学科。在中国,目前也已经开始从依附于理论语言学走向独立。[英] R. H. 罗宾斯在《简明语言学史》中译本序里说:"中国现在已经参加了国际语言学会并且正在其中起着重要的作用。早期的中国语言学家,自从16世纪欧洲开始与中国和中国语言接触以来,就在汉语史和汉语结构的研究方面做了很多工作,对欧洲以及整个世界的语言学研究都做出了巨大的贡献。"同一领域,不可能、也不应当只有一部专门史,语言学自不例外。用现代语言学和现代科学视点撰写的中国语言学史,已有数部。例如,分别由王力、朱星、濮之珍撰写的《中国语言学史》,以及何九盈的《中国古代语言学史》、邵敬敏的《中国理论语言学史》、胡奇光的《中国小学史》、班招的《中国语言文字学通史》,等等。如今,这部最新的《中国古代语言学简史》出版问世,又为这一学术领域增添了一枝新葩。

英国哲学家休谟说:"历史不仅是知识中很有价值的一部分,而且还打开了通向其他许多部分的门径,并为许多科学领域提供了材料。"(《论历史研究》)语言学史虽为专门史,但也尤需博洽与贯通,要与相关学术领域"左右逢源"。语言学属于同社会学、人类学、文化学、历史学等多种人文社会科学有着广泛联系和交叉的"多缘性"学科,因而,语言学史也与这些学科的学术史紧密相关。可以相信,中国语言学史也可以打开通向文化史、民族史和社会史等"其他许多部分的门径，并为许多科学领域提供了材料"。我想，每个学术领域专门史的问世，都是对相邻科学领域的特别贡献，是对社会文化史及学术史的一种积累和推进，是其之于本体之外的学术价值所在。这一点，显然也是这部《中国古代语言学简史》最起码的学术价值所在。

我在为王文宝先生《中国民俗研究史》写的序言中，谈到唐代史官刘知几曾提出的"才、学、识""三长"，以及梁启超强调的治史者要具备史德、史学、史实和史才"四要素"，并参照梁氏的"四要素"对该著进行评述。如今若仍以此来作为评价这部《中国古代语言学简史》的话，则主要体现如下一些较突出的特色：

首先，此书是在作者讲稿的基础上加工整理而成的，故本书语言的叙述朴实通俗，没有像当下的许多年轻人的著述那样，食古不化，食洋不化，此书保留了讲课时的风格，诸凡中国语言学史中的重要著述、语言学家的重要贡献、学术地位等，都平心静气地娓娓道来，没有故作惊人之话，无哗众取宠之心，不作惊听回视之态，从语言学史的叙述方法来说，可谓独具特色。

其次，全书不仅仅是平铺直叙地列举了中国语言学史上的一些人物和著作，而是有叙述，有评论，这在同类著作中也是很有特点的。关于历史著作，可以有不同的写法，这可能与作者写作时的潜在读者有关。本著作坚持叙中有评，评中有叙的写法，不仅仅介绍学术人物，学术著作本身，同时还介绍人们对这些学术人物、学术著作的评价。这种写法，更适合研究生阶段和刚要接触这个门类的研究者的阅读。从更高的学术层面来俯视，评价中国语言学史的历史现象，使本书既具备了历史的性质，又具备了综述的作用。

再次，本书在介绍学术人物、学术著作的同时，也将有关的研究著作、版本流传情况等作详细的介绍，使这部著作兼具有文献学、史料学、目录学的作用。使每一个阅读此书的人，都明白了解某一专题研究，资料到哪去找，目前达到什么水平，还存在哪些问题，前人的成功经验和失败的教训以及学术流派的脉络，学术特色的传承等。本书既注重了历史叙述的准确性、稳定性，注重本学科的体系性，又重点突出接触到学科前沿，把最新的学术动态及学术发展趋向介绍给读者，以引发读者的思考，使欲研究者迅速进入到学术研究阵地，这对于本科生、研究生来说尤为重要。

最后，本书作为一部学术专著，字里行间常常透露出作者研究多年的学术观点，只不过没有展开深入论述罢了。例如，关于中国语言学史的分期问题，作者认为唐宋时代的语言学面貌基本一致，并不像其他学者所认为的那样差别之大，应当划为一期，充分肯定了朱熹等理学家语言学研究成就；又如作者主张语言学史应当与文学史等学科并列，这是学科发展的要求，也是学科建设的必然；又如作者在具体论述语言学历史事实的发展时，不是提出自己的学术观点，引而不发，作者认为如果将《说雅》、《毛雅》、《尔雅》三部书进行综合研究，可整理出上古汉语的词汇系统，这里既指出了这三部著作的重要性，又为后生学子提供了科学研究的课题。全书像这种精辟的论述还有很多，还有待于诸位读者自己采撷了。

总而言之，在目前我国有限的数种中国语言学史专门著作中，此书颇具特色。本书全篇条理清晰，繁简适当，在叙述方法上也有特色，专业人员读此书只觉胜义纷呈、目不暇接；其他对此书有兴趣的人读来也不觉烦闷艰涩。本人作为中国语言学史的"门外汉"，自知学养不足，未必切中肯綮，很难评论到位，只好拉杂写上如许感想，权充序言是了。

甲申春分前三日记于雅俗轩

目 录

绪　　论

一、中国古代语言学史的性质

"中国古代语言学史"是为中文系汉语言硕士研究生开设的一门基础课。根据最近颁布的高等教育法规定：全国综合性大学的中文系必须开设语言学史这门课程。我们首先假定大家在本科时已开过这门课，或者说已经具备了初步的语言学史知识。在硕士阶段再开设这门课程势必要有所区别，我们在硕士阶段开设这门课程的特点有以下几点：

第一，有述有评。因为硕士阶段的学习不等同于本科生，在我们讲述语言学史的过程中，适当地加大评的力度，即在后来人的立场和角度，对于语言学家、语言学著作做一些评论，这些评论也大都是学者们的看法，这样有述有评，方能体现出硕士阶段语言学史的特点来。而且，适当地加入评论，对于学生后来的论文写作和科研指导都会起到推进作用。述和评的比例大约为各一半。

第二，兼具史料学、目录学的功能。做任何一门学问，都必须了解这门学科的历史，鲁迅先生曾说过，任何学问，都是一门史的学问，我们今天研究任何一门学问，都要了解这门学问研究的历史，这样才有可能在前人研究的基础上前进一步。妄自菲薄和自以为是表面上是相反的表现，但实际上都是不懂得某一门学科的历史的反映。妄自菲薄是不知道几乎所有的学问都经过了前人的争辩而建立起来的，前辈学者也是凡人，是可以企及跨越的，几乎所有的问题、论题都是有争议的，并不是神圣无疑的，都是有待发展的；自以为是是不知道你所想到的问题、角度等等，前人几乎都想过、尝试过、研究过，你只有在前人研究的基础上才能少走弯路，才能前进。申小龙等倡导文化语言学之所以不能继续前进，就是因为他们完全否定了前辈师长的贡献和努力，想要以不可一世的态度重新构筑他们心目中的学术大厦，结果是继承不够，创新没有，前后失据，成为昙花一现的学术人物。

我们这门课程，在叙述过程中，将前代学者的著述原原本本地介绍给大家。在介绍著述时，可能兼及版本、目录等等。因此这门课程兼具汉语言史料学、目录学的功能。中国学者历来讲究目录学的功能和作用，就是指在进行学习和研究时，要了解或者掌握以往学者的研究成果。否则就会一事无成。硕士阶段要做一些研究性的工作，要了解都有哪些材料，要知道去哪里寻找材料，也要明白人们对这些成就是如何评价的等等。这些都是史料学、目录学所要完成的任务。清代学者王鸣盛在《十七史商榷》中说："目录之学，学中第一紧要事。必从此问途，方能得其门而入。"（卷一）又说："凡读书最切要者，目录之学。目录明，方可读书；不明，终是乱读。"（卷七）

现代著名史学家陈垣说："目录学就好像一个账本，打开账本，前人留给我们的历史著作概况，可以了然。古人都有什么研究成果，要先摸摸底，到深入钻研时才能有门径，找自己所需要的资料，也就可以较容易地找到了。"张之洞曾写过一本著名的书叫《书目答问》，他说："读书不知要领，劳而无功；知某书宜读而不得精校精注本，事倍功半。今为分别条流，慎择约举，视其性之所近，各就其部求之。又于其中详分子目，以便类求。一类之中，复以义例相近者使相比附。再叙时代，令其门径秩然，缓急易见。"（见《书目答问·略例》，上海古籍出版社，1983年版）张之洞提出的几点，我们今天仍然值得重视。我的这本讲义即是本着这些话的精神来做的。张之洞此书是为他的学生写的，他的学生相当于今天的研究生。其一，他写此书是为了给学生指出一个门径，即从何入手读书、读哪些书。其二，要会选择，哪些书好一些，哪些书差一点，好的书读，不好的书不读，这要有评判。这也是我们开语言学史的目的。有的方面的书，如《汉语言文字史料学》《目录学》之类，由于书的体例和要求不同，均缺乏评论这一个节目，这对于我们来说是不够的。我们不仅要指出已经存在了哪些文章、书，更重要的是指出这些书、作者在学科发展史上的地位和影响，他们的贡献是什么等等，所以我特别鼓励大家看或者写综述的文章。以前杭州大学办的一个刊物叫《语文战线》很好，里面综述文章很多，有许多导读的文章，由名家来说明，就比我们自己读好多了。其三，要分门别类，古人常说分别部居，加一些注解说明，以帮助学生读书。在研究生阶段，要逐渐形成自己的知识结构，要能辨别学科分类和流派特点，你首先要在自己脑子中形成一个仿佛图书分类的框架，将你所汲取的知识、观点等分别置入相关的系统里，你如果要取的话，就能够迅速地找到它们，知道大分类，知道小分类，知道总目，知道子目，这样才有可能将自己的知识条理化，从而使你所学到的东西活起来，成为可能任你随时调动的、自己的知识。

我们还要注意阅读前辈学者自己讲述做学问的过程、方法等文章，可以看一些有关这方面的学术经历的书，我所知道的有：

《治学方法谈》　中国青年出版社，1983．5

《治学集》　上海人民出版社，1983．6

《学人谈治学》　浙江人民出版社，1982．9

《中国现代社会科学家传略》　山西人民出版社，1980

《世纪学人自述》　北京十月文艺出版社，2000．1

二、参考书目

王　力　　《中国语言学史》　　山西人民出版社，1981．8
何九盈　　《中国古代语言学史》河南人民出版社，1985．9
濮之珍　　《中国语言学史》　　上海古籍出版社，1987．10
赵振铎　　《中国语言学史》　　河北教育出版社，2000．5
何九盈　　《中国现代语言学史》广东教育出版社，1995．9
蒋绍愚　　《近代汉语研究概况》北京大学出版社，1994．11
符淮青　　《汉语词汇学史》　　安徽教育出版社，1996．12
高小方　　《中国语言学史料学》　南京大学出版社，1998.3
罗君惕　　《汉文字学要籍概述》　中华书局，1984．5
蒋礼鸿　　《目录学与工具书》　浙江古籍出版社，1985．1
余嘉锡　　《余嘉锡说文献学》　上海古籍出版社，2001．3
潘树广　　《古典文学文献及检索》　陕西人民出版社，1984
周　荐　　《汉语词汇研究史纲》　语文出版社，1995．8
林玉山　　《汉语语法学史》　　湖南教育出版社，1983．11
李建国　　《汉语训诂学史》　　安徽教育出版社，1986．9
周斌武　　《汉语音韵学史》　　安徽教育出版社，1987．3
陈高春　　《中国语文学家辞典》河南人民出版社，1986．3
赵国璋、潘树广　《文献学辞典》　江西教育出版社，1991.1
马文熙等　《古汉语知识详解辞典》　中华书局，1996．10
戚雨村等　《语言学百科词典》上海辞书出版社，1994．9
语言学院　《中国现代语言学家》河北人民出版社，1981.11
　　　　　《辞海·语言文字分册》上海辞书出版社，1978.4
朱林清　　《汉语语法研究史》　江苏教育出版社，1991．6
胡朴安　　《中国训诂学史》　中国书店出版社，1983．12
　　　　　《中国文字学史》　中国书店出版社，1983．12
孙钧锡　　《中国汉字学史》　学苑出版社，1991．1

周振甫　　《中国修辞学史》　　商务印书馆，1999．1
郑子瑜　　《中国修辞学史稿》　　上海教育出版社，1984．5
刘坚等　　《二十世纪中国语言学》北京大学出版社，1998.6
吴浩坤、潘悠　《中国甲骨学史》上海人民出版社，1985.12
袁宾等　《二十世纪的近代汉语研究》书海出版社，2001.12
张世禄　　《中国音韵学史》　　上海书店，1984．6
邵敬敏　　《汉语语法学史稿》　　上海教育出版社，1990．11
黄德宽　　《汉语文字学史》　　安徽教育出版社，1990．11
袁　晖　　《汉语修辞学史》安徽教育出版社，1990．10
何耿镛　　《汉语方言研究小史》山西教育出版社，1984．12

三、中国古代语言学史的研究现状

研究语言的学问叫语言学，研究语言学发展的历史叫做语言学史。中国语言学史就是研究中国语言学从古到今发生和发展的历史。

中国语言学史的研究的历史很晚，但是，我国语言学史的文献很丰富，语言学专著前言后记，或称为序跋，历代史书志书和公私书目里面都保留着丰富的语言学史料。作为语言学史雏形的有清代学者谢启昆编写的《小学考》三十卷，这部书在朱彝尊的《经义考》等书基础上，采录杭州"文澜阁"藏书，分为训诂、文字、声韵、音义四类，各类注明存佚，辑录原书序跋及诸家评论，间加按语。对这部书的评价见知识出版社 1987 年出版的《辞书论集》中徐祖友的《传统汉语工具书的工具书——〈小学考〉》。《四库全书总目提要》也收录了历代语言学要籍，对于书籍的评价反映当时人们认识水平。但是，这些东西可以作为语言学史的材料汇编，或者叫做基本材料，可以利用它们来研究语言学史，却不能说它们就是语言学史。在建国前，我国只有关于语言的某个分类的历史的研究。如在 20 世纪 30 年代，胡朴安写的

《中国训诂学史》《中国文字学史》、张世禄写的《中国音韵学史》。第一部语言学通史的著作是岑麒祥编写的《语言学史概要》，这部书并不是纯粹谈中国语言学，而是谈世界的语言学史。全书分为三部分，古代语言学史、历史比较语言学史、普通语言学史。从章节也可以看出，在古代语言学史中，介绍了我国古代音韵学、训诂学和文字学研究的历史，而其他两章，在我国语言学研究中几乎没有什么地位，所以内容相当单薄。真正以中国语言发展为研究对象的著作是王力先生的《中国语言学史》。王力先生是第一位专设中国语言学史课的学者，该书先在《中国语文》1963．3~1964．2期连载，1980年由山西人民出版社正式出版。本书确立了中国语言学史学科的创立，对后来的学者影响很大，如今我们研究中国语言学史，首先就要认真阅读本书。

1985年，河南人民出版社出版了何九盈先生的《中国古代语言学史》。他是王力先生的学生，长期在北京大学教授语言学史的课程。此书即是在讲稿的基础上整理加工而成。何先生语言学功力深厚，他在中国语言学方面几乎每一个领域都有精深的研究，所以由他来写这样的书是相当合适的。他还写过《中国现代语言学史》，此二书代表了目前语言学史研究的水平。

1987年，复旦大学濮之珍先生的《中国语言学史》由上海古籍出版社出版。濮之珍主要论文都集中在语言理论上，她的这本书较为详细，材料丰富。

2000年5月，赵振铎先生的《中国语言学史》由河北教育出版社出版。赵先生家学渊源深厚，其祖父为赵少咸，为我国著名语言学家，是研究中国传统语言的老前辈，生平与章太炎、黄侃等均有往还，学生有殷孟伦、殷焕先、周法高、李孝定等。赵先生早年曾跟祖父学习，打下了小学根基，又跟殷孟伦学习过。赵先生20世纪50年代在北大跟高名凯先生学过普通语言学，所以此书的质量还是相当高的，特色在于对中国传统小学方面有许多精湛的说法，有自己的体会。另外还有几本：

胡奇光　《中国小学史略》（上海人民出版社，1987）

李智民　《中国古代语言学史编》（贵州教育出版社，1993）

李　开　《汉语语言研究史》（江苏教育出版社，1993）

邓文彬　《中国古代语言学史》（巴蜀书社，2002．9）

我国建国以后，语言学分类的书很多，特别是语法学史方面的尤多。

我国从事语言学史研究的人还不多，与西方一些国家相比还有很大的距离。西方从 20 世纪 60 年代以来就逐渐地发展出了一种流行的新概念，叫做批评理论。这种批评理论几乎对所有的人文科学都要进行评论，它关注的是批评的形成过程和运作方式，批评本身的特征和价值。我们的语言学研究也要有批评，这样才能推进语言学的研究和进步。

中国语言学史是中国文化史的一部分，它应该和中国文学史、中国哲学史、中国音乐史、中国美术史等处于同等地位，中国语言文学系的学生对于中国语言的历史、中国语言的研究史一无所知，这是不行的，特别是到达了硕士生阶段的学生，更要对中国语言学史有个大致的了解。

我国传统的学术分为经史子集，语言学被分派在"经"中，即所谓"小学"，它是为经学服务的，是作为工具来使用的，几乎没有形成对汉语本身进行系统的研究。这样的情况一直延续到清代。清代学术的进步很大程度上取决于当时古韵学的发展，但当时的学者还是从读懂古书典籍的角度来研究语音的，这样就使我们古人的语言学研究零碎散乱，不成系统，可以说，古人们重视了语言的应用研究、使用研究，而很少研究语言本身，当语言不成为读书的障碍时，人们就不再研究它们了，所以我国传统学术可以有各种"史"，惟独语言学史在近几十年才刚刚起步。

在综合性大学中，汉语言文字学硕士必须开设中国语言学史的课，没有开设这样课的学校是由于师资方面等原因，而不是对于开设这门课有争议。

四、中国古代语言学史的特点

中国传统语言学有它自己的特点，中国传统语言学的特点是由记录汉语的汉字的特点决定的。汉字是一种表意体系的文字。汉语的词义在古代基本上可以用一个汉字来表达，我国古人在了解语言的词义时，首先就要了解字义。西方的语言注重语音，汉语的研究更注重汉语记载的形体，所以我们说，我国古代的语言研究，基本上都是围绕着汉字展开的。每一种文字都由形、音、义三方面构成，我国古代语言学家就根据汉字这三方面的性质把传统语言学分成了三个部门，即研究形体的为文字学、研究意义的叫训诂学，研究语音的叫音韵学，这三门学科合称为"小学"。因此我们可以说，"小学"就是中国的传统语言学。

王力先生在《中国语言学史》中特别辨别"语文学"与"语言学"的区别。这种区别最先也是从西方的语言理论中引进的，语文学是对文字或书面语言的研究，古代印度、希腊和罗马的语言文字研究属语文学范围，我国的"小学"研究一般也属于语文学范围。与语言学的不同在于：它没有脱离哲学、逻辑学或经学的范围，着重在书面语、目的在于文献资料的校订、考证和诠释；而语言学则是一门独立的科学，既重视口语，又重视书面语，目的在于探索语言存在和发展的规律。王力先生说：语文学特别着重在文献资料的考证和故训的寻求，这种研究比较零碎，缺乏系统性；语言学的研究对象是语言的本身，研究的结果可以得出科学的、系统的、细致的、全面的语言理论。

关于中国古代是否有语言学的问题，自从王力先生提出后，人们一般都接受这种说法，但也有人提出不同意见。濮之珍在1964年《中国语文》第 6 期上发表《书王力先生〈中国语言学史〉后》一文，后来又在《中国语言学史》一书中重申了自己的想法，她提出了三方面的理由（7～9页）：

第一，我国古代语言学研究的对象主要是文字，也就是书面语，语言应分为口语与书面语，对书面语的研究也就是对语言本身的研究。

第二，为经学服务并不能说就不科学，任何学问的产生、发展都应该是有目的的。

第三，中国传统语言学也是有系统性的。

何九盈在《中国古代语言学史》第3页也提出了中国古代有语言学的说法，他提出一门学科创立的标志应为四点：

第一，有无独特的研究对象；

第二，有无独特的研究方法；

第三，有无独特的科学体系；

第四，有无独特的研究成果。

我们仍然同意王力等先生的意见，我们觉得语言学和语文学并无褒贬义在内，只是说明对于语言现象的研究发展史两个不同的阶段的称谓。濮之珍认为这两个概念有褒贬义在内，因此力主中国传统语言学也是科学的，这没有必要格外强调。何九盈所说的四点并没什么理由说明它不是语文学，而是语言学。语文学也可以有独特的研究对象。

语言学的研究可以分为三大部门，即语音、语义、语法。从这三个方面来看，古人们对古代汉语的研究并没有深入到音素的层次，在音节分析中分出了声母和韵母。但分析的结果是为了解决双声叠韵问题，是为了解决经书的语义问题的。在语义研究中，古人们分析不出同义词、反义词等等，对于词的内部结构分不到下一个层级，语法的研究更是如此，只能划分到实词与虚词，只是零星地提到。最近孙良明在商务印书馆出版了《中国古代语法学探究》，从古代典籍的注释中找出了许多古人对语法的认识。这很难说是语法分析，更谈不上语法学，要建立学，必须有系统，有一套专门的术语来称说它们。我们可以说，古人在注释古书时涉及到了语法问题，却没有建立语法学。

我们觉得称为什么都无所谓，把概念的内涵认识清楚是最重要的。两位先生的诘难并不能说明语言学如何如何了不起，语文学如何如何不行。我们赞同王力先生的意见，主要是同意研究对象是什么、目的是什么，而不是仅仅说明这些研究涉及到了什么。孙良明先生的研究价值并不在于证明了中国古代就有了语法学，而在于让我们看清了古人们在读古书时，遇到了语法问题，是通过什么方式方法来解决这些问题的。我们不能说他们没有语法观念，但语法观念和建立语法学体系是两回事，不可混为一谈。

中国的许多学者有一种与西方人一比高下的心态，这没有必要，中国的语文学自有它存在的价值和作用，有许多地方是语言学所不能企及的，挖掘中国古代语文学的遗产，重新认识和研究是最主要的，我们没有必要攀附西方语言学来抬高这门学科的价值。汤一介先生、成中英先生、傅伟勋先生提出建立中国解释学的思路和想法就很好，立足于中国传统文化广袤的土壤，发掘它们具有的精华，建立我们自己的东西，这才是最重要的。

中国的传统语言学称为"小学"，"小学"的名称最初跟小学校有关系。《说文解字·叙》："周礼八岁入小学，保氏教国子以六书。"《大戴礼记·保傅》："及太子少长，知妃色，则入于小学。小者所学之宫也。"卢辩注："古者太子八岁入小学，十五入太学也。""古者八岁而出就外舍，学小艺焉，履小节焉。"《汉书·食货志》："八岁入小学，学六甲五方书计之事，始知室家长幼之节。十五岁入大学，学先圣礼乐，而知朝廷君臣之礼。"汉代的学者们开始用"小学"的名称来指称传统语言文字之学。黄侃《文字声韵训诂笔记》中说："今之所谓小学者，则中国文字、声韵、训诂之学也，许氏所谓六书也。"（按黄侃的说法，认为"六书"可包括整个小学的内容，这很值得注意。）最早这样的称谓出现在《汉书·艺文志》中："史籀十五篇……凡小学十四家，四十五篇。"又："元始中，征天下通小学者百数，令各记字于庭中，扬雄取其有用者，以作训纂篇。"《艺文志》中所列的小学书，大都是文字训诂之类，和原来小学校里学的"六书"等学问是一致的。《汉书·杜邺传》："吉子竦又从邺学问，亦著于世，尤长小学。"颜师古注："小学谓文字之学也。周礼八岁入小学，保氏教国子以六书，故名云。"从汉人的小学所网罗书籍及其称说的内容来看，当时"小学"实际上只限于文字学（何九盈说，1页）。它的具体内容包括解释文字的形体结构（六书，六体）、"通知古今文字"，以及"正读"字音等，这些内容为"小学"时所传授的内容，故借指语言文字之学。黄侃的说法，是从章黄学派的角度来说的，他们认为由文字知音，由音可通文字与训诂。他在《文字音韵训诂笔记》中说："夫所谓学者，有系统、有条理，而可以因简驭繁之法也。明其理而得其法，虽字不能遍识，义不能遍晓，亦得谓之学。不得其理与法，虽字书罗胸，亦不得名学。凡治小学，必具常识，欲有常识，必经专门之研究始可得之。故由专门而得之常识，其识也精；由浏览而得之，其识也迷。盖专门之小学，持之若网在纲，挥之若臂使指，而浏览之学，则雾中之花，始终模糊耳。"黄侃为中国训诂学走上科学化的奠基者，他特别称赞戴震的治学路数，说："戴氏之于小学，可谓能集其成。其《转语序》一书，实可攀古括今，后戴氏之学人无能出其范围者。""至东原戴氏，小学一事遂立楷模。段氏、王氏为戴氏弟子，段氏则以声音之道施之文字，而知假借、引申与本字之分别。王氏则以声音贯穿训诂，而后知声音训诂之为一物。……故自明以至今代，其研究小学所循途径，始则徒言声音，继以声音贯串训诂，继以声音、训诂以求文字推衍之迹。由音而义，由义而形，始则分而析之，终则综而合之，于是小学发明已无余蕴，而其途径已广乎其为康庄矣。"黄氏特别注重声音，他所解释的"小学"是从后代衍生义来说的，他认为小学应为贯穿声、形、义为一体的，何九盈是从来源来说的，二者提出问题的角度不同。最早将"小学"名称用于语言文字之学的是《隋书·经籍志》。在著述书籍"小学"类下有"训诂、说文、字林、音义、声韵、体势"等门类，其中说文、字林是书名，其余四类，就是在训诂、字书、韵书之外再加"音义"一类，"音义"是小学的应用。《隋书》把《尔雅》、《小尔雅》、《方言》、《释名》等列入了"经义"一类，并没有列入"小学"类中，可见当时人们的认识还并不十分明确。直到《旧唐书·经籍志》中，才把《尔雅》等书列入"小学"类中。这是"小学"概念与现今所理解的外延吻合的开始。在宋代，有的学者还把"小学"称为"文字之学"。这又与黄侃等人的理解相一致了。晁公武《郡斋读书志》卷一说："文字之学凡有三：其一体制，谓点画有衡纵曲直之殊；其二训诂，谓称谓有古今雅俗之异；其三音韵，谓呼吸有清浊高下之不同。论体制之书，《说文》之类是也；论训诂之书，《尔雅》《方言》之类是也；论音韵之书，沈约《四声谱》及西域反切之学是也。三者虽各一家，其实皆小学之类。"晁公武把"小学"称之为"文字之学"，这说明古代的小学家并不把语言看做是自己研究的对象，即使在事实上研究的是语言问题，他们也是从文字的角度来看待这种研究的。至此"小学"的内容即是文字学、训诂学、音韵学。

宋代的王应麟撰《玉海》，分为体制、训诂、音韵三种。清代的《四库全书》将小学著作判然分成训诂、文字、音韵三类。在小学类中说："惟以《尔雅》以下编为训诂，《说文》以下编为字书，《广韵》以下编为韵书。"古人的分类方法并不太精密。大致说来，训诂研究字义，字书研究字形，韵书研究字音，这是大致的说法。如《说文》是字书，但它又是训诂要籍。《广韵》是韵书，但它的释义对训诂也有重要价值。古人总是把小学列入经部书目之后，是把小学视为经学的附庸，是为解经服务的，所以它和古典文献有密切的关系。王念孙在为《说文解字注》作的序中说："训诂声音明而小学明，小学明而经学明。"古代的小学家几乎都是经学家，古人讲究义理、考据、辞章，经学即为义理，考据即为小学所能事，辞章是指文章写法。小学到了清代，由于清儒的努力，尤其"乾嘉学派"的贡献，在理论上建立了形、音、义三者互相求的理论系统，找到了通过文字研究通晓古代语言的途径，使得小学这门古老的学科更加科学化。近人章炳麟在《国粹学报》1906年第24、25期发表《论语言文字之学》，认为小学是"一切学问之单位之学"，"非专以通经而已"、"当名语言文字之学为塙切"，首次以"语言文字学"取代"小学"旧名，具有划时代意义。（收入《章氏丛书》时有所删削，更名为《语言缘起说》）其后，文字学、训诂学、音韵学各自成为独立学科，胡奇光《中国小学史》，即与中国古代语言学史的内容是相同的。一般学术界公认为章太炎、黄季刚等更使小学脱离了"经学"，成为一门独立的学科。"小学"与语言文字学具有继承关系。今天的古代汉语研究已经分为文字、语音、语法、词汇、修辞各部门，方法更科学，理论更严密，内容更系统了。但它们的研究绝不能脱离文字、音韵、训诂这些传统语言学所搜集的资料，所运用的许多合理的方法和所得出的大量的正确结论。

如果做一种静止的比较，西方语言学可分为语音学、词汇学、语法学三个门类，文字学在西方语言学中没有地位，这是由于中西文字的特点所决定的。西方语言大多是曲折语，他们可以用为数不多的字母来记录自己的语言，文字的形体是很不重要的。音韵学大致相当于语音学，训诂学相当于词汇学，西方语言的语法学在中国语言学史中都是在训诂学中解决。汉语语法主要表现为词序和虚词。我国训诂学的很大一部分内容就在虚词和句读方面做出说明，这实际上是在讲语法。汉语语言学中，训诂学的对于虚词的解释，对于句读的分析，是语法学的内容，但并没有把语法的规则作系统全面地说明。孙良明在商务印书馆出版了《中国古代语法学探究》一书，将中国古代注释中涉及到语法的部分全部摘录出来做语法说明，这可以参考，认识到古人在解决语法时的做法，但却不能得出当时人们的语法观念是如何发达等。

五、研究中国古代语言学史的任务和意义

中国语言学史研究的任务，就是要研究中国语言学发展的历史，其中包括各个历史时期的语言学家，各个历史时期的语言学著作，如果具体来说，应当有对历史上著名的语言学专著的专门研究，要有著名语言学家的评传，要有断代的语言学史研究。例如宋代语言学史、清代语言学史，甚至更专门的语言学流派研究，如清代吴派语言学研究等等，也可以仿照哲学史研究的方法，著成学案等，可称为语言学学案。还要站在今天的角度和立场，将古代语言学术语作出科学的解释，如等、摄、字根等等。只有把这些工作做得充分了，才能使《中国古代语言学史》等有了可信的坚实基础。目前从事这项工作的人很少，亟待新一代有志学人投入到语言学史的研究中来。

语言是属于民族的，一种语言的历史即是一个民族文化史的一个重要的部分。从全世界的文化发展来看，全世界的人文科学越来越重视语言的研究，特别是西方哲学的语言学转向，更促使人们对于语言刮目相看，再也不认为语言就是个工具问题了。语言学成为了所有人文学科的最领先的科学，这一点人们已经达到共识。了解一个民族语言发展的历史，对于每一个公民来说是必要的，对于中文系的学生来说，更要了解一个民族语言学发展的

历史。在中文系里，可以有文学史、哲学史等等，我们认为也应当有语言学史的课程。我们率先在硕士研究生中开设语言学史的课程，并不仅仅是介绍一些著名语言学家、著名的著作而已，我们还要附加评论，为硕士研究生以后的研究打好基础。

长期以来，中国传统语言学处于经学的附庸的地位，在中国历代史籍中，可以有文学家、哲学家的传记等，却没有语言学家的传记，只是当他们是经学家时，才附带地说一点他们的语言研究成果。每一个民族都应当尊重自己民族文化的传统。继承并发扬传统文化是发展新文化的基础。因而，在我们创立并发展新文化的同时，离不开对传统文化的研究和探寻。语言学史是中国传统文化的重要组成部分。我们应当重视语言学史的研究，即使是研究历史、哲学史、文学艺术史等门类的学者，也应当对本民族的语言学史有个大概的了解。中文系即是中国语言文学系，人们对于文学投入较多，对于语言相对冷漠得多。这对于文化的发展是相当有害的，也与世界人文学科的整体发展不相称。我们今天应当加强语言的学习和研究，想要发展今天的语言研究，也离不开对古代语言学研究的探讨和吸取有益的经验，我们要充分地利用古代语言学的成就，历史不能割断，离开了古代的语言学研究而来侈谈今天的语言学发展是不可想象的。

研究中国语言学史，要能够联系中国社会发展的历史，要联系使用汉语的人民的历史来进行研究，要能够透过各个时期的政治、经济、文化的分析，勾画出语言学在我国各个时期的状况，考察它发生、发展的历史原因，说明它们的因果联系，揭示出中国语言学本身发展内在演进的规律。

我们今天研究语言学史，与文献学的讲述是不同的，不是有闻必录，不是语言学的书目提要，而是选择历史上产生过影响的语言学家和著作分别进行说明，说明他们对前代的继承，说明他们对于语言学发展的贡献，说明他们对于后代的影响，介绍当时或后人对他们的评价，要能够说明语言学的观点和方法在历史发展进程中如何丰富和发展起来的，还要能够说明语言学的材料和研究范围如何得到挖掘和扩展。这些都对研究者提出了很高的要求，要具备文献学、目录学的知识，方知道要评述讲解哪些人物、哪些书，要具备语言学的知识，方能作出自己的判断和评价。西方的语言学理论可以作为我们研究的参考，但决不能作为我们判断的标准。王元化曾说："中国文化不可以西学为坐标，但又必须以西学为参照系。"（王元化《九十年代日记》463页）王先生虽说的是中西文化问题，对于汉语语言学史的研究也有指导意义。

从西方出版的语言学史来说，大都没有汉语语言学史的内容，这原因是多方面的，西方人对于汉语及其汉语的研究情况不了解是一方面，另一方面中国在过去长期处于闭关锁国的状态，自己介绍也不够。但是，汉语作为人类四分之一人口使用的语言，汉语作为孤立语，在世界各民族语言中也具有很特殊、很重要的地位。倘若要真正全面了解人类的语言，缺少了汉语的研究是不可想象的。现在，随着中国在世界地位的提高，许多外国人迫切需要了解中国，他们要学习汉语，学习中国文化，我们要把自己的历史文化研究得好一点。现今中国语言学史的状况并不能让人满意。我们应当投入大的气力来完成这项工作。

六、中国古代语言学史的分期问题

所谓中国语言学史，是叙述语言学发展的历史。当然不能与社会发展的历史等同。我们所理解的学术史的发展，要能够说明学术发展的源流派系，要能够说明不同历史时期学术的特点及其继承发展关系。这样才能促进对于语言学发展的自身规律的认识和研究。

学术史的分期，应依据学术演进的实绩来做叙述，理想的学术史研究应依照历史次第，以语言学的专书和语言学研究的实践为主线，参照各个历史发展时期诸多社会学术的横向比较分析，力求把语言学的发展轨迹的叙述置于社会学术的历史背景上，这样的叙述才有可能全面地反映语言学史的客观事实。语言学的发展，会受到社会诸多学术的影响，例如要讨论两汉时代的语言学，就不能离开经学的说明，谈到魏晋时代音韵学的产生，就要讨论到佛教传入而引起的变化、影响，谈到宋代的语言学就不能不涉及到理学的影响等等。我们所做的中国语言学史分期，主要是依据语言学专书和语言学实践。按照黄侃先生所说的训诂学分类，则可称为专书训诂和传注训诂。前者可称为语言学专著，后者可称为训诂实践。

现存的《中国语言学史》专著各家分期分歧较大，主要表现在魏晋到唐宋这一阶段的划分上。通过比较各家的说法，考察语言学史的实际情况，我们基本上采用何九盈先生的分期标准。以下来申说一下我们的理由。

第一期　先秦时期

这一时期，没有语言学专著出现，这是我国语言学的萌芽时期。这时期我国处于诸侯纷争局面，学术思想活跃，百家争鸣，诸子学说各呈异彩。在各家著作中有许多关于语言问题的论述。在他们的著作中，有许多训诂学的内容，即后代所说的"正文训诂"。例如《庄子·齐物论》："庸也者，用也；用也者，通也；通也者，得也。"《韩非子·五蠹篇》中说："古者苍颉之作书也，自环谓之私，背私谓之公。"这个时期，中国的语言哲学达到了当时世界高度发达的程度。

第二期　两汉时期

这个时期是中国传统语言学的确立时期。由于遭受到了秦始皇的禁书和焚书，又经过了多年的战乱，书籍大量散失。汉朝统治者励精图治，独尊儒术，各派学者讲经论道，学派林立，讲究师法师承，特别是当时经今古文之争，表现形式即为语言形式不同等，又刺激和推动了语言学的发展。经学的发展，影响了这一时期的语言学研究。这个时期的特点突出，可称为我国传统语言学的确立时期。当时的"小学"完全是为经学服务的，古文经学家兼通文字、训诂、校勘，以经解注、以字解经，在总结前代经传注释的基础上出现了训诂专书，这个时期出现了《说文》、《尔雅》、《方言》、《释名》，出现了《毛诗诂训传》等。这时的经学家们又引用训诂专书为经书注释服务，将训诂专著和训诂实践结合起来，形成了训诂学体系的基本框架和格局。这种辞书的问世也表明当时人们开始有意识地关注语言本身的问题了。

第三期　魏晋南北朝时期

这个时期是中国历史较为动乱分裂的时期，因为玄学、佛学的兴起，促使中国传统语言学的深入发展，汉代儒术独尊的大一统局面受到了威胁。学术上也出现了自由争鸣气象。这一时期，由于佛经翻译等，出现了反切之学，人们开始了对语音的重视，逐渐演变为后来的为写作诗赋服务的音韵学。由于玄学影响，经学家以玄学注经学，阐发义理。受到佛学讲经风气的影响，儒生说经，以至于登台宣讲，听众很多，口头讲经的记录称为"讲疏"或"讲义"。阐发经义比经注更详尽的著作称为"义疏"。当时南学北学风气不同，南人解经爱好新奇，喜阐发新义，北方学者厚重朴实，讲究本源；南人不拘家法，贵有心得，北人循规蹈矩，注重师承家法。《隋书·儒林传叙》："南人约简，得其英华；北学深芜，穷其枝叶。"这可说是当时经学影响传统语言学的很好概括。

这个时期，中国的修辞学和语法学萌芽也产生了，南朝刘勰的《文心雕龙》中有许多修辞和语法的论述。

在词汇学方面有专书《广雅》，也有汇纂古书注解的《经典释文》，陆德明撰，入隋前已成书。

第四期　隋唐宋时期

这一时期是中国文化发展的高峰时期，隋王朝首创了科举制度，唐代又开始实行诗赋取士的办法，格律诗以及词、赋文艺形式的盛行，促使音韵学的成果得到了相当广泛的应用，以前很少人懂得的音韵学知识成为每个士子都必须懂得的基本功。这时期出现了音韵学巨著《切韵》。在佛教发展到极盛阶段的影响下，人们又发现了声母的区别，守温和尚的三十字母、等韵学著作也出现在这一时期，以及托名司马光的《切韵指掌图》、《韵镜》等。

这一时期对于古书注释是很有成绩的，这个时期与魏晋南北朝注释古书的宗旨是根本不同的，他们尊奉"疏不破注"的宗旨，力求在汉儒的注疏基础上发挥新义。现在流行的《十三经注疏》，主要奠基定型于这个时期，唐代孔颖达等人为《周易》、《尚书》、《毛诗》、《礼记》、《春秋左传》等五部书作"正义"（与"疏"同，官修的就叫"正义"，黄承吉《左传旧疏考证序》说："正前人之疏义，奉诏更裁，定名曰正。"），贾公彦为《周礼》、《仪礼》作"疏"，徐彦为《春秋公羊传》作"疏"，杨士勋为《春秋谷梁传》作"疏"，宋朝邢昺为《尔雅》、《论语》、《孝经》作"疏"，孙奭为《孟子》作"疏"，至此中国经学典籍定型，这也是为什么要把唐宋划归为一起的原因。宋代与唐代的训诂确有不同之处，但区别不大。唐代李善的《文选》，张守节的《史记正义》，颜师古的《汉书注》能谨守汉人训诂家法，是中国训诂学的代表性著作。宋代理学大师朱熹的《诗集传》、《楚辞集注》、《四书章句集注》虽有理学观点入注，但也能遵守训诂学的规矩，能冲破汉人的孤陋而又不失学术规范，实为训诂学的名著。颜师古还写有《匡谬正俗》一书，是关于词义问题讨论的札记，有许多精到的见解。从训诂学的发展来看，宋人的训诂学能突破传统训诂学的局限，而摆脱了经学的狭小的视野，注《楚辞》，注史书，注文集，这在唐宋时代表现是一致的。

这个时代的文字学成果不多，有《干禄字书》、《复古编》、《汗简》、《龙龛手鉴》，值得注意的是这时产生了金石学。

这个时期也出现了两部《一切经音义》，都是佛教徒所写，对于词汇史的研究有很大价值。这个时期出现这样专门由解释佛经而成就的辞书，并不是偶然的，人们越来越扩展了训诂学应用的范围，与经史书等是一脉相承的。

后人常以为宋代是以理学说训诂，这是不正确的，朱熹等人的著述俱在，可以印证。理学说训诂，是指王安石的《字说》、陈淳《北溪字义》之类。这些书不承汉儒，空衍义理，研究中国传统语言学史是不应该以此类著述为研究对象的。

第五期　元明时期

元明时代，可说是中国文化发展积微衰败的时期，北方蒙古族逐渐强大，先后灭了西夏和金，南下统一了中国，国号为元。疆域的扩大并没有带来文化的繁荣。这个时期在哲学史、思想史等方面与前代相比几乎没有什么发展，清代学者常常批评元明时代的学术学无根柢，但如果我们从今天的角度来客观地评价的话，这一时期的语言学研究还是相当有特色的。这个时期的音韵学的发展尤具特色，以周德清的《中原音韵》为代表产生了一系列的描写当时语音的著作，等韵学也发展到新的阶段。这时期，出现了中国第一本虚词研究的专著，就是卢以纬的《语助》。在训诂学方面，有黄生的《字诂》、《义府》二书，很有创见，开清代学术先河。训诂专书有朱谋㙔的《骈雅》，有方以智的《通雅》，在文字学方面，有《字汇》、《正字通》等。音韵学的进步有几个方面的原因，首先是戏曲文学的空前繁荣，给学者们提出了研究当时音韵的任务，其次是元朝统治者推行蒙古新字，即八思巴文。后来又产生了《蒙古韵》等，这对于中原固有的音韵学是一个有力的推动，启发人们对于旧的音韵学知识做新的认识和思考。

这一时期也可说是中国语法学的萌芽时期，正是由于出现了卢以纬的《语助》一书，标志着中国的语法学从零星的随字注释、说解语法现象发展为专门解释语法的专著。汉语的语法主要依靠词序变换和助词来表达，卢以纬的《语助》搜集语助辞百余个，阐释其意义，分析其用法，为后来被梁启超称为语法学巨著的王引之的《经传释词》的诞生奠定了基础。

王力先生说："《经传释词》一类的书决不是语法书，因为它们完全放弃了语法的根据地——句子。至多，咱们只能承认它们是一种虚词词典。好的虚词词典，固然可以给咱们研究语法的许多帮助，例如能使咱们知道某一虚词的词性和用途等。但这种东西，只能算是语法大厦所需要的一些散材，并不能就称为语法。"（《中国语法理论》上册，中华书局，1954 年 11 版，导言，1 页）我们同意王力先生的说法，这是因为如果称为"学"，就必须具有系统性，这些书还不算是对语法的各个部门做系统的研究，没有分类，没有层次划分等。而且目的只在于解释经书、解读文句的意义。但是，我们也不能不承认它们是语法著作，它们虽然没有建构语法"学"的大厦，但却是真正的语法著作，现在的虚词词典不也是如此编写吗？我们不能因为编写此书的作者的目的是"解经"，就否认是语法著作。

第六期　清代时期

清代是中国封建社会的最后一个朝代，也是中国封建社会文

化发展最高峰，是一个辉煌璀璨的时代。由于社会的变化和学术
思想自身的逻辑发展，占据思想界统治地位数百年之久的理学逐
渐衰颓，实学思潮应运而起。在清代初期，人们逐渐认识到理学
末流空疏无用的弊端。经世致用成为学者的治学宗旨，崇实黜虚
成为了学者们的共识，学者们总结以往的学术史发展的经验教
训，鉴于国难家仇的亲身体验，都促使他们潜下心来，企图全面
客观地重新认识中国传统文化的各个方面，清代学术由此进入了
一个对既往成果进行全面清理、总结的时代。以考据为特征的乾
嘉汉学风靡一时，与此相关的文字、音韵、训诂、辑佚、目录、
版本等各个门类也迅速发展起来，并达到了前所未有的程度。梁
启超说："清学自当以经学为中坚。""清儒以小学为治经之途径，
嗜之甚笃，附庸遂蔚为大国。"（梁启超《清代学术概论》，上海
古籍出版社，1998 年 1 月 1 版）梁氏认为清代学术几乎可以用朴
学来称谓。这个时期，可以说是中国传统语言学的全面发展时
期，它开创于清初，顾炎武、黄宗羲、王夫之、阎若璩、黄生
等，惩明儒之空疏无用，主张通经致用，读古书欲求真解，以考
据法研习经史，成为清代朴学的先导大师。清代的朴学可以指代
清代的全面的语言文字学的研究，乾嘉学派继承并发扬汉儒学
风，致力治经考据，与宋代的性理之学迥然不同，所以称为朴
学。到了乾隆、嘉庆时代，朴学达到了鼎盛时代。乾嘉学派可大
致分为两派，吴派以惠栋为代表，他们继承了顾炎武的治学方
法，重视由小学训诂上溯义理，但上追汉代儒师，却独信汉儒，
创造无多。另一派为皖派，代表人物为戴震，这一派信古而不泥
古，信古有征，不主一家，主张汉宋兼采，代表了清代语言文字
学的最高成就。这个时代的学术特色在于接触到语言研究的本
质。我们知道，语言是一个音义结合的符号系统，清代学术的成
就的取得，得力于古音学的发达。当时学者由声音以通意义，将
语音与语义结合起来研究。当时从顾炎武开始系统研究古韵分

部，由语音的表义功能来直探语言的本质，大大地推动了训诂学的发展，使训诂学的研究真正踏上了科学的轨迹。

这时期产生了"说文四大家"，他们的著作成为清代训诂学、文字学的代表性著作，特别是段玉裁的《说文解字注》，至今看来，仍然闪耀科学理性的光辉，令后人瞠乎其后，难以企及。王念孙、王引之的训诂学著作，如《读书杂志》、《经义述闻》、《经传释词》等，是我们今天研读古籍不可忽视的具有里程碑性质的著作。如果没有科学的方法作为指导，是不会取得这样了不起的成就的。

第七期　"五四"至今

这个时期可以称为汉语研究的现代阶段。"五四"运动以后，中国结束了封建时代，进入了一个新的历史发展时期，这个时期王力先生称之为"西学东渐"时期，旨在说明这个时期的特点。这个时期，中国语言学受西方语言学思想很大的影响，国外普通语言学的理论大量地被介绍进入中国，给中国语言的研究带来了新的面貌。人们企图以语言学理论作为指导，研究汉语既以西方的语言学理论总结评判传统的语言文字学，又以这些理论指导汉语言文字的研究。这个时期的语言学研究真正驶入了科学的轨道。人们不单纯地研究书面语，也注重研究活的语言，研究的范围也扩大了。方言语言研究、非汉语的语言研究也开始了，产生了民族语言学。

人们一般认为，马建忠的《马氏文通》的诞生，标志着中国科学语言学研究的诞生。这时期还诞生了普通语言学著作，人们摆脱了借小学以通经致用的工具观念，把语言文字当做独立研究对象来研究。人们按照语言学的分科，如进行了语法学、词汇学、语音学、修辞学、文字学等各个门类的研究，都取得了不可小视的成就。这个时期还在发展中，远没有终结，它的各项成果正在指向未来的飞速发展中。这个时期，中国语言学界大师林立，令人叹为观止，章炳麟、杨树达、黄侃等的训诂学研究，赵元任、李方桂等人的方言学研究，黎锦熙、王力、吕叔湘等的现代汉语语法研究，罗常培、王力等人的音韵学研究，王国维、唐兰、容庚、郭沫若等人的古文字研究，都达到了前无古人的程度。

新时期以来，中国的语言学又发生了惊人的变化，语段学、语用学、语义学等都吸引了许多学者投入研究，并取得了一些初步成果，具有中国特色的民族语言学也取得了一些成就，研究近代汉语的人也越来越多。人们不再局限于古代和现代两头，逐渐地建立起历史观念，试图打通古今，结合中西，贯穿时间与空间的隔离，全方位、立体式地全面研究汉语。可以预料，21 世纪是中国语言学飞速发展的历史时期。

第一章　先秦时期的语言研究

我国有文字记载的历史已经有五六千年了，汉字是世界上历史最悠久、最古老的文字之一。在河南安阳挖掘出土的甲骨文，是三千多年前的古文字，是一种具有一定的结构规律，相当发达的文字。在甲骨文的文字结构中，指事、象形、形声、会意皆已齐备，在文义上使用转注、假借也都很清楚。以后更多的金文铭器，出现了更多的文句。中国古人出于尊崇传说圣人，探究历史源流的心理，就希望能读懂古书，当时虽然他们看不到甲骨文和金文，但他们仍然有攻读《尚书》、《诗经》、《春秋》等典籍的愿望。这样，他们就逐渐地要注意到语言文字问题。

当时还不可能产生专门的语言学者，语言学也没有成为一门独立的学科，当时的学者们在研读典籍时，遇到什么样的语言问题就着手解决。这样做的结果当然不可能产生系统的语言学的理论。但是，许多的语言学问题他们在当时就开始注意到了，并且企图进行研究。

第一节　先秦诸子的语言理论

我国的春秋战国时代是一个社会大转型的时代，也是思想界空前活跃与解放的时代，被后代称为"百家争鸣"的时代。在这个时代，学派林立，思想繁荣，呈现出异彩纷呈的兴旺景象。先秦诸子、各家学派在阐述自己的学说时，都要涉及到语言问题，他们在自己的著述中，都对语言问题表述了自己很好的意见。

在我们梳理先秦诸子对语言理论研究时，应采取比较宽泛的说法，凡是涉及到语言理论，我们都认为是对语言理论表达自己的看法。古人们在论说自己的意见的时候，用的术语与现代语言的术语是不同的，无论是内涵和外延都不能与现代汉语比附。要能真正虚心体会他们的所指与所论，不能用现代的语言理论去解说他们的理论，更不能把古人没有表述的意思任意拔高。

古人著书的年代，谁先谁后，是否有窜伪可能都有一些争论，例如《老子》的书就未必全是李耳手著的，《墨子》中也有一些后人的思想渗入。在这些地方，我们都不必过分较真，因为我们一般都是以某人作为某一学说流派的代表人来论述的，并非一定是他本人的真实思想，但作为这一学派的思想大致不会错的。在这些地方，应当灵活对待，因为谈论语言学史，毕竟不是典籍和人物的考证。基于以上想法，我们以现代语言理论给古人的语言思想分类，以避免论述语言理论谁先谁后，避开讨论他们论说的渊源关系。

（一）孔子及其正名说

孔子（前551~前497），名丘，字仲尼，山东鲁国人，他是儒家学派的创始人。

孔子首先提出了"正名"说，虽然它不是纯粹关于语言的问题专论，但对先秦时代中国语言哲学影响很大，对于当时讨论语言与社会关系等语言哲学问题影响很大。

孔子在《论语·子路篇》中集中地表达了他的正名的思想："子路曰：'卫君待子而为政，子将奚先？'子曰：'必也正名乎？'子路曰：'有是哉？子之迂也，奚其正？'子曰：'野哉！由也。君子于其所不知，盖阙如也。名不正，则言不顺；言不顺，则事不成；事不成，则礼乐不兴；礼乐不兴，则刑罚不中；刑罚不中，则民无所措手足。故君子名之必可言也，言之必可行也。君子于其言，无所苟而已矣。'"

　　孔子提出"正名"的学说，是与政治有关系的，因为此处是回答子路"为政奚先"的问话，"为政"即是从事政治如何。孔子在当时面临着"礼崩乐坏"的社会现实，迫切需要通过正名分来挽救已经衰败了的社会现实，名分正确了才可能有正确的言说，言说正确了才有可能指导正确的行动，孔子要通过确定正确的名分来指导现实行为。《左传·成公二年》记载孔子的话说："唯器与名，不可以假人，君之所司也。名以出信，信以守器，器以藏礼，礼以行义，义以生利，利以平民，政之大节也。若以假人，与人政也。政亡，则国家从之，弗可止也已。"（杨伯峻《春秋左传注》，中华书局 1983 年 3 月版，788 页）《论语集解》引马融释"正名"曰："正百事之名。"汉代学者认为，百事之名范围甚广，并不仅限于政治，当然，在"正名"的过程中，都表达了孔子的政治愿望。

　　《论语·颜渊篇》记载："齐景公问政于孔子。孔子对曰：'君君，臣臣，父父，子子。'公曰：'善哉！信如君不君，臣不臣，父不父，子不子，虽有粟，吾得而食诸？'"孔子的这些说法，就是要通过正名分，使整个社会各阶级、各阶层各自做与自己名分相符合的事，超越了名分就需要"正名"。从语言学上来说，孔子强调表示名分词语的内涵的确定性，即词语所表达的内容有其特定的内涵，这些内涵来自于客观现实存在，如果有人超越了这些内涵，即是违反了现存的社会秩序，是要通过正名来纠正的。有人认为这是孔子认为先有词语，再通过词语改变现实，这种想法是不妥当的。首先我们要问，词语的内涵是从哪里来的？当然是从现实中来，孔子只不过认为词语内涵是作为推行他政治伦理思想的一个标准，并非认为词语为先，社会现实为后。孔子说的"君君，臣臣，父父，子子"就是要维护、坚守这些表达名分词语的原来固有的含义，保证词的内涵外延不变化，以此来指导现实。段玉裁《周礼汉续考·自序》中说："点划谓之文，文滋谓之字，音读谓之名，名之分别部居谓之声类。"按段氏的说法，"名"即称呼。孔子的想法即是称呼的名称要与实际内容相吻合，如果不吻合就需要正名。《释名·释言语》："名，明也，名实使分明也。"从语源学上来讲，"名"的意思就是要辨析清楚使之分明。《周礼·祭法》曰："黄帝正名百物，以明民共财。"《国语·晋语四》："官方定物，正名育类。"韦绍注曰："正名，正上下名位之名。"这些文献资料都证明孔子的思想无非是通过词语的内涵来匡正现实的谬误。《管子·揆度》曰："何谓正名五？对曰：权也，衡也，规也，矩也，准也，此谓正名五。"

《论语·雍也篇》："子曰：'觚不觚，觚哉？觚哉！'"这是孔子针对日常生活器用名实不符时所说的话，觚是一种腹部有四条棱角的酒器，孔子看到当时制作的所谓觚竟然没有棱角，故而发出这样的感慨和质问。

如果说，确定词语的内涵可以指导人们的行为和行动，那么，当我们明确了词语的内涵时，也可以指导我们正确地选择、运用词语。

《韩诗外传·卷五》有一段故事："孔子侍坐于季孙，季孙之宰通曰：'君使人假马，其与之乎？'孔子曰：'吾闻君取于臣曰取，不曰假。'季孙悟，告宰通，曰：'自今以往，君有取谓之取，无曰假。'故孔子正假马之名，而君臣之义定矣。"这段话说明孔子在指导人们正确使用词语时，坚守词语的内涵的准确性，而坚守这种准确性，也是为政治伦理服务的。这说明了孔子正名的目的：名分的尊卑关涉于统治阶级政治统治的稳定和社会秩序的安定。《吕氏春秋·正名篇》："名正则治，名丧则乱。"《管子·枢言》："有名则治，无名则乱。治者以其名。"这些话都可为孔子的学说作注解。

孔子在没有申述自己正名的主张时，有时也通过回答弟子的提问来实践自己的正名的思想，即在回答中辨析词语的差别，这被后代训诂学家称为"正文训诂",可惜这方面的材料挖掘的不够。

《论语·雍也》:"子贡曰:如有博施于民而能济众,何如?可谓仁乎?子曰:何事于仁,必也圣乎!尧舜其犹病诸?"在这段话中,孔子区别了"仁"与"圣"的名称。

《论语·颜渊》:"子张问:士何如斯可谓之达矣?子曰:何哉,尔所谓达者?子张对曰:在邦必闻,在家必闻。子曰:是闻也,非达也。夫达也者,质直而好义,察言而观色,虑以下人。在邦必达,在家必达。夫闻也者,色取仁而行违,居之不疑,在邦必闻,在家必闻。"孔子此处辨析了"闻"与"达"的区别。

《论语·子路》:"冉子退朝。子曰:何晏也?对曰:有政。子曰:其事也,如有政,虽不吾以,吾其与闻之。"孔子此处区别了"事"与"政"。

孔子亲自纠正告诫人们如何正确使用词语。《论语·季氏》:"邦君之妻,君称之曰'夫人',夫人自称曰'小童',邦人称之曰'君夫人',称诸异邦曰'寡小君',异邦人称之亦曰'君夫人'。"

人们认为《尔雅》是我国第一部同义词词典,是将一组同义词类聚在一起,用一个词语来解释,却没有辨析它们的差别。孔子在《尔雅》之前,就已在"正文训诂"中进行了许多同义词辨析的工作,可以说,正名的理论指导了孔子一以贯之的辨析同义词的工作。这是训诂的初步实践,对于后代训诂学的发展以极大的影响。

传说是孔子著的《春秋》一书,寓褒贬于一字词之中,在语言运用上严谨认真。这开启了后人在研究《春秋》时,探寻孔子著书的微言大义的先河。《孟子·滕文公下》:"孔子成《春秋》而乱臣贼子惧。"后人分析语言微妙的差别,产生"正文训诂"的方法,例如《公羊传》、《谷梁传》里分析《春秋》中的正名思想，都是由孔子发端的，给后代的训诂学发展以极大的影响，例如：

《谷梁传·桓公元年》："郑伯以璧假许田。"传："假（借）不言以，言以非假也。非假而曰假讳易地也。礼，天子在上，诸侯不得以地相与也。"

《公羊传·僖公十九年》："梁亡。"传："此未有伐者，其言梁亡何？自亡也。其自亡奈何？鱼烂而亡也。"

这样的例子很多，《公羊传》、《谷梁传》是公羊家、谷梁家分别授于先秦，而成书于西汉前期的两部书。《公羊传》大约成书于汉景帝时期，《谷梁传》稍后。《公羊传》、《谷梁传》与《左传》皆是解说鲁国史书《春秋》的，不同之点在于左氏为"解事之传"，公羊、谷梁为"解义之传"。所谓"解事之传"[①]，是解说《春秋》一条"经"文所指的事件。所谓"解义之传"，基本上不解说事件，而是解说"经"文的书法，公羊、谷梁各自认为书法（写法）中蕴涵着"义理"，即所谓"微言大义"。所谓"春秋书法"，就是说明《春秋》一书的遣字（词）造句之法，在解释中包含有丰富的语言分析资料[②]。龚千炎先生说："《公羊传》和《谷梁传》，在训释鲁国编年史《春秋》中的词义和语句时，不但注意到词汇意义，而且注意到了语法意义，因而往往具有语法的意识。"[③] 孔子的"正名说"，对于中国语言学的发生起到了很大的作用。

孔子在《论语》等书中还谈到了语言修辞问题，《论语·卫灵公》："子曰：'辞达而已矣。'"他反对过于浮华的辞藻，言辞足以达意就可以了。《孔丛子·嘉言篇》中记载："宰我问：'君子尚辞乎？'孔子曰：'君子以理为尚。博而不要，非所察也；繁辞富说，非所听也。唯知者不失理。'"孔子推崇简洁明达的语言风

---

① 蒋伯潜《十三经概论》，上海古籍出版社，1983。
② 孙良明《中国古代语法学探究》。
③ 龚千炎《中国语法学史》，语文出版社，1997，4页。

格，认为过分的淫词繁语会伤害语言所表达的内容。《论语·卫灵公》："子曰：'巧言乱德。'"《论语·学而》："巧言令色，鲜矣仁。"

但是，孔子并非不讲究语言的表达作用，相反，高级的表达技巧能够帮助内容的传递。所以他也要讲究语言的修辞技巧。《论语·宪问》："子曰：'为命，裨谌草创之，世叔讨论之，行人子羽修饰之，东里子产润色之。'"郑国做外交上的辞令等，先要由经裨谌来起草，再经世叔来讨论，讨论草稿的命意谋篇等。子羽修饰辞语，子产再润色加工，以至于达到理想的要求。在《左传·襄公二十五年》记载孔子的一段话："《志》有之：'言以足志，文以足言'。不言，谁知其志？言之无文，行而不远。晋为伯，郑入陈，非文辞不为功，慎辞哉！"此处是说以言语来完成意愿，用文采来完成言辞的表达。如果不用语言表达你的意愿，谁能明白你的意愿呢？用语言表达了却没有文采，就不可能传送到远处的地方。晋国成为霸主，郑国进入陈国，都是依靠言辞的表达能力才完成的。《礼记·表记》："情欲信，辞欲巧。"孔子主张在内容信实的基础上，语言表达还是要讲究修饰的。语言的表达是不可或缺的。《论语·宪问》中的"有德者必有言"，就是这个意思。

孔子谈到了语言内容与形式的关系问题。《论语·雍也》："子曰：'质胜文则野，文胜质则史。文质彬彬，然后君子。'"是说：质胜过文，内容可取，文辞表达不够，显得粗野。文胜质，文辞好，内容不确切，像史的语言，不免讳饰，不符合实际。文质彬彬，文辞和内容都切合实际，然后像成德的君子。孔子用辩证的观点提出自己的修辞主张，要求内容与形式和谐地统一起来。

（二）老子及其"名"、"实"说

所谓"名"、"实"问题，实质是研究事物的名称和客观事物之间的关系问题。这个问题，古希腊哲学家为此进行了相当长的时间的争论。中国先秦哲学家老子最先涉及到这个问题。据考证《老子》这部书成书不会晚于战国初年。《老子》第一章即说："道可道，非常道。名可名，非常名。无名，天地之始，有名，万物之母。"译成现代汉语，即是说：道，可以言说的道，就不是常道。可以用来命名的名，就不是常名。无名是万物的开始。有名，是万物的母体。王弼注云："可道之道，可名之名，指事造形，非其常也。故不可道，不可名也。"老子认为，在开天辟地的时候，"道"没有名称，后来万事万物有了各种不同的名称，就是由"道"这个"母"体而产生的。道的运动，分化出了天地，有了天地，才有万物，然后就要给它起名字，名字是生于道的。名称与它所表示的事物没有必然的联系，这就是"无名"。可道之道非永恒之常道，可名之名非永恒之常名，这揭示了名的相对性，具有深邃的含义。这是我国历史上第一个指出"名"、"实"不可分割的人，也是我国第一个比较科学地指出名称和客观事物之间的关系的人。老子的思想给后代人以极大的影响，后来的学者，特别是名家，都不同角度地发展了他的学说。《庄子·齐物论》："道行之而成，物谓之而然。"路是人走出来的，事物的名称是人叫出来的。

《庄子》中的寓言也反映了庄子关于"名"、"实"的观点。《庄子·逍遥游》云："尧让天下于许由……许由曰：'子治天下，天下既已治也，而我犹代子，吾将为名乎？名者实之宾也，吾将为宾乎？'"庄子此处以名实对举，而且非常正确地指出名为实之宾，肯定了名应由实来决定。《庄子·至乐》中曰："名止于实，义设于适。"名是由实来决定的，意义的设置（指称）只是适合实物的意义罢了。

《管子·心术上》以名与形对举："物固有形，形固有名。名当谓之圣人。……物固有形，形固有名，此言名不得过实，实不得延名。……督言正名，故曰圣人。""名者圣人之所以纪万物也。"名是用来记录万物的，是万物的符号，名实应当是相应的。

公孙龙子（前 325～前 250），赵国人，他在《名实论》中说："正其所谓实者，正其名也，其名正则唯乎其彼此焉。谓彼而彼，不唯乎彼则彼谓不行。谓此而此，不唯乎此，则此谓不行。"译成现代汉语，是说：客观事物本身要与其名称相符合，名称正确了，才能与实际事物相吻合，某一事物在名称未定之前，可以此称彼，但是，一旦名称已经确定了，就不可以以此呼彼了，这样的名称就不可以随意变更了。

（三）墨子及语言交际功能说

墨子（前 468～前 376）在中国语言学史上占有重要的地位。《墨经》可以代表墨子的思想，在《经上》、《经说上》两篇中，墨子多处论及语言问题，表达了很好的意见。

《经上》："闻，耳之聪也，循所闻而得其意，心之察也。言，口之利也。执所言而意得见，心之辨也。"这一段话是阐述语言的社会交际功能。能够听到，是耳朵很好，听觉很灵敏造成的。依循着听到的声音，而能够明白话语的意思，是心理功能健全的表现。能够说话，是一个人能够用声音来表达的能力，口头讲出话以后，别人根据你的说话的声音，再依靠心理的分辨能力，就能明白你所说的意思。墨子的话接触到了现代语言学的言语传递问题，提出了语言交际过程中的发出、传递、接受等问题，讲到了语言交际过程中的生理基础。这在当时是难能可贵的。有"耳之聪"和"口之利"的存在，就会完成语言交际的整个过程。

墨子在《经说上》中又说："声出口，俱有名，若姓字俪。""声"是指声音，"名"此处当指语义，出口之声（语音），都兼有"名"的意义，此处"名"与孔子的正名相同，要纠正"名"的内容的不符之处，这就好像姓字之附俪于本人。墨子似乎已经要这样来说明了，语言之所以能够作为社会交际工具，就在于它本身是语音与语义的统一。

墨子在他的著作中，还涉及到了语言与思维等关系的问题。在《墨子·经上》中说："举，拟实也。"《经说上》："举，告以之名，举彼实也。"《墨子·经上》："言，出举也。"《经说上》："言也者，诸口能之，出名者也。名若画虎也。言，谓也。言由名致也。"墨子的意思是说：用言语表达，要模拟其实相也，也就是说，名称应当与事物相应，语言是要能够表示事物属性的，虽然所使用的是言辞，但实际指称的是客观事物本身作为内容的。客观事物反映在人们的头脑里，形成了概念、判断，用语辞给以表达，便是有声语言。"言，出举也"，而"举，拟实也"。这就揭示了语言的本质，即在于体现思维的成果。同时，这也指明了语言的本源，即作为标指人们对于客观事物认识的符号。

"言也者，诸口能之，出名者也。"这段话指出了语言的社会性和物质性（语言的物理属性）。言语是一种纯人为的，借声传意的行为，在"名若画虎也"这段话中，指出了语言文字的符号性的特点。用语词符号指称某一个概念，词语之于概念，字之于词，只有符号意义，起了标指的作用，在命名或造字之初，两者之间没有必然的联系。用某一名来标指某一实（概念），用某字来标指某词，完全是约定俗成的结果。《墨子·经上》中说："君、臣、萌（民），通约也。"这种说法开启了荀子的"约定俗成谓之宜"的思想。"言，谓也。"言语是用来称说的。《说文》："谓，报也。"段玉裁注曰："盖刑与罪相当谓之'报'，引申之凡论人论事得其实谓之'报'。'谓'者，论人论事得其实也。"段氏的说释相当精确，言语是用来指说实际情况的。而且，难能可贵的是，墨子甚至提出了语言的组合性的特点。索绪尔提出语言的类聚关系和组合关系是很晚的事情。墨子在《经说上》中说："言由名致也。"这是说言语是由名（概念）组合而成的，语言通过词语组成。

墨子关于语言学的论述极为丰富，他还把名词（事物的名称）分为三类。《墨子·经上》："名：达，类，私。"《墨子·经说上》："名、物，达也，有实必待文名也命之。马，类也，若实也者，必以是名也命之。臧，私也；是名也，止于是实也。声出口，俱有名。"此处是说万物的通名为达，同类的名称为类，一物的专名为私。从范围方面来说，万物的通名范围大，一是要综括许多物类，才可以命之曰"达"，马是类名，凡是马都属于这类，所以说"马，类也"。臧是一个私名，它只用于臧这个对象，所以说"臧，私也。是名也，止于是实也"。

墨子还有许多语言与逻辑关系方面的论述，就不详细说了。

（四）荀子与先秦语言哲学理论的总结

荀子（约前 313～前 238），名况，赵国人，他是战国后期儒家思想的代表人物。他可以说是我国先秦时代语言哲学思想的集大成的人物。

荀子的语言哲学思想主要集中在他的《荀子·正名篇》之中。首先，荀子非常正确地指出了语言的社会性问题，他说："名无固宜，约之以命。约定俗成谓之宜，异于约则谓之不宜。名无固实，约之以命实，约定俗成谓之实名。名有固善，径易而不拂谓之善名。"这段话的意思是说：名称和它表指的事物之间的关系是约定俗成的，是全社会的人们所偶然决定的，约定俗成成为此名称是否成立的标准。名本来没有固定的实指，只要约定用某一词语指称某一实物，就真的成了那个实物的名称了。荀子的说法涉及到语言符号的本质特点，即用某一词语（声音）来指称某一事物（意义），这个词语就代表了某一事物了。语言符号具有两个重要特点，一是所谓约定性，是指用什么样的符号代替什么样的事物，是由使用者共同约定的，所谓"名无固宜，约之以命"，

"名无固实，约之以命实"。二是任意性，是指符号与其所代表的事物之间没有必然的联系，这样就能够很好地解释为什么语言中大量存在着同义词、近义词，各种语言中关于同一客观事物会有不同的说法。而且，荀子还提出一个社会标准问题，即"异于约则谓之不宜"。语言的社会性决定了"约定俗成"的"约"并非都是个人所可以参与的，首先要得到大众社会的普遍接受和认可，而且，语言传承性的特点也决定了语言的历史性特点。

其次，荀子提出了语言是不断发展的观点。他说："后王之成名：形名从商，爵名从周，文名从礼；散名之加于万物者，则从诸夏之成俗曲期，远方异俗之乡，则因之而为通。若有王者起，必将有循于旧名，有作于新名。然则所为有名，与所缘以同异，与制名之枢要，不可不察也。"

荀子这段话指明由于社会历史的变迁，有些词语可能要因循继承，有些词语则要重新创造。这是由于语言也是要变化的，不能继承，必将使语言的社会交际功能受到损伤，不能起到理想的交际作用，不能发展创造，则可能使语言不敷应用，同样也会妨碍人们的交际。在崇古崇经的社会现实面前，荀子的思想相当通达。

再次，荀子还把词语（概念）进行了分类，他说："故万物虽众，有时而欲遍举之，故谓之物，物也者，大共名也。推而共之，共则有共，至于无共然后止。有时而欲别举之，故谓之鸟兽，鸟兽也者大别名也。推而别之，别则有别，至于无别而后止。"荀子把词语（概念）分为三类，第一为"大共名"，第二为"大别名"，第三为"推而别之，别则有别，至于无别而后止"的"小别名"。荀子的词语（概念）分类接触到了现代逻辑中"类""属"的概念，这也是很了不起的。正是因为荀子能够将词语按照逻辑层级分类，促使他注意到层次之间的关系在词语中的表现，他说："然后随而命之，同则同之，异则异之。单足以喻则单，单不足以喻则兼，单与兼无所相避则共，虽共不为害矣。"按照客观事物本身的性质给事物命名，如果单名能够说明就用单名，单名不能够说明就用复名，单名和复名不相违背（虽有具体差别，但性质相同）的就用共名，即使是用共名也不妨碍什么。荀子说的复名可理解为短语，他看出了词和短语都有可能表达同一个概念。举例来说"白马"、"盗人"是短语，它们是一个向心式的名词性短语，它们与"马"、"人"是可以具有一个共名的，如果单纯用"马"、"人"不能说明时，用"白马"、"盗人"也是可以的，它们的共名即是"马"、"人"。

　　荀子在谈到词语分别时，还能将词语作为一个系统联系起来看，他说："物有同状而异所者，有异状而同所者，可别也，状同而为异所者，虽可合，谓之二实，状变而实无别而为异者谓之化，有化而无别，谓之一实，此事之所以稽实定数也。此制名之枢要也。"荀子此段话相当重要，可惜后代人们对此注意的不够。他的意思是说：万物中有同样形状却分属于不同事物的类别中，也有不同形状的事物却被分属在同一事物的类别中。这是可以分别的。形状相同却分配在不同分类中，虽然可以合，即声音相同，但要看成是不同类的事物，即两个不同的实体，事物形状变化而实际没有区别，这样的差异称做化，虽然有变化却没有实质区别，还要认为是同一实体，这就要依靠实际情况来考察事物的实质来确定事物名称的数量。荀子从声音和意义两方面来区别词语（概念）的层级，严格划分事物命名与概念的区别，这一点，刘师培在《数物同名说》及《释薄盧（庐）》文中说："《荀子》曰：'物有同状而异所者，予之一名。'征之《尔雅》，草木虫鸟之同名者，多以此故。如草名果蠃，虫亦名果蠃，凡形圆而细腰者，则以此名之。"（黄侃《文字声韵训诂笔记》252页）黄焯说："凡物之异类而同名者，其命名之意多相近。"

　　支、枝、肢、歧、妓，同声异所。

异状同所，同名（声音）：

科斗、活东、菟葵、颗冻，同名以谓其皆生水中。

凫疵、蟦蛴、蟹齐、敊齐，同名，以谓其皆在粪土中也。

章黄学派主张以声音通训诂，能够摆脱字形的束缚而直接将音义结合起来，从荀子的著作中汲取了营养，发展了荀子的学说。

最后，荀子对于方言与普通话的关系也有较清楚的认识。我国在先秦时代既已有了方言的歧异。《吕氏春秋·知化》："齐之与吴也，习欲不同，言语不通。"荀子在《儒效篇》中说："居楚而楚，居越而越，居夏而夏。"在《荣辱篇》中又说："越人安越，楚人安楚，君子安雅。"荀子认识到方言的歧异，但又似乎提出语言的规范标准，他说："君子安雅。""雅"即是"正"，他又说："散名之加于万物者，则从诸夏之成俗曲期，远方异俗之乡，则因之而为通。"（《正名》）"诸夏"就是中原地区的华夏族，他们所使用的"夏言"（即"雅言"）是当时的普通话，荀子提出远离中原地区的"异俗之乡"，要利用"夏言"作为交际工具，实在是很好的见解。

荀子作为中国先秦时代语言哲学的集大成者，他的关于语言本质的论述比西方的类似学说早了上千年，至今看来也是不刊之论。

第二节　训诂学的萌芽

在中国传统语言学中，训诂学应当说是最先发展起来的一门学科。这似乎很好理解，人们在解读古籍或了解语言时，首先要解决的就是语义问题。

所谓训诂学，就是研究训诂的一门学科。训诂是动词，就是用语言解释不了解意义的语言的意思。古今中外，可以说都有这种学问，但中国的训诂学自有它独有的特点，在世界语言发展史上，独具特色。

关于训诂学的起源，明代陈第有一句很好的话，概括得很清楚。他说："时有古今，地有南北，字有更革，音有转移。"这句话说明了语言由于时空变化，文字的歧异和语音的变化，使语言的理解产生了障碍，人们为了消除这种障碍，使语言的沟通和交流成为可能，就必然会产生以语言来解释语言的工作，于是训诂的工作就产生了。由于训诂实践的逐渐进行，人们还需要了解训诂究竟怎样做才有可能做得更准确，更科学，于是人们就开始研究训诂的本身，于是也就产生了训诂学。

我国的训诂学产生很早，在先秦时代，中国的训诂工作已做得卓有成效，几乎后代的训诂体例与方法都已经出现了。中国古代语言学的丰富资料都埋藏在古人的训诂实践当中，有待于我们去挖掘。最先体现中国训诂学成就的即是体现在正文中的训诂。

所谓正文训诂，是指古人在阐述自己的观点时，随文说解词语的意义，来支持自己的观点，这种说解与正文融合在一起，没有特殊的标志。古人认为训诂词语意义与正文是一回事，无待特殊说明。

春秋战国时代，正文训诂几乎遍及群书，如果归纳起来，内容相当丰富。

（一）从内容上来说

1．解释词语

（1）传曰：谓吾舅者，吾谓之甥。（《仪礼·丧服》）

（2）生曰父曰母曰妻，死曰考曰妣曰嫔。（《礼记·曲礼下》）

（3）义者，谓各处其宜也。（《管子·心术上》）

（4）洚水者，洪水也。（《孟子·滕文公上》）

（5）南冥者，天池也。齐谐者，志怪者也。（《庄子·逍遥游》）

　　春秋战国时代正文训诂中以解释词语为核心。汉语是一种孤立语，汉语在先秦时代，一个字常常就是一个词，解释了一个字的意义往往就是解释一个词的意义。从汉字来说，传统的说法是形音义的结合体，字义即大致等同于词义，字音即等同于词音。汉字是记录汉语的，汉语往往靠虚词和词序来表达语法，汉语没有形态变化，解释了汉语的字（词），往往就把语法问题解决了，这就是为什么训诂学在古代最先发展，语法学却不繁荣的原因。从学科类属来说，古人认为小学是为经学服务的，经学即是解释和阐发经书意义的学问，经书的意义往往在解决字（词）义以后就完全可以解决了。所以，解释词义（字义）是贯穿汉语训诂学的一个首要任务。古人也认识到这一点。清代皖派代表人物戴震即说："经之至者，道也；所以明道者，其词也；所以成词者，字也。由字以通其词，由词以通其道，必有渐。"（戴震《与是仲明论学书》）中国古代训诂学正是沿着正文训诂的路子由萌芽到蔚为大国，为以后的发展奠定了基础。

　　2．串讲句意

　　古代训诂实践中，串讲句意也就是一项很重要的分类，如：

　　（1）七月，狸子肇肆。肇，始也。肆，遂也。言其始遂也。（《大戴礼记·夏小正》）

　　（2）"小人见奸巧，乃闻不言也，发罪钧。"此言见淫辟不以告者，其罪亦犹淫辟者也。（《墨子·尚同下》）

　　（3）鄙谚曰："长袖善舞，多财善贾。"此言多资之易为工也。（《韩非子·五蠹篇》）

　　以上三例，第一例是先释词义，再串讲句意，后二例即串讲句意，在正文中与其他句例平列，随文出现。

　　3．说明章旨

　　这种训诂体式，在两汉以后渐渐多起来，在先秦时代还比较少见。

（1）《驺虞》者，乐官备也；《狸首》者，乐会时也；《采蘋》者，乐循法也；《采蘩》者，乐不失职也。（《礼记·射义》）

（2）《诗》云："迨天之未阴雨，彻彼桑土，绸缪牖户，今此下民，或敢侮予？"孔子曰："为此诗者，其知道乎！能治其国家，谁敢侮之？"（《孟子·公孙丑上》）

陆宗达先生在《训诂简论》中说："当语法学和修辞学还没有独立出来的时候，这两个门类的内容，也是包含在训诂学中的。"（见该书 11 页，北京出版社 1980 年 7 月版）在串讲句意和说明章旨这两种训诂体式中，更多具有了说明语法和修辞的内容，特别是修辞方法方式的运用，往往涉及到比词大的语言单位。训诂学在古代是一个综合的学问，虽然它以字词为基础，但是，当出现影响到语义理解的语言现象时，都是训诂学所要完成的任务。在为了疏通语义时，甚至还要涉及辞章结构和写作等问题。所以有些学者在古代的训诂实践中挖掘出一些古人对于写作辞章学、修辞学的大量材料，这些材料可参见《古汉语修辞学资料汇编》（郑奠、谭全基著，商务印书馆 1980 年版）。

（二）从方式方法上来说

先秦时代训诂刚刚发端，而且最先出现于正文训诂之中。但细考当时的训诂实践，主要训诂方法基本上齐备了，这不能不令人对中国古代文献语言学的发展刮目相看。

1．义训

义训的方法是以字义解释字义，直陈词义，与字形、字音无关。这种训诂方法在先秦文献中运用得最为普遍，也最易理解。

（1）同义相训（同训）

即是用一个同义词去解释注释另一个词，求其通不求其别。

①用一个词去解释另一个同义词：

《周易·恒卦》："恒，久也。"

《周易·丰卦》："丰，大也。"

《周易·蹇卦》："蹇，难也。"

②几个同义词递相为训（递训）：

《礼记·王制》："刑者，侀也。侀者，成也。"

《周易·系辞》："易者，象也。象也者，像也。"

《庄子·齐物论》："庸也者，用也；用也者，通也；通也者，得也。"

③今语释古语：

《周易·晋卦》："晋，进也。"孔颖达《周易正义》曰："以今释古。古之晋字，即以进长为义，恐后世不晓，故以进释之。"

《仪礼·丧服传》："绳屦者，绳菲也。"贾公彦《仪礼注疏》曰："周时人谓之屦，子夏时人谓之菲。"

④以通语释方言：

《左传·宣公四年》："楚人谓乳穀，谓虎於菟。"

《谷梁传·襄公五年》："吴谓善伊，谓稻缓。号从中国，名从主人。"

⑤以俗语释雅言：

《孟子·离娄》："《诗》曰：'天之方蹶，无然泄泄。'泄泄犹沓沓也。"

(2) 增字为训

有时训释一个词语时，单词不足以解释清楚，特别是词语所反映概念的上下位关系时，势必要增加一字来训释，用数字训释一字，方能解释准确。"增字为训"常被后代经生斥为谬误。实际上，在许多情况下它也是必需的，应视情况而定。

①《左传·庄公七年》："星陨如雨，与雨偕也。"刘歆注曰："如，而也。星陨而且雨，故曰'与雨偕也'。"

②《礼记·射义》："射侯者，射为诸侯也。"

(3) 设立义界

黄侃在《文字声韵训诂笔记》中说："凡以一句释一字之义者，即谓之义界。"是指用一句话或几句话来阐明词义的界限，对词所表示的概念的内涵做出阐述或定义。

①《左传·昭公二十八年》："赏庆刑威曰君，经纬天地曰文。"

②《孟子·梁惠王》："老而无妻曰鳏，老而无夫曰寡，老而无子曰独，幼而无父曰孤。"王力先生在《理想的字典》一文中说："咱们现在解释这四个字，也不能比孟子说得更明白。"

2．形训

形训是以解说字形来解释字义的方法。这种方法将汉字形体与其所表达的意义结合起来，也叫做以形说义。

(1)《左传·宣公十一年》"于文，止戈为武。"

这是将"武"字拆开来为"止""戈"二字，再就字形会合其意义为制止一味用武力征服的所谓武德。

(2)《左传·宣公十五年》："天反时为灾，地反物为妖，民反德为乱，乱则妖灾生，故文反正为乏。"

(3)《左传·昭公元年》："赵孟曰：'何谓蛊？'对曰：'……于文，皿虫为蛊。谷之飞亦为蛊。'"

(4)《韩非子·五蠹篇》："古者苍颉之作书也，自环谓之私，背私谓之公。"

3．声训

是指用声音相同或相近的字来解释字义。这种训诂方法成立的原因是基于语言音义的联系。黄侃在《文字声韵训诂笔记》第203页说："古之训诂即声音。"王念孙《广雅疏证序》："训诂之旨，本于声音。故有声同字异，声近义同，虽或类聚群分，实亦同条共贯。"在先秦时代，人们已能很熟练地运用声训的方法。

(1) 本字为训

上古时代，语言多而文字少，一字兼有数音，一音兼包数义，可以用一个常用字义解释一个不常用字义，也可以用此一字音拟彼一字音，形式上是同字相训。

《周易·序卦》："蒙者，蒙也。"

前一"蒙"是卦名，后一"蒙"字是"蒙昧"的意思，"蒙卦"的卦辞说："匪我求童蒙，童蒙求我。"用"童蒙"之"蒙"释卦名，是以具体的常用字义解释抽象的专门的字义。

《孟子·滕文公上》："彻者，彻也。"

周代田赋名"彻"，孟子时代"彻"是"取"的意思，所以用当时常用义来解释古代田赋名。

《礼记·哀公问》："亲之也者，亲之也。"以使动用法"使之亲己"释"亲之"之"亲"。

《大戴礼记·曾子大孝》："仁者，仁此者也。""信者，信此者也。"

王力《理想的字典》中认为此种训释方法"不足为训"。沈兼士在《右文说在训诂学上之沿革及其推阐》批评此法"有违于以已知推未知之训诂原则，故虽远见于古籍而其后渐废"。同字为训，由于在形式上被训词与训释词相同，其训释之意需读者进一步发掘体会，因而有释义不明确的局限，较少为训诂学家采用。

（2）同音为训

语言以音载义，音中有义，义寓于音，分辨声音即能明了意义。凡音同音近的字，其义往往相同，而且又往往来自同一语源，因此可以辗转相训。

《论语·颜渊》："政者，正也。"

《尔雅·释诂》："粤，曰也。""系，继也。"

《孟子·滕文公上》："庠者，养也；校者，教也；序者，射也。"

（3）双声、叠韵为训

这是指用音近音转的字相训释，与同音为训旨意相同。

《孟子·梁惠王下》："'畜君何尤?'……畜君者，好君也。"

畜：晓母觉部；好：晓母幽部；

《孟子·滕文公下》："洚水者，洪水也。"

洚：匣母冬部；洪：匣母东部；

《周易·说卦》："乾，健也。坤，顺也。震，动也。坎，陷也。离，丽也。兑，说也。"

乾—健 ＼
　　　　　同音
兑—说 ／

坤—顺 ＼
　　　　　叠韵
坎—陷 ／

震—动 ＼
　　　　　双声
离—丽 ／

第三节　注解语法

汉语语法主要靠词序和虚词来完成，古人在由于语法问题影响文义疏通时，往往指出语法现象，这可以看做古人对于语法的认识。这在先秦著作中也有表现。

《墨子·经》："且，且言然也。"《墨子·经说》："且：自前曰'且'，自后曰'已'，方然亦'且'。"

这段话解释了虚词"且"。是说："且"字的意思是姑且言之如此。"且"的意思从前说将要发生某事称"且"，从后说曾经发生某事称"已"，从现在说方要发生某事也称"且"。这可以看做是现在能够看到的分析虚词最早的材料，指明"且"在表示时间关系上的作用。

《墨子·经》："已，成、亡。"《墨子·经说》："已：为衣，成也；治病，亡也。"这段话是说："已"字的用法分成"成"、"亡"两种情况，一种如做衣服，衣服已经做成，衣服还在；一种如治疾病，疾病已经治好，疾病消亡。

墨子的说法表明他对这两个虚词所表达的意义很清楚，按现在语言学的分类，它们都属于时间副词，一表示将来，一表示过去。

《墨经·小取》："或也者，不尽也。假也者，今不然也。"《墨经·经上》："尽，莫不然也。"译成现代汉语，是说：或，也许如此。假，现在还没有结果，处于假定状态。尽，没有不是这样的。墨子的这些论述，可知道当时人们开始注意到虚词的表义差别了。

荀子在书中还提到"单足以喻则单，单不足以喻则兼"。这反映出他能够分辨出词—短语、单纯词—复合词的差别，并说明他认为语言应随着表达的需要来发展的。

第四节 《尔雅》

《尔雅》是我国古代重要的经书之一，也是我国古代语言文字的重要文献。人们从不同的角度来说明它的重要作用，有人说它是字典（词典），或者说它是同义词词典，有人说它是训诂资料汇编，有人说它是类书，也有人说它是百科全书。从这些不同的称谓可看出它在中国学术史上的重要性。《尔雅》自从问世以来，受到了历代学者的重视，将其誉为阅读经书的"户牖""要津""梯航"，把它作为治经学的工具。我们从语言文字的角度来说，认为《尔雅》是中国最早的一部训释词语的书。

可以说，《尔雅》产生之后，标志着中国词典辞书的诞生。词典辞书的产生有其必然性。在春秋战国时代，历史文献的积累达到了一定的阶段。人们在学习前代典籍、吸收前代经验的时候，必然会促使训诂的产生。在训诂实践中，人们又迫切需要一些能够反映训诂成果的资料，以指导训诂实践。在这种情况下，《尔雅》就出现了。词典在积累总结人类文化成果中起到巨大的作用，使文化的传承成为可能，词典不仅使以往的成果保留、继承下来，而且在编写词典辞书时，也要使这些成果系统化、知识化，而不是仅仅停留在保存的程度。可以说《尔雅》的出现也使中国出现了最初的辞典学。

（一）《尔雅》是什么性质的书

《尔雅》是一部什么性质的书，前人有许多不同的说法。吕叔湘认为是一部同义词词典（见张志毅《同义词词典·序》），王力认为是一部故训汇编（《中国语言学史》11 页），何九盈认为是一部"正名命物"和解经的教科书（《中国古代语言学史》27页）。我们认为要探讨《尔雅》一书的性质，要从《尔雅》的书名说起。

汉代刘熙的《释名》曾对《尔雅》的书名进行了解释，他说："尔，昵也；昵，近也。雅，义也；义，正也。五方之言不同，皆以近正为主也。"（王先谦《释名疏证·释典艺》，上海古籍出版社 1984 年 3 月版，第 314 页）张晏《汉书音释》云："尔，近也；雅，正也。"唐代陆德明《经典释文序录》云："《尔雅》者，所以训释五经，辨章同异，实九流之通路，百氏之指南，多识鸟兽草木之名，博览而不惑者也。尔，近也；雅，正也。言可近而取正也。"这些说法都是认为"尔"为"近"，"雅"为"正"，也就是解释为接近雅言的意思。

以上的解释有古典文献语言作为依据，是可以信从的。"尔"与"迩"是古今字。《说文》："迩，近也。"《尚书·仲虺之诰》："惟王不迩声色。"汉代孔安国注云："迩，近也。"因此可以把浅近的话称之为"迩言"。如《诗·小雅·小旻》："维迩言是听，维迩言是争。"《礼记·中庸》："舜好问而好察迩言。"

"雅"之本义为鸟名，《说文》："雅，楚乌也。"段玉裁注曰："雅之训亦云素也，正也，皆属假借。"《荀子·王制》："使夷俗邪音，不敢乱雅。"此处的"雅"与"夷俗邪音"对举，可证明雅之假借为正，就是正确、规范的意思。黄侃在《尔雅说略》中说："雅之训正，谊属后起，其实即夏之借字。《荀子·荣辱篇》：'越人安越，楚人安楚，君子安雅。'《儒效篇》则云：'居楚而楚，居越而越，居夏而夏。'二文大同，独雅夏错见，明雅即夏之假借也。"华夏民族处于中原地带，即为语言规范的标准。《论语·述而》："子所雅言？诗、书、执礼，皆雅言也。"孔安国注曰："雅言，正言也。"汉代郑玄注曰："读先王典法，必正言其音，然后义全，故不可有所讳，礼不诵，故言执。"

于此说到"尔雅"连文，意即为近于雅正，依于规范的意思，所谓"言可近而取正也"。《大戴礼记·小辨》中说："尔雅以观于古，足以辨言矣。"这是"尔雅"一词最早的文献记载。北周卢辩注曰："尔，近也，谓依于雅颂。"《史记·儒林传》："文章尔雅，训辞深厚。"唐司马贞注曰："谓诏书文章雅正，训辞深厚也。"《汉书·艺文志》："古文读应尔雅，故解古今语而可知也。"于此我们可以说：由于时间、空间的差异，语言文字会有古今之别，地域之异。《尔雅》的产生就是为了扫除时间、空间在语言上造成的种种障碍，统一古今和各地不同的语言，使之纳于规范化的系统之中。我们此时则可以说，《尔雅》是一部具有规范意义的词典。王力先生称为"故训的汇编"是从《尔雅》的材料来源来说的，何九盈先生的说法是从作者著书的目的来说的，吕叔湘先生的说法是从现代词典学的分类角度来说的，角度不同，结论也就不一样了。如果从《尔雅》的作用来说，晋代郭璞在《尔雅序》中说得最好："夫《尔雅》者，所以通训诂之指归，叙诗人之兴咏，总绝代之离词，辨同实而殊号者也。"黄侃从语言学家的角度对《尔雅》的性质有很精当的论述，他说："然五方水土，未可强同；先古遗言，不能悉废。综而集之，释以正义；比物连类，使相附近，此谓尔雅。"黄侃论述了语言在空间和时间的分布不同是《尔雅》产生的条件和基础，并且说："明乎此者，一可知《尔雅》为诸夏之公言，二可知《尔雅》皆经典之常语，三可知《尔雅》为训诂正义。"（黄侃《尔雅说略》）第一句话是说《尔雅》是规范的语言，第二句是说《尔雅》的来源，是故训的汇编，第三句话是说《尔雅》的功用，主要价值在于训诂，《尔雅》所有义蕴，被黄侃备述无遗。

（二）《尔雅》作者及其年代

对于《尔雅》的作者及其产生年代的判定，历来众说纷纭，莫衷一是。综合来看，大致有四种说法：

1.《尔雅》为周公所作

最先提出这一说法的是魏朝时的张揖。张揖在《上广雅表》云："昔在周公，缵述唐虞，宗翼文武，克定四海，勤相成王，践阼理政，日昃不食，坐而待旦，德化宣流，越裳俠贡，嘉禾贯桑，六年制礼，以导天下，著《尔雅》一篇，以释其意义。"后来郭璞的《尔雅序》云："《尔雅》者，盖兴于中古，隆于汉氏。"陆德明注曰："中古，谓周公也。"

2.《尔雅》为孔子门人所作

这种说法由汉代郑玄最先提出，他在《驳五经疑义》一文中说："玄之闻也，《尔雅》者，孔子门人所作，以释六艺之旨，盖不误也。"近代学者黄侃在《尔雅说略》中也同意这种说法，认为："《尔雅》之名，起于中古；而成书则自孔徒。"这种说法在历史上影响很大。

3.秦汉《诗》学资料的汇集

这种说法最先由宋人欧阳修提出，他在《诗本义》中说："《尔雅》非圣人之书，不能无失，考其文理，乃是秦汉之间学《诗》者纂集，说《诗》博士解诂。"

4.秦汉小学家所著

这种说法是《四库全书总目提要》提出来的，说："大抵小学家缀缉旧文，递相增益，周公、孔子，皆依托之词。"

我们综合各种说法，基本上同意《四库全书总目提要》的说法。第一种说法是一点证据也没有，只能是后人的揣测，不足为据。第二种说法与事实不符，我们考查《尔雅》里的内容，涉及五经的内容不及全书的十分之三四，如果孔子是专为训诂五经而作，不应是这种情况。第三种说法与第二种情况同样，《尔雅》中的内容与《诗经》有关的部分也仅占十分之一而已。周祖谟先生在《尔雅校笺序》中从《尔雅》的内容来判定《尔雅》的作者，他说："从这部书的内容看，有解释经传文字的，也有解释先秦子书的，其中还有战国秦汉之间的地理名称。这样看来，《尔雅》这部书大约是战国至西汉之间的学者累积编写而成的。"周祖谟先生在《重印〈雅学考〉跋》中说："《尔雅》一书，盖汉时经生所纂，所以疏通故训，系类繁称，辨别名物，取资多识者也。古今言异，方国语殊，释以雅言，义归乎正，故名《尔雅》。言近正也。"我们同意周先生的说法。

关于《尔雅》成书的年代，历来也有不同的意见。余嘉锡在《四库提要辩证》中说："要之，《尔雅》为汉人所作，其成书当在西汉平帝以前无疑。"何九盈先生在《中国古代语言学史》说："《尔雅》不是渊源于汉初经师的'诂训'，而是春秋战国时期的名物释义的汇编，是不应该有问题的。"由于历史年代久远，史料缺乏，如果我们通达一点来看，我们可以做出这样的初步结论：《尔雅》非出自一人之手，也非出于一时之作。《尔雅》一书是某些学者在战国初期开始对故训进行整理，并逐步累积补充，直到战国末期才初步汇集成书的。

（三）《尔雅》的内容及体例

《尔雅》一书内容相当丰富，涉及到包括语言、伦理、建筑、物理、化学、音乐、天文、地理、植物、动物等众多的学科，所以陆德明在《经典释文序录》中说："《尔雅》者，所以训释五经，辨章同异，实九流之通路，百氏之指南，多识鸟兽草木之名，博览而不惑者也。"唐代刘肃《大唐新语》曰："《尔雅》博通训诂，纲维六经，为文字之楷范，作诗人之兴咏，备详六亲九族之礼，多识鸟兽草木之名。"

《尔雅》保存了一些天文、历法等等资料，反映了战国时代自然科学研究方面的某些成果，这为后来的训诂学家、辞书编纂者做出了借鉴的范式。

《尔雅》以沟通古今，规范殊言为宗旨，按事类分篇，按照义类分组，使一般词语与百科名词分别部居，不相杂厕，词语分类即以此为始。它把抽象名词、形容词、动词、介词、助词合为一类，在这一类中又分古语和常用字两部分；把联绵字立为一类；百科名词按意义分为十六类，全书共十九类。

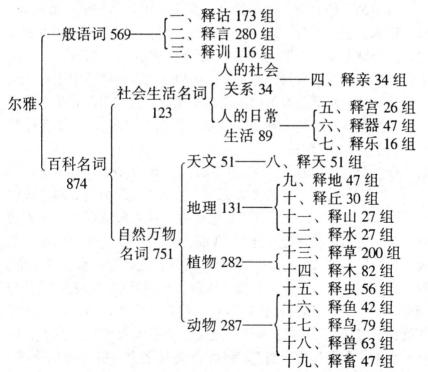

《尔雅》首创了按词的义类编排词汇的体例，它把两千多个词条分成十九个义类。后来的"雅书"系列大都按照这种体例来编排。《尔雅》一书，结构完整，体例统一。词语的分类编排，释义的方式，都有规律可寻，杂而不乱。不仅篇与篇之间的安排都经过精心考虑，即使是一篇之内的条目之间的衔接也是有脉络可寻的。举例来说，《释诂》的第一条是"始"，也就是一切的起点，在此后排列了表示君主的词，又因为君主尊大，所以又把表示"大"的意思的词放在君的后面，《释诂》的最后一条是"死"，它的前一条是"终"，这都表现出著者在安排词语时并非随便地把旧训汇集一起就了事的。

（四）《尔雅》的价值

《尔雅》是中国古代有关语言文字和训诂名物的一部专著，博大精深，包罗万有。刘勰《文心雕龙·宗经篇》中说："书实记言，而训诂茫昧；通乎《尔雅》，则文义晓然。"《尔雅》一书记录了大量词语在先秦时代的古义，可以作为我们研究汉语词汇史的绝好材料，特别是有些词语仅存于先秦。古文浸埋几千年，后人在阅读古籍常感到无从措手，如果借助于《尔雅》，倒可能窥见古义一斑。《释诂》第二条说："林、烝、天、帝、皇、王、后、辟、公、侯，君也。"郭璞注曰："《诗》曰：'有壬有林。'又曰：'文王烝哉。'其余义通见《诗》、《书》。"但在我们今天看来，"林"、"烝"义与"君"义怎么排列在一起解释呢？令人费解。清代王引之在《经义述闻·尔雅上》中解释了这个问题，他说："君字有二义。一为'君上'之君，天、帝、皇、王、后、辟、公、侯是也。一为'群聚'之群，林烝是也。古者'君'与'群'同声，故《韩诗外传》曰：'君者，群也。'故古'群臣'字通作'君臣'。——遍考经传之文，未有谓君为林、烝者；则林、烝为'群聚'之'群'，而得合而释之者，古人训诂之旨，本于声音，六书之用，广于假借，故二义不嫌同条也。"王引之的说法很有道理，特别是提出"二义不嫌同条"的体例，更给人以启发。后来郝懿行在《尔雅义疏》中说："《白虎通》云：'君者，群也；群下之所归心也。'然则君之言群，凡群众所归，皆谓之君矣。林、烝者，众也。又训君者，众之所归，斯谓之君，与君、群义同也。"郝懿行引用声训来说明词义，又进了一步。从此例可看出在今天看来难以理解的古义，常常在《尔雅》中得到保存，难怪人们认为《尔雅》是古代训诂材料的宝藏。黄侃在《尔雅音训》之中说："《尔雅》解释群经之义，无此则不能明一切训诂；《说文》解释文字之原，无此则不能得一切文字之由来。盖无《说文》，则不能通文字之本，而《尔雅》失其依归；无《尔雅》，则不能尽文字之变，而《说文》不能致用。如车之运两轮，鸟之鼓双翼，缺一则败矣。"黄侃先生主要从古典文献语言学的角度来说《尔雅》的价值和重要性。

如果从汉语词汇史的角度来看，《尔雅》则具有相当重要的价值。《尔雅》将收集的先秦主要典籍的常语，加以整理研究，并且按照同义词的类属，分别部居，汇释语义，成为了我国第一部粗具条理的汉语语义分类辞书。这种方法开创了雅书系列释义的通例，为训诂学奠定了坚实的基础。这对于汉语词义研究史来说，具有里程碑的意义。在《尔雅》以前，人们对于词语的解释，大都属于随文释义的性质。人们在解释词语时，多局限于具体语言环境，针对某书某字的词义做出具体解释，训释的方法是因文为训，缺乏抽象的语义概括，解释因文而异，也会因人而异，随意性很大，主观性很强。这种对词义的感性认识，由于没有上升到理性的层面，所以也就缺乏科学性。《尔雅》一书，在前人大量训诂实践的基础上，经过选择、比较、分析，将大量词语融会贯通，将词语的语义中心抽绎出来，用一个常用词语来作解释。按王国维在《尔雅草木虫鱼鸟兽释例》中说，是"释雅以俗，释古以今"。这样做，体现出了词义的系统性和联系性，是对于词汇的系统的和理性的分析。我们说，分析就是研究，分类就走上了科学之路，可以说，《尔雅》也是我国古人对汉语词汇系统的最初步的研究和认识。《尔雅》作为最早的语言研究和训诂专著，为训诂学的兴起和词汇学的建立奠定了基础。从对《尔雅》词义的解释来看，传统训诂所包含的内容、方法、术语、条例等，均可在此找到其最初的源头。《尔雅》对于词汇的分类，虽然是按语义来划分，但也可看出著者在汉语词汇学上的看法。例如《释诂》、《释言》、《释训》三篇是解释一般词语的。这三篇的区别究竟在哪里，各家有不同的看法。大体上来说，《释诂》是把古今意义相同的词罗列在一起，而用一个当时通行的词语来解释。

初、哉、首、基、肇、祖、元、胎、俶、落、权舆，始也。

卬、吾、台、予、朕、甫、余、言，我也。

酬、酢、侑，报也。

《释言》解释的是常用词，如：

斯、诶，离也。

肃、噰，声也。

庶、几，尚也。

贸、贾，市也。

以上都是实词，针对不同的实词采用了不同的分类。《释训》解释的是描写事物情貌的词。如：

明明、斤斤，察也。

委委、佗佗，美也。

抑抑，密也。

这些词，按词汇学的分类来说，是所谓双音节单纯词。这些分类是否合乎今天较为科学的方法暂且不论，但能反映当时人们对词汇的分类却是有目共睹的。

（五）《尔雅》的释义方式

《尔雅》全书的释义方式，可大致分为如下几类：

1. 用一个常见的词去解释另一个词，这种方式在全书中运用得最多。

艾，历也。（释诂）

畯，农夫也。（释言）

婆娑，舞也。（释训）

杬，鱼毒（释草）

2. 类中辨别。把表示同类意思的词罗列在一起，从它们的区别特性上进行解释，通过对比，揭示词义的内涵。这种释义方式，颇类似现代语义学中的义素分析方法，先找出上位义位，再分别往下分析，从而找出它们的区别。

鸟罟谓之罗，兔罟谓之罝。（释器）

载，岁也。夏曰岁，商曰祀，周曰年，唐虞曰载。（释丘）

柽，河柳。旄，泽柳。杨，蒲柳。（释木）

食苗心，螟。食叶，蟘。食节，贼。食根，蟊。（释虫）

这种解释方法，即使在今天看来，也是相当科学的。

3. 描述客观事物性状特性

卷施，拔心不死。（释草）

蝮虺，博三寸，首大如擘。（释鱼）

罴，如熊，黄白文。（释兽）

狒狒，如人，被发迅走，食人。（释兽）

駮，如马，倨牙，食虎豹。（释畜）

这些释义方式在今天辞书编纂和注释古籍中还时常被采用。具有形象生动的特点。

前面提到《尔雅》是中国最初的训诂专著，在《尔雅》中，后代的训诂方式几乎都使用到了，例如：

①同训

同训即用一个词来解释两个或两个以上的同义词或近义词，这种训诂的方法在《尔雅》中运用得最多。

《释诂》："悠、伤、忧，思也。"

悠，思念。《诗经·周南·关雎》："悠哉悠哉，辗转反侧。"

伤，忧思。《诗经·周南·卷耳》："我姑酌彼兕觥，维以不永伤。"

《释诂》："崩、薨、无禄、卒、徂落、殪，死也。"

崩，山倒塌，特称帝王死。《谷梁传·隐公三年》："三月庚戌，天王崩。高曰崩，厚曰崩，尊曰崩。天子之崩，以尊也。"薨，死。特称侯王死。《国语·晋语八》："平公薨。"无禄，死的讳称。《礼记·曲礼下》："天子死曰崩，诸侯曰薨，大夫曰卒，士曰不禄，庶人曰死。"孔颖达疏曰："不禄者，士禄以代耕，而今遂死，是不终其禄。"

徂，通"殂"，死亡。"徂落"，死。《孟子·万章上》："二十有八载，故勋乃徂落。"

殪，死。屈原《九歌·国殇》："左骖殪兮右刃伤。"

《尔雅》这种同训的训诂方法，开后代训诂方法中同训的先河，为我们研究古汉语中同义词群提供了丰富的材料。我们可以根据《尔雅》大量同训的例子来辨析、比较古文献中的同义词和近义词，从而从词义上把汉语词汇的系统性建立起来。

②互训

两个同义词互相为训称为互训。语言由于时间、空间、雅俗各种因素的影响，人们给事物命名时，对同一事物，名称可能会有不同；创制文字来记录词语时，同属一词，文字可以不同。郭璞在《尔雅序》中说的"绝代之离词，同实而殊号"，就是互训产生的基础。有的词虽然有细微的差别，但古人在处理这些词时，只求大同，忽略其差异，也可互相为训。

《释诂》："勤，劳也。""劳，勤也。"

《释诂》："遐，远也。""远，遐也。"

《释宫》："宫谓之室，室谓之宫。"

《释诂》："首、元，始也。""元、良，首也。"

《释诂》："溢、慎，静也。""溢，慎也。"

③递训

同义词递相为训称递训。递训实际上是几组同训词互相衔接而成，以乙释甲，以丙释乙。

《释诂》："遘、逢，遇也；遘、逢、遇，逆也；遘、逢、遇、遻，见也。"

遇，相逢。《公羊传·隐公八年》："春，宋公、卫侯遇于垂。"《荀子·大略》："无用吾之所短，遇人之所长。"

遘，遭遇。《尚书·金縢》："惟尔元孙某，遘厉虐疾。"

通作"觏"，遇见，看见。《诗经·豳风·九罭》："我觏之子，衮衣绣裳。"

遻，通作"遌"，遇到。《庄子·达生》："死生惊惧不入乎其胸中，是故遻物而不慴。"

《释诂》："矢，弛也；弛，易也。"

弛，放松弓弦。引申为松懈，解脱。《左传·昭公三十二年》："弛周室之忧。"

弃置，丢开。《礼记·坊记》："君子弛其亲之过而敬其美。"

延缓。《吕氏春秋·开春》："请弛期更日。"

散布，陈列。《礼记·孔子闲居》："弛其文德，协此四国。"

易，简慢、懈怠。《礼记·乐记》："外貌斯须不庄不敬，则易慢之心入之矣。"

④反训

反训即是以反义相训。在古汉语中，一个字（词）兼具有正反两种意义，也称为相反为训。它是同一个词形表示相反、相对的两个概念。

《释诂》："落，始也。"

落，表示开始的意义，用于某些新旧事物互相替代之际。这时，从旧事物方面来说是终止，从新事物方面来说是开始。《左传·昭公七年》："楚子成章华之台，愿以诸侯落之。"

《释诂》："乱，治也。"

乱，治理乱丝。引申为治理。《尚书·盘庚》："兹予有乱政同位。"孔传："乱，治也。此我有治政之臣同位。"

《释诂》："徂，往也。""徂，存也。"

郭璞注曰："以徂为存，尤以乱为治，以曩为乡，以故为今，此皆训诂义有反复旁通，美恶不嫌同名。"

徂，往。《诗经·卫风·氓》："自我徂尔，三岁食贫。"

《方言》："徂，往也。齐语也。"

⑤义界

义界是直接给词下定义。客观事物呈类属状态，类是词语层级聚合的基础；而客观事物的属性又各不相同，在形状、色彩、大小、功用等方面千差万别，义界就是要揭示出同一类属中的词所记录的各个事物间的不同特征。按逻辑学讲，下定义的要求是属概念再加上种差。《尔雅》往往在运用义界的训诂方式时就注意属中求别。

《释器》："木豆谓之豆，竹豆谓之笾，瓦豆谓之登。"

《释天》："暴雨谓之涷，小雨谓之霡霂，久雨谓之淫。"

《释天》："谷不熟为饥，蔬不熟为馑，果不熟为荒，仍饥为荐。"

《释宫》："门侧之堂谓之塾。"

《释器》："大版谓之业。"

这种方法与前面所说的"属中有别"是有差别的。《尔雅》在《释亲》以下十六篇，常把意义相同、相近、相关的词搜集在一起，通过比较，分别下定义。这与《尔雅》按范畴、层级分类的逻辑方法，义类的框架，同义的条目这一体例有关。这种方法应该是最科学的方法，在当今辞书编纂中仍大量地使用。

⑥声训

声训是根据词与词之间音同或音近的关系，来解释词义，探索语源的一种训诂方法。这种方法在《论语》中已经出现过，如《论语·颜渊》："政者，正也。"在《尔雅》中也有一些声训的例子。

《释训》："鬼之言归也。"

归：见纽，微部。鬼：群纽，微部。

《释山》："独者蜀。"郭璞注曰："蜀亦孤独。"

独：定纽，屋部。蜀：禅纽，屋部。

《释言》："颠，顶也。"

顶：端纽，耕部。颠：端纽，真部。

《释言》："题，题也。"郭璞注曰："题，额也。"

题：定纽，耕部。题：定纽，支部。

⑦训诂术语

训诂学中的许多术语，在《尔雅》中就已经出现过，虽然当时使用时可能还具有粗糙随意的特点，但这些术语在《尔雅》一书中的使用，对于后代训诂学的发展起了相当大的作用。

（1）某，某也。

用"也"字表示某词或某一组词的释义已经完了。这类术语在《释诂》、《释言》、《释训》中运用得最多，前面是被解释的词，后面是解释的词。

《释诂》："珍、享，献也。"

《释言》："襄，驾也"

《释训》："抑抑，密也。"

（2）为、曰、谓之（为之）

这几个术语相当于现代汉语的"叫"、"叫做"，被释词放后，释词置前。

《释天》："春猎为蒐，夏猎为苗，秋猎为狝，冬猎为狩。"

《释草》："木谓之华，草谓之荣，不荣而实谓之秀，荣而不实者谓之英。"

《释丘》："绝高为之京，非人为之丘。"

（3）属（丑）

这是用以区别事物共同性与区别性的训诂术语。"属"又可称为"丑"。

《释草》："蘩之丑，秋为蒿。"郭璞注曰："丑，类也。春时各有种名，至秋老成，皆通呼为蒿。"

《释虫》："蜻丑，罅；螜丑，奋；强丑，捋；烽丑，鳌；蝇丑，扇。"

（4）之言

这一术语多用来表示声训。

《释训》："鬼之言归也。"

虽然《尔雅》用声训极少，却也开启了后代训诂学中声训的不二法门。

（六）《尔雅》的局限性

《尔雅》作为中国第一部训释词义的专著，难免有一些不尽如人意的地方。这在创建之初也是难免的。

1. 编排和分类不够严密

《尔雅》是按语义来分类的。语义的分类本身就不好把握，《尔雅》在编排和分类上就有许多地方含混不清。

《释诂》主要是解释古语，《释言》解释今语，这只是一个大概的说法，在大部分的词语中，却无法严格区别。在《释地》、《释丘》、《释山》等部分中，词语的划分有令人莫名其妙的地方。

2. 解释词语不够严密

《尔雅》将许多同义词、近义词类聚在一起，然后用一个词来概括说明。语言当中绝对相同的所谓"等义词"是很少的，大部分都是近义词。这些词在用法、感情色彩、搭配关系方面都有差别，这些差别在语言的使用中相当重要，《尔雅》将它们归聚在一起，笼统地用一个词来解释，势必抹杀了它们的区别。《尔雅》只罗列了古书中的同义词、古今语言的正字和借字，却没有说出这些同义词彼此间的古今、地域、文体的不同，也没有说出词义的变化。

特别是《尔雅》中使用了后人所说的"训同义异"的方法，给后人阅读带来了许多麻烦，这尤其应当注意。

《释诂》："林、烝、天、帝、皇、王、后、辟、公、侯，君也。"

"林"、"烝"二字义与后面的意义不相属，只是因为这二字义与"君"字的"群聚"义有相同相近之处，就牵合到一起来解释，这就不够明确了。

（七）《尔雅》对后世的影响

《尔雅》问世之后，对后世影响很大。汉代独尊儒术，经生们读解经书，离不开训诂作为工具，《尔雅》更是解经的资粮。从训诂学的发展来看，由于《尔雅》开创性的成果，随后即形成了尔雅派的训诂。胡朴安在《中国训诂学史》中曾把中国训诂学分为《尔雅》派、传注派、《释名》派、方言派几派。《尔雅》派的训诂成就最大。

1. 《尔雅》、《说文》、《释名》成鼎足之势

训诂的方法，传统上分为形训、声训、义训三种，形训以《说文》为代表，声训以《释名》为代表，义训则以《尔雅》为代表。《尔雅》成为后代人搞义训的必备典籍，也就成为了我国

古代小学训诂类的代表作。

2."雅书"系列的领头羊

《尔雅》一书出后，后代即开启了"尔雅派训诂"，被称为"雅学"。后代注释《尔雅》和以"雅"为名的训诂专著风起云涌，不绝如缕。有补充《尔雅》的，如姜兆锡的《尔雅补注》；有疏证的，如邵晋涵的《尔雅正义》，郝懿行的《尔雅义疏》；有释例的，如王国维的《尔雅草木虫鱼鸟兽释例》，陈玉树的《尔雅释例》；有校正文字的，如阮元的《尔雅注疏校勘记》；有辑佚的，如马国翰的《尔雅辑佚》。至于后代以"雅"命名的《尔雅》派著作就更多了，如：

汉　人《小尔雅》	吴玉搢《别雅》
张　揖《广雅》	陈　奂《毛雅》
陆　佃《埤雅》	朱骏声《说雅》
罗　愿《尔雅翼》	程先甲《选雅》
朱谋㙔《骈雅》	洪亮吉《比雅》
方以智《通雅》	夏昧堂《拾雅》
史梦兰《叠雅》	刘　燦《支雅》
王念孙《释大》	程瑶田《释宫》

可参见胡元玉《雅学考》、周祖谟的《续雅学考拟目》。

可见《尔雅》无论在释义上，还在训诂方法上，都是被历代学者奉为圭臬的。研读《尔雅》，以下的几部著作尤宜先读。

晋郭璞《尔雅注》

郭璞博学多才，精通训诂，他为《尔雅》作注，"缀集异闻，会粹旧说，考方国之语，采谣俗之志"。取材丰富，对于书中的隐滞疑解之处，也都援引书证，加以说明；其中有不少是他的独到之见。因此，郭璞的《尔雅注》，一直为人所重视而流传不废，为后人研读《尔雅》起到了重要的桥梁作用。

宋邢昺《尔雅疏》

　　邢昺此书对郭璞注进行疏解，对《尔雅》条例多有发明。邢疏成就很大，黄侃在《尔雅说略》称之为"补郭注之缺"，"知声义之通"，"达词言之例"。以上二书都收入《十三经注疏》之中。

　　邵晋涵《尔雅正义》。

　　郝懿行《尔雅义疏》。

　　一般读者可看徐朝华的《尔雅今注》。

第二章　两汉时期的语言研究

第一节　经学与两汉语言研究

两汉时期是中国封建文化发展的第一个高潮，在长达四百多年的历史发展中，语言研究得到了空前的发展。无论是文字学、训诂学、方言学，以及音韵学、语法学、修辞学，都有了新的面貌。在这个时期的语言学研究的一个突出特点，就是受经学的影响很大。当时的语言研究者，往往就是经学家。所谓"小学"研究，往往在经学研究的范围内表达了语言研究的成果。

首先，秦王朝时期，为了加强对思想文化领域的控制，以维护其封建统治，接受了李斯的建议，大规模地焚禁书籍，法令规定，民间所藏诗书百家语等书籍要在三十天内烧掉，违令者要给予处罚。但后来事实说明有些人并没有遵令，而是采取措施将书秘密深藏。汉朝建立后，文化环境日益宽松，几朝皇帝开放民间文化学术活动之禁，渐开献书之路，并有意收集散失在民间学术书籍，一些贵族、官吏也采取各种措施积极搜求各种书籍，《汉书·艺文志》："汉兴，改秦之败，大收篇籍，广开献书之路。迄孝武世，书缺简脱，礼坏乐崩，圣上喟然而称曰：'朕甚闵焉。'于是建藏书之策，置写书之官，下及诸子传说，皆充秘府。"汉初收集到的书籍多是先秦文字撰写而成的，与汉代通用的隶书有明显差别，故当时人把收集到的书籍简称古文，《史记》中就有很多这样的称谓，如"《诗》、《书》古文"、"《春秋》古文"、"《古文尚书》"之类。而汉代流行的许多儒家经典传记都是汉政权建立后，由年老的儒生口述，用当时文字记录整理而成，因此后世统称这些书籍为今文。

汉政权将收集到的图书典籍"皆充秘府"，由于这些书籍很不系统，杂乱无章，甚至有些书籍竟成了残编断简。这就需要一番整理校对编排的工作要做。这些工作首先要解决的就是语言文字的工作，这些工作的进行无疑推动了语言文字的研究。

其次，汉代统治者从汉武帝开始，就把儒家经典视作教条，逐渐地把它捧上了独尊的宝座。汉武帝元光元年提出"罢黜百家，独尊儒术"的政策，使中国的儒家经典跃上了经学的地位，中国的经学史开始了。从本质上看，"经"的建立和"经学"的出现，是适应了统治者地位日趋稳定的新兴地主阶级的需要；历经战国和秦汉的继承改造，日趋成熟的儒家学说也为这个需要提供了可能。统治者以经治国，学者士子必然要研读经籍。经过了几百年时间的改变，先秦典籍到了汉代就有了许多变化，汉代学者们读书时就会遇到许多语言文字的问题，这就促使他们首先要解决这些问题，以"通经致用"。从当时现实来看，古文、籀书已成为古董，篆文也逐渐被隶书所取代，加以去古渐远，古音古义不是一般人所能理解。这些情况促进了语言文字工作的展开。在这个时期，确立了中国训诂学训诂体式两种基本方式，即随文释义和通释语义。在《汉书·艺文志》中有许多给《老子》作注的书，就与汉初统治者提倡的"黄老之学"有关系；为了让一般学子能够有讲解阅读经书的依据，于是就产生了《说文解字》这样的书。在研读经籍过程中，逐渐对语言文字本身感兴趣了，于是产生了探讨语言命名依据的语源学代表作——《释名》，以往人们都认为古代的小学是为经学服务的，此言如果从小学的整体面貌来说是如此，但如果针对某一著作来说却不尽然，在《释名》中，不曾引用多少经书的词语解释，也不以释义来附会经义，它的研究对象是语言本身。总之，统治者的文化政策和语言发展的实际情况也促进了这个时期的语言研究的开展。

　　再次，经学的派别之争也促进了语言文字研究的开展。经学内部历来有古文经学和今文经学的论争。今文经学家以"六经"为孔子的政治学说，所以解说经传，偏重微言大义。他们因受利禄的驱使，或受功利的束缚，以经术饰吏治，常常离开原文原义，皮博附会，重实用而轻学术。古文经学家以秦代以前的文字书写的儒家经典为解释阐发的对象。在武帝末年，鲁恭王为扩充宫室，拆除孔子宅，从孔子宅壁中得到了古文经籍。孔安国始治古文经，用今文定其章句，通其假借，传授生徒，古文经学从一开始就注重语言文字的釐正和校释。今文经学是官学，得立博士；古文经学是私学，得不到朝廷的承认。但古文经学作为经学在民间广泛流行。它不谈鬼神，反对谶纬，学有根基，提倡校勘解释之学，注重语言文字本身，依据文本的本来面貌阐发经义。古文经学在与今文经学的斗争中，发展了中国的语言文字之学。

第二节　两汉语言研究概况

　　两汉时期是我国传统文献语言学的黄金时代，这个时代在文字学、训诂学、方言学都取得了划时代的成就。

　　许慎的《说文解字》为中国第一部字典，也是我国第一部有系统的文字学著作，对后代产生了巨大影响，成为历代小学家研究的重点之一。后来形成了以《说文解字》为研究对象的学科，称为"说文学"，也可称为中国传统文字学的核心。《说文解字》对科学的汉文字学的建立和发展有巨大的推动作用，对古音学、训诂学、词汇学的建立也有重要的价值。

　　扬雄的《方言》是我国第一部研究方言的著作。此书较《尔雅》有所改进，为研究汉语史、方言学及训诂学提供了宝贵资料，是中国乃至世界方言史上的一座丰碑。

刘熙的《释名》是我国第一部语源学的著作。此书集汉代声训之大成，以词语为研究对象，推求名源，竭力从音义关系中揭示语言内部的规律，对因音求义科学方法的形成有极大影响。王力先生在《中国语言学史》42页中说："声训已经超出了语文学的范围，而进入了语言学的范围，更值得我们重视。"又说："刘熙的《释名》，则成为声训的专著，作者纯然从语言学观点去探求词的真正意义。"这样评价是很高的。

这个时期在传注训诂中有一些关于语法方面的分析，虽然不足以名"学"，但也昭示了当时人们也开始注意到语法现象了。毛亨、郑玄等训诂大师在给古籍作注时，常常逸出传统，解释语法现象。

修辞学也在这时有了端倪，虽然没有形成系统理论，但在评艺说文、阐释自己主张时，间或提出一些有关修辞学的见解。

第三节　汉代的文字学

汉代的文字学，以许慎的《说文解字》为代表。在《说文》之前，有很多杂字书，最知名的是《仓颉篇》，相传为李斯所作。另外还有赵高的《爰历篇》和胡毋敬的《博学篇》。这几本书都是以开头两个字作为篇名的。到了汉代，把三书合在一起，称为《仓颉篇》，以六十字为一章，一共有五十五章。后来扬雄又续《仓颉》作《训纂篇》，东汉郎中贾鲂又作《滂喜篇》。后人合称为《三仓》。这种书都是四字一句，而且是韵语。西汉时司马相如又作《凡将篇》，是七言韵语。东汉元帝时史游作《急就篇》，有七言、三言和四言。除《急就篇》外，其他都亡佚了。这些书除了可以考证当时的词汇外，对于文字学并没有多少价值。许慎的《说文解字》是一本真正意义上的字典。段玉裁在《说文解字·叙》注中说："此前古未有之书，许君之所独创，若网在纲，如裘挈领，讨源以纳流，执要以说详，与《史籀篇》、《仓颉篇》、《凡将篇》乱杂无章之体例，不可以道里计。"

（一）许慎写《说文解字》的原因

许慎写《说文解字》，既有客观要求，又有他主观的动机。大致可归结为以下三点：

首先是社会发展的要求。汉代统治者建朝初期，对文化教育工作开始重视起来，这带动了整个文化和学术事业的发展。黄老之学，刑名之学，尤其是儒学作为统治者的思想工具得到相当重视，逐渐成为治国的指导思想，取得了"独尊"的地位。这样，以注释儒家经典为核心的训诂学、文字学就相应地发展起来，社会上对收字齐全、形音义综合训释的工具书就有了现实的需要。同时，政治、经济、文化的发展对教育也就提出了较高的要求。《说文解字·叙》中说："尉律：学僮十七已上始试，讽籀书九千字，乃得为吏。"还要"以八体试之"，所谓八体，是指大篆、小篆、刻符、虫书、摹印、署书、殳书、隶书，以适应为吏的需要。试想那时学童，学算术、识字，还要掌握"六书"的基本知识，也够繁难的了。许慎针对当时"虽有尉律不课，小学不修，莫达其说久矣"的现实情况，就决定写一部分析造字原理，揭示造字本义的字书，作为匡俗正谬的工具书。

其次是经学的原因。汉代的古文经跟今文经不仅内容不同，文字的写法也不相同。经学的争论不仅仅是内容之争，也涉及到文字之争。许慎跟古文大家贾逵学习。古文经是用战国时代的古文字来写的，跟当时通行的隶书很不相同。自从古文经出现以后，今文经学家就大相诋毁，排斥古文，称秦时隶书是先帝王之书，父子相传，不得改易。并且随意解说文字，牵强附会，毫无文字学的根据。许慎既博通经籍，而又从贾逵学习古文经，对于今文经学家的这种向壁虚造的巧说邪辞深恶痛绝，所以就搜罗篆文和古文及籀文编成一部字书，以反击今文学家的胡说。

最后是由于语言发展本身的原因。由于语言自身的发展，文字在形体上发生了重大变化，由篆而隶，字形与字义的联系模糊不清，以往的字形与字义的吻合不见了。文字形体跟不上语言词语的增长，以至于汉人写假借字特别多，以至于不可究诘。学者不识何字为本字，何义为本义，造成了阅读上的困难。许慎作《说文解字》，依形以说音义，说明制字之本义，本义明，其引申、假借义皆明。这样，一方面把经传群书的训诂记载下来，一方面说明字体的结构和字的读音，使人们知道相传的古文字是怎样写的，每一个字从字形上和语义上应当如何讲解。许慎认为这都是由于"未尝睹字例之条"，所以发奋写一部字典来纠正。

（二）许慎的生平

许慎（58～147），字叔重，今河南省人。《后汉书·儒林传》里有简单记述："性淳笃，少博学经籍，马融常推敬之。时人为之语曰：'五经无双许叔重。'以五经传说臧否不同，于是撰《五经异义》，又作《说文解字》十四篇，皆传于世。"许慎的儿子许冲在《上说文解字表》中的话对许慎的事迹有补充："臣父故太尉南阁祭酒慎，本从逵受古学。盖圣人不空作，皆有依据。今五经之道，昭炳光明，而文字者其本所由生。自周礼汉律，皆当学六书，贯通其意。恐巧说邪辞使学者疑，慎博问通人，考之于逵，作《说文解字》。"许慎的老师是当时负有盛名的古文经学大师贾逵，贾逵既通今文经学，又精通古文经学。他在公元79年曾与班固、傅毅博士议郎及诸生诸儒在北宫白虎观讲论五经同异，公元83年又奉诏在黄门署为弟子门生讲授《春秋左氏传》、《谷梁传》、古文《尚书》和《毛诗》。这些经历都说明许慎首先是一位精通五经的经学家，这对于他撰写《说文解字》有绝大的作用。不贯穿群经，不了解文献语言的实际用法，单凭说字形，是不可能科学地说清楚字义的。《说文解字》的《后叙》写于公元100年，可证明此时书稿已完成。许慎在公元114年又曾与马融、刘珍及博士议郎五十余人在东观校五经、诸子和史传。到建光元年，病居于家，才叫他的儿子许冲呈上《说文解字》。此时已是完稿后的二十二年了。许慎的生年和卒年不可详考，周祖谟先生在《许慎及其〈说文解字〉》一文中推断其岁数总在八十以上，这在当时已经是很高寿了，许慎还写过《五经异义》和《淮南子注》，都亡佚了，只有清人的辑本。

（三）许慎与当代学术

许慎能撰写出《说文解字》，具有深厚的学术滋养作为基础。许慎的时代，具有萌生中国古文字学的沃土。任何一个时代的伟大成就，特别文化方面的成就，都是当代文化各个部门合力的结果。《说文解字》的产生，是汉代多门学科共同发展，相互影响的结晶。

1. 史学

司马迁的《史记》代表了中国传统史学的最高成就。司马迁"年十岁则诵古文"（《太史公自序》)，《索隐》："迁及事伏生，是学诵《古文尚书》。刘氏以为《左传》、《国语》、《系本》等书，是亦名古文也。"这里的"古文"当是古代文字的泛指。司马迁著《史记》时，利用了许多古文字材料，包括大量先秦文字写本的古籍。《史记》引用的书目有《春秋古文》、《左氏春秋》、《古文尚书》等，《儒林传》明确说："孔氏有《古文尚书》，而安国以今文读之，因以起其家。逸《书》得十余篇。盖《尚书》滋多于是矣。"司马迁接任太史令后，"䌷史记石室金匮之书"（《太史公序》)，一定还接触了未经校订的古籍原本，如《汉书·司马迁传》："据《左氏》、《国语》，采《世本》、《战国策》，述《楚汉春秋》。"又如《国语解叙》中说："遭秦之乱，幽而复光，贾生、史迁颇综述焉，及刘光禄于汉成世始更考校，是正疑谬。"古文字的知识滋养了伟大的史学家司马迁，在他的史学著作中包含了古文字研究的成就。两汉的古文字研究一开始就是应先秦史研究的需要而出现，被紧密地包含于史学之中，司马迁也是一位古文学大师。

据刘汝霖《汉晋学术编年》中说：许慎著有《史记注》，我们能推断出许慎对太史公的倾心及受其学的影响。两汉的史学研究提出了利用先秦文字材料的需要，这是推动许慎写出《说文解字》的动力之一。

许慎在撰写《说文解字》时，还受到司马迁的历史哲学思想的影响。司马迁在《报任安书》中提出要"通古今之变"。在《太史公自序》中云："维三代之礼，所损益各殊务，然要以近性情，通王道，故礼因人质为之节文，略协古今之变。""礼乐损益，律历改易，兵权山川鬼神，天人之际，承敝通变，作八书。"司马迁是要观察记载历史的变化，要"原始察终"。许慎用以观察研究古文字演变的方法，就是要以尽可能占有的文献资料和实物材料，考究汉字的古今之变。《说文解字·叙》里叙述了汉字演变的历史，从籀文一直叙述到汉代的草书。对秦汉时期的字体变化论述很详尽，几乎是一篇论述汉字发展史的文章。他说："及宣王太史籀，著大篆十五篇，与古文或异。至孔子书《六经》，左丘明述《春秋传》，皆以古文，厥意可得而说。其后诸侯力政，不统于王，恶礼乐之害己，而皆去其典籍。分为七国……言语异声，文字异形。秦始皇初兼天下，丞相李斯乃奏同之，罢其不与秦文合者。斯作《仓颉篇》，中车府令赵高作《爰历篇》，太史令胡毋敬作《博学篇》，皆取史籀大篆或颇省改，所谓小篆者也。是时秦烧灭经书，涤除旧典，大发吏卒，兴戍役，官狱务繁，初有隶书，以趣约易，而古文由此绝矣。"这些论述注重历史发展的变迁，与司马迁的历史哲学几乎同出一辙。许慎撰写《说文解字》的文字材料主要来源于古文经、《史籀篇》和其他字书外，还"博采通人"，广引各种古籍，从可明来源的引书看，有小说家，如《伊尹》、《师旷》，墨家如《墨子》，道家如《老子》，法家如《韩非子》，兵家如《司马法》，杂家如《吕氏春秋》、《淮南子》，以及楚辞、律历……可谓三教九流。许慎在《说文解字》中甚至也引用今文经学中有价值的论述。《说文解字》："疴，病也。从广，可声。《五行传》曰：'时即有口疴。'"段注："《五行传》者，伏生《洪范五行传》也。"伏生的《洪范五行传》是《尚书》今文家的著作。段玉裁在《说文解字》中"稘"字的注里说："曷为自言称《言》孔氏古文而从今文说也？古文、今文家标目皆非孔子所题，皆学之者为之说耳，说则可择善而从，无足异也。"许慎也有引用《诗经》今文家的说法，如："鼐，鼎之绝大者。从鼎乃声。《鲁诗》曰：鼐，小鼎。""魅，鬼服也。一曰小儿鬼。从鬼，支声。"《韩诗传》曰："郑交甫逢二女魅服。"许慎取得巨大的成就，就在于他能够旁采博取，与司马迁的"贯绌经传，旁搜史子"的指导思想是一致的。

2．经学

许慎是古文经学大师，他在今古文斗争中，明确地提出著《说文解字》为古文经学张目，把证实古文经可信的基础建立在扎实的文字分析上。正如许冲《上说文表》中说："盖圣人不空作，皆有依据。今五经之道，昭炳光明，而文字者其本所由生。自周礼、汉律，皆当学六书，贯通其意。恐巧说邪辞使学者疑，慎博问通人，考之于逵，作《说文解字》。"针对今文学家胡乱解说文字的弊端，许慎指出"盖文字者，经艺之本，王政之始，前人所以垂后，后人所以识古。故曰本立而道生，知天下之至啧而不可乱者也"（《说文解字·叙》）。许慎从理论上肯定了先秦古籀的存在，论述了汉字演变的历史过程，又集一万多古文字形体，以六书为条例，释义简明。与今文派的状况相比，不啻霄壤之别。它"对不懂文字形义，依据隶书穿凿附会的今文经学说来，是一个严厉的驳斥。《说文解字》的编成，正显示古文经学有坚实的基础，有力量排斥今文经学"（范文澜《中国通史简编》第二编第三章）。作为古文经学家的许慎在经学争斗的催生下，写就了《说文解字》。

古文经学派反对谶纬神学，董仲舒等今文经学家主张《春秋》大一统，以阴阳五行解经，从而说明社会、历史、伦理的一切秩序；天人感应，人君天命而立，天意由灾异祥瑞体现等等。图谶将今文学中神化的部分恶性膨胀。许慎坚持古文经学的立场，坚决反对神学附会邪说，使《说文解字》中的文字说解基本得到了保障。许慎采用了先秦和汉代诸子的合理记载，而摒弃了纬书中"龙颜"、"生而知书"、"受河图"一类荒诞故事，坚持唯物主义的立场。他在《说文解字·叙》中说："古者庖牺氏之王天下也，仰则观象于天，俯则观法于地，视鸟兽之文与地之宜，近取诸身，远取诸物，于是始作《易》八卦，以垂宪象。及神农氏，结绳为治而统其事，庶业其繁，饰伪萌生。黄帝之史仓颉，见鸟兽蹄远之迹，知分理之可相别异也，初造书契。"这些论述都表明许慎的语言文字发展观点也受益于古文经学。

许慎吸取了前代及当代思想家的优秀方面，形成了他重理性，反神学、尊重自然科学，验证求实的思想特征，并以此指导《说文解字》的著述。

（四）《说文解字》的内容与体例

《说文解字》全书正文共十四篇，五百四十部，收字九千三百五十三个，加上重文一千一百六十三个，总共有字一万零五百一十六字。解说的字十万三千四百四十一字。全书的叙排在正文之后，分前后二叙，中间列五百四十部目录。这个目录实际上即是后世字典的部首表。许慎在《说文解字·叙》中说："分别部居，不相杂厕。万物咸睹，靡不兼载。其建首也，立一为耑，方以类聚，物以群分，同条牵属，共理相贯，杂而不越；据形系联，引而申之，以究万原，毕终于亥，知化穷冥。"这里是许慎自己说明《说文解字》的体例，部首与部首之间按照一定的顺序排列。关于《说文解字》的体例，后代人有许多评语。颜之推在《颜氏家训·书证篇》中说："许书隐括有条例，剖析穷根源。"是说《说文解字》的编排体系非常严整，极有条理。段玉裁说："许君以为音生于义，义著于形。圣人之造字，有义必有音，有音必有形；学者之识字，必审形以知音，审音以知义。圣人造字，实自象形始。故合所有之字，分别其部为五百四十。每部各建一首，而同首者，则曰凡某之属皆从某，于是形立而音义易明。凡字必有所属之首，五百四十字，可以统摄天下古今之字。此前古未有之书，许君之所独创。若网在纲，如裘挈领，讨源以纳流，执要以说详，与《史籀篇》、《仓颉篇》、《凡将篇》乱杂无章之体例，不可以道里计。"段玉裁不仅赞扬了《说文解字》采取"分别部居，不相杂厕"的原则，将九千三百五十三个字分成五百四十部的实践，而且从形音义的关系上，称道了许慎分部的语言学指导思想。

《说文解字》五百四十部的次序是"始一终亥"，因为汉代阴阳五行家言万物生于一，毕终于"亥"。其他部首则主要据形系联。凡部首绝大多数都是形旁，只有少数几部的部首是声旁（如屮部、句部）。一部之内的字一般都是把意义相近的字放在一起。

每一个字的写法是以篆文为主，如古文、籀文跟篆文有不同，则先列篆文，而列古文或籀文于篆文解说之下，一一加以说明。有时一字兼有"或体"，也同样列于正文解说之下。

每一字的解说，一定是先解说字义，然后说明形体的构造。说明形体的构造时，凡象形字，则言"象某某之形"；凡指事字，则曰"指事"；凡会意字，则曰"从某从某"，或曰"从某某"；

凡形声字，则曰"从某，某声"。如果是会意而又是形声字的，则曰"从某从某，某亦声"。有时指出读音，则曰"读若某"。

总的说来，《说文解字》的体例安排，是经过思考研究的。但是，有些条例，许慎本人并没有明确地写出来，而要靠后人去研究发掘，细心体会。段玉裁在《说文段注》"一"部的五个字排列顺序作过解释说："凡部之先后，以形之相近为次。凡每部之中以字之先后，以义之相引为次。"《颜氏家训》所谓"隐括有条例"也。《说文》每部自首至尾，次第井井，如一篇文字。"如一而元，元，始也，始而后有天，天莫大焉，故次以丕。而吏之从一终焉，是也。"段氏解释了每一部字的排列顺序。有的时候，每一部首内部的字的排列与意义也有关系，黄侃《说文略说》："许书列字之次第，大抵先名后事。如《玉部》，自'璙'以下皆玉名也；自'璧'以下皆玉器也；自'瑳'以下皆玉事也；自'瑀'以下皆附于玉者也；殿之以'灵'，用玉者也。其中又或以声音为次，如《示部》：'禛'、'祯'、'祇'、'禔'相近；'祉'、'福'、'祐'、'祺'相近；'祭'、'祀'、'祡'相近；'祝'、'禍'相近。又或以义同为次，如'祈'、'祷'同训求，则最相近，'祸'训害，'祟'训祸，训相联则最相近。大抵次字之法不外此三矣。"黄侃的说法很有概括性。赵振铎先生在《中国语言学史》中还提出"每个部首里面具有好的，善的意义的字总是排在前面，表示贬义的，不好的意义的字则列在后面"。如《女部》"女"、"姜"等就排在前面，"妒"、"佞"、"姦"这些表示不好的意思的字就排在部首最后。综合上述的说法检验一下，他们的说法是可以信从的。

举例来说，《说文·木部》是一个较大的部首，共收字四百二十一个。部首字之后列"橘"、"橙"、"柚"等十五个字，表示的是有果实的木本植物。"楷"、"楬"以下一百三十一个字是一般的木本植物。"树"、"本"、"朱"等字表示的是树木或它的一部分，这些就是黄侃所说的"名"。"栽"等以下的一大批字，有的是建筑工具，有的是房屋的构件，还有不少器物的名称，这些就是黄侃所说的"事"。"枭"，不孝鸟也。列在部首之末，因为它是一个坏字眼儿。许慎的这种排列方式，我们可以体会出古人对词类的粗浅的认识。古人专名在前，动词、形容词在后，反映出古人对名词、动词、形容词有一个朦胧的认识。将好的意义的词和坏的意义的词分开，表明了古人对词义的理解。清代说文四大家之一的王筠著有《说文释例》，专门阐释《说文解字》的体例及编排方式。

以上的说法都有例外，黄侃在《说文略说》中说："许书列部之次第，据其自序，谓据形系联；徐锴因之以作部叙。大抵以形相近为次，如一、丄、示、三、王、玉、玨相次是也。亦有以义为次者，如齿、牙相次是也。亦有无所蒙者，茻之后次以幺，予之后次以放，是也。必以为皆有意，斯诬矣。"黄侃先生的说法应理解为不仅仅是针对部首排列的问题而提出的，对于《说文》释例也是适用的。

（五）《说文解字》的释义方式

许慎的《说文解字》，其中"文"指独体字，"字"指合体字。"说文"，即是要解释说明；"解字"即是要判别分析。文字的不同，释义的方式也不同。《说文解字》"元"字下段玉裁注曰："凡文字有义有形有音……凡篆一字，先训其义，若'始也、颠也'是。次释其形，若'从某，某声'是。次释其音，若'某声'及'读若某'是。合三者以定一篆。"可见《说文解字》的说解本来包括释义、释形、释音三项，这三种训释方式，即是后来训诂学家提出的"形训，义训，声训"三种最基本的方式。

研究《说文解字》的释义方式，可以从不同的角度来看。

（1）从使用的词语来看

①直训：即用一词释一词。

"元，始也。""祯，祥也。"

②互训：即用两个同义词互相训释。

"颠，顶也。""顶，颠也。""珍，宝也。""宝，珍也。"

互训时，互训的甲乙两字可以倒转相训，直训则不能，这是它们的区别。

在研究互训时，段玉裁等人提出"浑言同义，析言有别"的理论。因为互训所用的甲乙两词完全同义的毕竟很少，在具体使用时，也要注意到它们的细微差别。如："呻，吟也。吟，呻也。"段玉裁注曰："按呻者，吟之舒；吟者，呻之急；浑言则不别也。""疾，病也。病，疾加也。"段玉裁注曰："析言之，则病为疾加；浑言之，则疾亦病也。"

③递训：即用三个以上的同义词展转训释。如："语，论也；论，议也。""辨，判也；判，分也；分，别也。"

④同训：即用一个常用词来解释许多同义词。这种同训方式在《尔雅》中得到广泛运用，就是把许多同义词放在一起，成为一组，然后加以解释。《说文》的体例与《尔雅》不同，它所收的词是分散的，没有结合成组。但如果把它们这些词联系起来，就可以清楚地看出来。朱骏声的《说雅》，就是按照《尔雅》体例，把《说文解字》的同义词汇聚起来，再用《说文解字》的解释词语来解释的。如"排"、"抵"、"摧"等字都训"挤"，"把"、"扮"、"提"等字都训"握"，这就是同训。

⑤反训：即用反义词来训释。例如："乱，治也。""通，达也。"段玉裁注曰："按达之训'行不相遇也'，通正相反。经传中通、达同训者，正乱亦训治，徂亦训存之理。"

反训不仅可用一词释一词，也可用多词释一词，通常是用反义词，前面加上一个否定词。例如："少，不多也。""贵，物不贱也。""假，非真也。"

（2）用多个词来解释

①义界：就是给词义下界说，也就是给词义作定义式的解说。如："孙，子之子曰孙。""舅，母之兄弟为舅。""寸，十分也。""老，七十曰老。""钧，三十斤也。"

下定义的方法在现代辞典编纂中被广泛地运用，涉及到逻辑学中的"种"、"类"等概念。在许慎那里，则常常用"属"、"别"等说法。如："秔，稻属。""稗，禾别也。"

段玉裁对属、别多次作了阐发，如在"澌"字下注曰："《说文》或言属，或言别。言属而别在其中，言别而属在其中。"在"诗"下注曰："所以多浑言者，欲使人因属以求别也。"属就是类，别就是种，所谓因属求别，就是说在大的类名之上再加标举特征的种差，就可以得到小的别名了。在《说文》中，运用这种释义方法的大多是名词。

②描述：就是对词所表示的实物加以描写和说明。如："獭，水狗，食鱼。""麝，如小麋，脐有香。""鼬，如鼠，赤黄色，尾大，食鼠者。"段玉裁注曰："今之黄鼠狼也。""龙，鳞虫之长，能幽能明，能细能巨，能短能长；春分而登天，秋分而潜渊。"

③对比：这也是义界方法的一种，通过词语两相对照，使词义明显地表示出来。如："窠，在树曰巢，在穴曰窠。""言，直言曰言，论难曰语。""脂，戴角者脂，无角者膏。""落，凡草曰零，木曰落。"

在一个词的说解中可以用对比，在互有关联的两个词的说解中也可以用对比。例如："隹，鸟之短尾总名也。""鸟，长尾禽总名也。""革，兽皮治去其毛曰革。""皮，剥取兽革者谓之皮。"

在其说解中，"隹"与"鸟"对比；"革"与"皮"对比；因为在《说文》里往往不属于同一部首，单看不易见出对比之意，但如加以联系起来，这样说解的意义就很明显了。

④譬况：有些词的意义很难解释，但如用比喻的方法举例来

说明，那就容易理解了。《说文》中的一些说解，采用了这种譬况的方法。例如："苍，草色也。""黑，火所熏之色也。""黄，地之色也。""犀，南徼外牛，一角在鼻，一角在顶，似豕。""菔，芦菔，似芜菁，实如小未者。"

(3) 按照释义方法来划分，则可分为以下几种：

①义训：义训就是直陈语义而不借助于音和形。以上说的都可纳入这种方法中来，故省略。

②形训：即根据字形的分析来解释字义。这种方法在《说文》中用的最多。《说文解字》可以说是形训的专著，它对字形的解说多半是为了释义。如："丧，亡也，从哭亡，亡亦声。""男，丈夫也，从田力，言男子力于田也。""命，使也。从口令。""前，不行而进谓之前，从止在舟上。""戒，警也。从卝戈，持戈以戒不虞。"

历来的学者都认为《说文》是形书，章太炎、黄侃等认为它也可以是音书、义书。但如果从字典发展史来看，说《说文》是以形为主的书并无大错。《说文解字》以五百四十部编列九千多字，每一部首之下必说凡从某之属皆从某。段玉裁在《说文解字注》中"一"字注曰："以字形为书，俾学者因形以考音与义，实始于许（慎），功莫大焉。"《说文解字》是以形求义的形训的大全。

③音训：就是用音同或音近的词来解释词义。

以同音词为训。如："门，闻也。""户，护也。""帝，谛也。""衣，依也。"

以双声词为训。如："祸，害也。""旁，溥也。""礼，履也。""祺，吉也。"

以叠韵词为训。如："王，天下所归往也。""羊，祥也。""裸，灌祭也。""日，实也。"

对于《说文解字》的研究，人们可以侧重于不同的角度，看法也可能有所不同。清人注重以声音通训诂，段玉裁在《说文解字注》中"禛"字下曰："声与义同原。故谐声之偏旁多与字义相近。此会意形声两兼之字致多也。"这是说明《说文解字》全书虽以字形系联贯穿，但声音与意义也是相通的。黄侃在《文字声韵训诂笔记》中更引申说："说解之字，什九以声训，以义训者至鲜。"（200页）许慎的《说文解字》中声训虽然未必如黄侃所说的那样多，但如果不拘形体，以声音为线索，将会有更大的收获。许慎的声训方法，在清朝学者手中发扬光大了。

（4）从使用的词语来源来划分，可分为以下二种：

①以今语释古语

郭璞注《尔雅·释诂》第一条，解释篇名为什么叫"释诂"时说："此所以释古今之异言，通方俗之殊语。"这两句话实际也就是说出了训诂的两大任务。"诂"本来就是故言，即古代语言。古语不为后人所知，于是需要用今语来解释。孔颖达在《毛诗正义》中说："诂者，古也。古今异言，通之使人知也。"《说文解字》中以今语释古语处有很多。如：

"贰，副益也。"段玉裁注曰："当云：副也，益也。"又在"副"字下注曰："周人言贰，汉人言副，古今语也。"

"舟，船也。"段玉裁注曰："古人言舟，汉人言船……以今释古，故云舟即今之船也。"

"堂，殿也。"段玉裁注曰："许以殿释堂者，以今释古也。古曰堂，汉以后曰殿。古上下皆称堂，汉上下皆称殿。"

"玺，王者之印也。"段玉裁注曰："盖古者尊卑通称，至秦汉而后为至尊之称。"

许慎在《说文解字》中，很多地方都用今语释古语，说明了词语古今演变的情况。

②以通语释方言

古代有所谓"雅言"，就是标准语；又有所谓"通语"，就是非地区性的普通词语；二者都与方言对称，可以统称为"通语"。《说文解字》中用通语解释方言的有很多。例如：

"莒，齐谓芋为莒。"段玉裁注曰："所谓'别国方言'也。"

"圮，东楚谓桥。""桥"是通语，许慎指明东楚的称谓。

"锜……江淮之间谓釜，锜。""釜"是通语，"锜"是江淮方言。

"聿，所以书也。楚谓之聿，吴谓之不律，燕谓之弗。""笔，秦谓之笔。"这些都是讲解通语和方言的关系的。

（六）《说文解字》的贡献

《说文解字》是我国第一部字典，在汉语发展史和中国古代语言研究史上具有不可取代的重要地位。

1. 创立字典编辑体例

许慎从汉字的实际情况出发，在编写实践中建立了一套字典编纂的理论。他在《说文解字·叙》中说："今叙篆文，合以古籀，博采通人，至于小大；信而有证，稽撰其说，将以理群类，解谬误，晓学者，达神恉。"这可看成许慎编纂《说文解字》的宗旨。

许慎研究并吸收了《史籀篇》以来字书编纂成果和经验，创造了符合汉字特点的部首编纂法。汉字是表意文字，字数繁多，字形结构复杂多样。许慎根据汉字的特点，依据形旁让所有汉字归类到五百四十个部首之下，创立了部首排列法。这是前无古人的创举，一直沿用到今天。段玉裁曾说："凡字必有所属之首，五百四十字可以统摄天下古今之字。"许慎在《说文解字·叙》中说："其建首也，立一为耑。方以类聚，物以群分，同条牵属，共理相贯。杂而不越，据形系联，引而申之，以究万原。"在部首与部首的系联，每一部首内字的排列，都有规律，这在前面已经说过，此不赘述。

2．创立"六书"理论

许慎总结并发展了战国以来的"六书"的学说，为我国文字学的创建和发展奠定了基础。古人分析过去的汉字，归纳出了六种造字方法和用字方法。"六书"学说萌芽于春秋战国时期，成熟于汉代。但是在许慎以前，只有"象形"、"指事"等名目，却没有具体的解说。许慎首次给"六书"的每一"书"都下了八个字的定义，并且用这个理论具体地分析了当时所能见到的汉字。这是第一次根据汉字形体及音义关系，对汉字的系统整理和解说。至此，"六书"才真正成为"理论"，这标志着我国文字学的真正建立，《说文解字》也就成为了我国历史上第一部自成系统的文字学著作，成为我国文字学的奠基之作。

《说文解字》所阐述的"六书"理论，并不限于文字学方面。因为"六书"理论本身还要联系字义，并非仅是汉字的形体学；"六书"理论还要联系字音，因此还要涉及到音韵学。王念孙《说文解字注序》中说："《说文》之为书，以文字而兼声音、训诂者也。"《说文》对文字的说解，先释其义，次解其形，然后注明音读。释义就是训诂之学，解形就是文字之学，注音就是音韵之学。许慎或者以形说义，或者因声以求义，把文字、音韵、训诂融成一体，这是前所未有的对汉字的全面系统研究。前人仅将《说文解字》视为文字学书，是没有看到《说文解字》的真正价值。

3．集中系统地保存了大量语言资料

颜之推在《颜氏家训·书证》中说："(《说文》)隐括有条例，剖析穷根源，郑玄注书，往往引以为证。"《说文解字》中保存了大量汉代以前语言资料，这对于今天人们了解上古汉语的词汇面貌，研究古代的语音系统，都具有十分重要的意义。许多上古已被掩埋了的古音古义，赖《说文解字》得以保存下来。王力先生在《中国语言学史》（山西人民出版社 1981 年版，6 页）中说：

"《说文解字》是上古汉语词汇的宝库。"后人在解读古籍时，往往需要借助于《说文解字》方可得以有正确的理解。例如《列子·愚公移山》中有一段："河曲智叟笑而止曰：'甚矣，汝之不惠。以残年余力，曾不能毁山之一毛，其如土石何？'北山愚公长息曰：'汝心之固，固不可彻，曾不若孀妻弱子。'"有的教材将此段中的"固"一句译为："你思想顽固，顽固到了不开窍的地步，连个寡妇、小孩子都不如。"此用"顽固"释"固"，此句中智叟并未与愚公反复辩解论难，并不存在"顽固"、"固执己见"的条件。实际上此句中的"固"为"固陋"义。《说文解字》曰："固，四塞也。"段玉裁注曰："四塞者，无罅漏之谓。"说的就是阻塞不通达。《论语·子罕》："子绝四：毋意，毋必，毋固，毋我。"《礼记·曲礼下》："君子谓之固。"注曰："固，陋也。"《论语·述而》："奢则不孙，俭则固。"这些例子都证明愚公指责智叟浅陋无知，不明事理。其中下句为"固不可彻"。"彻"与"固"为反义词。《说文解字》："彻，通也。"《庄子·外物》："目彻为明，耳彻为聪。"这都说明愚公说智叟固陋无知，而决不是顽固的意思。《说文解字》保存了大量古音古义，使我们研读上古典籍有了依据，使许多难以通晓的古义得以涣然冰释。

许慎撰《说文解字》时，力求做到"信而有证"。他广引群书，博采通人，犹如蝴蝶广采众花，以酿制成超迈千古的巨著。许慎在《说文解字·叙》中说："其称《易》，孟氏；《书》，孔氏；《诗》，毛氏；《礼》，《周官》；《春秋》，左氏；《论语》、《孝经》，皆古文。"他所征引的大多是古文家的说法。实际上，他所征引的并不限于这些书，所谓"经、史、子、集"，他无不采撷。他所采用的通人之说，也不限于古文学家，即使如今文大师如董仲舒等也在采用之列。他采用这些材料，或用以证明字义，或用以说明字形，或用以阐明语音。这些都说明许慎撰著的《说文解字》学有本源，是一部集汉代以前文献语言研究成果的集大成的著作。

4．考释古文字的桥梁

现今人们都认为小篆是古今文字的分界线，小篆是识读古文字的桥梁。《说文解字》所有的字头的字体都采用小篆。如果一个字的古文或籀文跟小篆不同，就把古文或籀文列在这个字的说解之后，并加以说明；如果一个字有或体、俗体、今文等，也作同样处理。这些材料统称为"重文"。《说文解字》收录了九千多个小篆，几乎当时的文字收录无遗。小篆的形体上承甲金古籀，下启隶体楷体，是汉字的第一次统一和定型。后代人要根据古隶和楷书去探讨甲金古籀，就一定要经过小篆这个桥梁。所以我们说《说文解字》成为后人辨识研究先秦古文字的重要依据和纽带。

许慎把汉代能见到的古文字体也都尽量收罗到《说文解字》之中。他这样做，目的即在于能探求汉字的源流。在汉字发展史上，从殷商到秦代是古文字时期，甲骨文、金文、篆文属于古文字，小篆是古文字的终点，隶文是今文字的开端。所以，"隶变"是古今文字的分水岭，是汉字形体演变史上的一个重要转折点。《说文解字》中收集的小篆及其古文，这是我们今天借以辨识和研究先秦古文字的阶梯和依据。许慎总结创立的"六书"理论，也可以用来分析甲金文的文字结构，这说明两点，一是许慎的"六书"理论的科学性和继承性，二是经过许慎的总结归纳，"六书"理论也成为解读古文字的利器。借助于"六书"理论，是识读古文字的最便捷的方法。

历来的古文字学家几乎都是研究《说文解字》的专家，一直到今天，要研究古文字学，都把《说文解字》当做第一部首先必读的典籍，《说文解字》对每一个字的解释都值得深入研究。《说文解字》是识读古文字的不可逾越的桥梁。

（七）《说文解字》的局限性

《说文解字》作为中国第一部系统总结汉字的字典，发凡起例，首创之功不可没。但由于时代的局限，此书也有一些不足之处。

1. 说义有误

许慎在《说文解字》有一些字义的解释不科学。如：

"老，考也。七十曰老。从人毛匕，言须发变白也。"这就解释错了，许慎根据已经讹变了的小篆，以为是人毛匕三个字结合成的会意字。从甲骨文来看，它是一个像老人扶杖的形状。

"行，人之步趋也。从彳从亍。"从甲骨文来看，这是一个像四通八达的大路的象形字。《说文解字》应首先释其本义，人之步趋是其引申义。

"示，天垂象，见吉凶，所以示人也。从二，三垂，日月星也。观乎天文以察时变示神事也。"

这些说法一方面由于许慎没能见到甲金等更早的字形，根据已经讹变的小篆来据形说义，当然会出错。另一方面许慎生当汉代神学思想盛行之时，难免受其影响。

2. 说形错误

这一点实际与上一节是相通的。因为许慎要据形说义，形义常常是联系在一起的。

"甘，美也。从口含一；一，道也。""甘"中的一画不是道，而是像口中所含之物。且在造字时代，也不会有"道"这种抽象的哲学概念。

"衣，依也。上曰衣，下曰裳。象覆二人之形。"从甲骨文来看，"衣"就是一个像衣服形的象形字。

"东，动也。从木。官溥说：'从日在木中。'"古文字"东"字字形，像装满东西，两头扎结的大口袋，它是"橐"的本字，作"东西"讲是其假借义。

3.编排体例有误

许慎用五百四十个字作为部首，但并不是每个字都具有部首的资格。如"人"与"儿"在古文字中是一个字的异体，却分成了两个字。这样情况很多，有"屮"部，有"艸"部，有"蓐"部，有"茻"部，这实际上可以归为一部。有"木"部，有"东"部，有"林"部，有"系"部，有"糸"部，有"素"部，有"絲"部，有"虫"部，有"蚰"部，还有"蟲"部等，这都是分部不清的缘故。

在《说文解字》中有仅收一字的部，如"气"部、"告"部、"爻"部等，也有只有部首字，而部内未收一字者，如"久"部、"录"部、"克"部、"才"部等等。

许慎处于我国语言文字学的草创时代，又受到各种局限，出现一些错处都是难免的。

（八）《说文解字》的影响

《说文解字》问世之后，即为世人所重，成为历代小学家研究的重点之一。经唐代李阳冰等人提倡，又经五代至北宋间徐铉、徐锴兄弟校勘注释，使《说文解字》定于一尊，引起历代学者的广泛的重视。清代研究《说文解字》蔚成风气，著作达百余种，或校勘文字，或考证文字，或研究六书，或推究音读，或归纳体例，或考求所引文献，而以形音义的综合研究成就最大。清代被称为"说文四大家"可为杰出代表。段玉裁《说文解字注》，从形音义三方面综合注解《说文解字》，创获很多。桂馥的《说文解字义证》，专门给《说文解字》找根据，引用古书来证明许慎说法。桂馥的书材料很充实，作为材料很有用。王筠的《说文句读》，兼取段、桂二家说法，解释简明扼要，极便初学。《说文释例》，解释《说文解字》的文例和辞例，对于研读《说文解字》

很有帮助。朱骏声的《说文通训定声》，说解文字，考定字音。说明文字假借用法，是此书的一大特色。近代学者，研究《说文解字》最著名的是马叙伦，他的《说文解字六书疏证》，吸取金文甲文的研究成果，纠正《说文解字》根据小篆形体解释形义的谬误近千处，并联系古音明其音转，是总结性著作。《说文解字》出现后，逐渐形成了以研究此书为对象的"说文学"。对汉文学的建立和发展有巨大推动作用，对古文字学、今文字学、字形学、字源学、六书学、字样学、俗文字学、书法学等等，产生了巨大深远的影响，今天发展古音学、训诂学、词汇学等，无一不以《说文解字》为基础或桥梁。

第四节　训诂学

汉代训诂学随着经学的发展，特别是古文经学的推动，得到了长足的发展。一般认为：先秦时代是训诂学的萌芽时期，两汉时期是训诂学诞生时期。训诂学在传统文献语言学中是最先得到发展的，一般所说的文字学、音韵学最初也由训诂学所囊括。西汉今文经学极盛，但是由于今文学家师法很严，又注重微言大义的阐发，在语言文字方面的贡献不大。东汉古文经学家渐盛，古文经学家精通小学，校勘、研究范围很广，解经注重文字训诂，考证名物，比较异同，在训诂学上贡献很大。我们在这一节中，主要谈一下刘熙的《释名》、佚名的《小尔雅》，及著名经学家郑玄、毛亨的训诂学实践。黄侃先生提出的"说文之训诂与解文之训诂"在汉代都产生了很好的著作。

（一）《释名》

《释名》是我国第一部声训的著作。提到《释名》，就要提到声训及其来源。

1. 声训的产生及其发展

声训也可称"音训"，清代学者称为"因声求义"。这种训诂方法与"形训"、"义训"并列。是指用音同音近的词来解释词义，循着声音线索推求词义联系及被释词语源。这种方法发端于先秦。例如：

政者，正也。（《论语·颜渊》）

蒙者，蒙也，物之稺也。（《易·序卦》）

彻者，彻也，助者，藉也。（《孟子·滕文公上》）

仁者，人也，亲亲为大；义者，宜也，尊贤为大。（《礼记·中庸》）

樊，藩也。（《尔雅·释言》）

这种音训的方法，到了汉代大盛。《春秋繁露》、《白虎通》、《风俗通》及郑玄解经大量运用，在《说文解字》中声训也有很多。汉代的学者在前人声训运用的基础上，较自觉地运用声训方法来探求事物命名的依据，大量的声训资料成为了刘熙写作《释名》的语言材料。可以说，刘熙就是在前人运用声训基础上加以汇集、研究，并进一步发展，才完成了《释名》一书。

对于声训的方法，历来学者贬斥的多，持肯定意见的人少。今天看来，当时采用声训，随意性很大。这在声训方法的初始阶段，是难以避免的。从汉代及《释名》中的声训材料来看，也是芜菁并存，瑕瑜互见的。其中涉及到政治性的说法，是不足为训的。如董仲舒在《春秋繁露·深察名号》中说："君者，温也，君者，群也。"在《仁义法》中又说："所以正人与我者，仁与义也，以仁安人，以义正我，故仁之为言人也，义之为言我也。"这些说法是不对的。但也有一些声训的材料很好，可以作为进一步了解当时语言的宝贵材料。《尚书·无逸》："其在祖甲，不义惟王，旧为小人。"马融注曰："旧，久也。"《尚书·禹贡》："禹敷土，随山刊木，奠高山大川。"马融注曰："敷，分也……奠，定

也。"《尚书·微子》："我祖厎遂陈于上。"马融注曰："厎，定
也。"这些解释就很可取，按现在看来，它们都是同源词，音同
音近义通。汉代许慎、郑玄的小学与经学被称做"许郑之学"，
郑玄虽素以经学家见称，但郑玄的小学功夫也与许慎齐名。他遍
注五经，通古文今文经学，在大量的训诂实践中运用了许多声训
方法，这就给他的学生刘熙以极大影响，刘熙著《释名》也是有
师承的。周祖谟先生在《〈释名校笺〉序》中说："今文经家说字
解经特别喜欢以声为训，班固所作《白虎通德论》可以说是代
表。但是专就日常应用的语词分门别类加以诠释，则始自刘熙。
刘熙生当古文经盛行之后，不能不受经传注释家如贾逵、马融、
郑玄等人解释字义的影响，他同时又继承了今文经学家因声求义
和即形说文的方法，以探求事物得名之由，所以写成这部前所未
有的训诂书。"（《周祖谟语言学论文集》，商务印书馆 2001 年 10
月版）可以说，刘熙的《释名》是汉代及其以前声训的集大成的
著作。

2.《释名》的作者

历史上关于《释名》的作者有争议，一是《后汉书·文苑传》
说刘珍撰《释名》三十篇。二是《三国志·吴志·韦曜传》说刘熙
作《释名》。这后一种说法比较可信，周祖谟先生已经分辩明确
了。根据今人考证，刘熙，字成国，东汉青州北海（今山东潍坊
西南）人，东汉末年避地交州（今两广大部地区）。汉末的战乱
席卷了整个中原，长江黄河流域大部分地区都受到影响，只有偏
处南方的交州比较安定。许多学者从北方逃到这里来从事学术活
动，刘熙是他们中的一员。刘熙当时在学术界也已有了很高的威
望，他的几个学生后来都很有出息。

3.《释名》的体例及其内容

《释名》又名《逸雅》。它的编写体例受《尔雅》的影响很
大。它对《尔雅》有继承，也有发展。全书共计二十七篇，书中

收词一千五百余条，大多为常用词。刘熙在《释名·序》中说："熙以为自古造化制器立象，有物以来，迄于近代，或典礼所制，或出自民庶，名号雅俗，各方名殊。圣人于时就而弗改，以成其器，著于既往，哲夫巧士以为之名，故兴于其用，而不易其旧，所以崇易简省事功也。夫名之于实，各有义类，百姓日称而不知其所以之意，故撰天地、阴阳、四时、邦国、都鄙、车服、丧纪，下及民庶应用之器，论叙指归，谓之《释名》，凡二十七篇。至于事类，未能究备。凡所不载，亦欲智者以类求之。博物君子，其于答难解惑；王父幼孙，朝夕侍问以塞；可谓之士，聊可省诸。"

刘熙的这篇序，就是一篇极有价值的语言学方面的论文，集中地表达了他的语言学思想。作者指出：事物的名称来源不同，雅俗多殊；名称一经形成，人们就不能随便废弃，因为这样可以"崇易简，省事功"。作者还说明写作此书的目的是为了解释词义；不只是局限于某些词，而是要解释一切词的"所以之意"。这是一种语源学的探索。王力先生在《中国语言学史》（48 页，山西人民出版社，1981 年 8 月）中说："《释名》则是从语言学出发来研究声训的。……作者不是拣重大的事物来解释它们的名称，而是'下及民庶应用之器'，无所不谈，因此，就不是一个声训都讲一番大道理。这样就在很大程度上脱离了说教的范围而进入了语言学的领域。"刘熙还指出："名之于实，各有义类。"《释名》据义分类，当然不可能做到毫无遗漏；但是，"凡所不载，亦欲智者以类求之"。这就是说，《释名》已经创立了训诂的声训原则，聪明人只要按照声训的原则探索具体名称的意义就行了。

从刘熙的说法来看《释名》，可以看出《释名》虽然受到了《尔雅》很大的影响，但由于宗旨与《尔雅》不同，所以在内容编排及其分类上与《尔雅》有许多不同之处。《释名》比《尔雅》

增加了"释形体、释姿容、释言语、释饮食、释书契、释典制、释疾病、释丧制"等。《尔雅》有而《释名》再加扩充的有广释亲为释长幼、释亲属；广释器为释采帛、释首饰、释床帐、释用器、释兵、释车、释船；广释地为释州国、释道等。《尔雅》主要是汇集了前代诂训，属于百科词典的性质的辞书。《释名》无论在篇目上还是在内容上都超越了《尔雅》，已经迈入了语言学研究的范围。这是因为《释名》主要是要探索事物命名的由来，它是我国第一部语源学的词典。

4.《释名》的释义方式及其义例

《释名》不满足于解释词语的当然情况，它还要从音义关系的结合上揭示语言内部规律，求其闻声知义的所以然。《尔雅》使用语词式来释义，《释名》则要把音与义结合起来，讲一番道理，说明这个词的由来。

《释名》的释义方式主要采用声训的方法。

日，实也，光明盛实也。（释天）

月，阙也，满则阙也。（释天）

冢，山顶曰冢。冢，肿也；言肿起也。（释山）

沚，小水曰沚，沚，止也；小可以止息其上也。（释水）

瞳子，瞳，重也；肤幕相裹从也。子，小称也；主谓其精明者也。或曰眸子。眸，冒也；相裹冒也。（释形体）

钟，空也。内空受气多，故声大也。（释乐器）

趋，疾行曰趋。趋，赴也。赴所期也。（释姿容）

从以上例子可以看出，刘熙释词一般都是先释义，释义的词语与被释词在语音上具有音同音近关系。有时采用义训方式解释意义，再用声训来补充说明，声训即是解释得名由来了。刘熙把义训和声训结合起来，使释义更加明确，要言不烦。

有时刘熙释义时，可能用两个声训，从不同角度来说明一个词义的得名由来。

姿，资也。资，取也。形貌之禀取为资本也。（释姿容）

袂，掣也。掣，开也。开张之以受擘屈伸也。（释衣服）

尔雅，尔，昵也。昵，近也。雅，义也，义，正也。五方之言不同，皆以近正为主也。（释典艺）

以上第一例用了两个声训，在第二、第三例中，刘熙用了递训的方式来释义，这都说明刘熙运用声训并不排斥义训的释义方式的。刘熙对于《尔雅》的释义，既有继承，更有发展。

《释名》的声训条例前人曾做过归纳总结，清人顾广圻的《释名略例》（《清经解·七册》798 页，上海书店 1988 年版），近人杨树达《释名新略例》（《积微居小学金石论丛》233 页，中华书局 1983 年版）都曾各自归纳了条例，现参照前人的说法归纳为以下几类。（此处参考采用了赵仲邑的《中国语言学史》的说法）

第一，同字为训。

齐，齐也。地在勃海之南勃齐之中也。（释州国）

布，布也。布列众缕为经，以纬横成之也。（释采帛）

易，易也。言变易也。（释典艺）

宿，宿也。星各止宿其处也。（释天）

县，县也。县系于郡也。（释州国）

乐，乐也。使人好乐之也。（释言语）

应当注意的是，同字未必同音，古人以不同的音读来表示不同的词义。

第二，同音为训。

刘熙以同音词来训释被释词。所谓同音，是指在汉代时，它们的声、韵、调相同。

辛，新也。物初新者皆收成也。（释天）

广平曰原。原，元也。如元气广大也。（释地）

宅，择也。择吉处而营之也。（释宫室）

仪，宜也。得事宜也。（释典艺）

棺，关也。关闭也。（释丧制）

第三，同韵为训。是指解释词和被解释的词在汉代时它们的韵部是相同的。

语，叙也。叙己所欲说也（释言语）

脂，砥也。著面柔滑如砥石也。（释首饰）

领，颈也。以壅颈也。（释衣服）

牍，睦也。手执之以进见，所以为恭睦也。（释书契）

第四，同声为训。解释的词和被解释的词在当时声母是相同的。

吻，免也。入之则碎，出则免也。（释形体）

男，任也。典任事也。（释长幼）

贵，归也。物所归仰也。（释言语）

脯，搏也。干燥相搏著也。（释饮食）

第五，阴、阳与入相训。就是用阴声字或阳声字解释入声字，或者用入声字解释阴声字或阳声字。阴、阳、入声字的主要元音相同，它们的区别在于是否有韵尾或韵尾不同，它们语音相近，故可相训。

颈，鞍也。偃折如鞍也。（释形体）阳入

项，确也。坚确受枕之处也。（释形体）阳入

膝，伸也。可屈伸也。（释形体）阳入

趋，卓也。举脚有所卓越也。（释姿容）阴入

遒，遭也。遭迫之也。（释姿容）阴入

骂，迫也。以恶言被迫人也。（释言语）阴入

第六，阴阳相训。就是用阴声字解释阳声字，或者用阳声字解释阴声字。

水，准也。准平物也。（释天）

轺车，轺，遥也。遥，远也。（释车）

鞬，检也。所以检持制之也。（释车）

癣，徙也。浸淫秽徙处日广也。故青徐谓癣为徙也。（释疾病）

以上条例的归纳，是根据现今对汉代语音系统研究成果做出的，如果对汉代语音系统研究的结果不同，归纳的条例也会有不同。马景伦《释名易字之训的语音分析》（《古汉语研究》1991年4期）一文，对《释名》的声训条目解释词和被释词的语音关系作了全面归纳，结果表明，刘熙的声训，还是有语音相同、相近作为依据的，并非人们所诟病的那样。

5.《释名》的贡献和影响

《释名》一书是刘熙总结其以前声训成绩又有所发展的集大成的著作。声训是根据词与词之间音同或音近的关系，来解释词义，探索语源的一种训诂方法。声训的理论基础在于声义同源说。人类语言产生之初，语音同语义应该是没有先天的必然联系的，某音表示某义，是社会的约定俗成的结果。正是由于语言的音与义的社会约定性，才充分表现出语言的民族特色。在某一特定语言中，可以用同一个语音表达多个意义间完全无关的词，这就形成了同音词；同时，相同、相近的意义又完全可以用不同的语音来表达，这就形成了同义词。这主要是指人类语言产生初始阶段来说的。当一种语言的基本词汇形成之后，词汇的增长，词义的引申，旧词孳生新词，都是在旧有词的基础上产生或发生。一些意义相关、相近的词和一些特征相类似的事物就会产生某种意义联系，从而用相类似的声音来表达相关的意义。这种旧词和新词之间在音义上就可能不全是任意的，新词与旧词的音义联系也就不完全是偶然的了。就是说，新词的孳乳和分化带有必然性和因果性。词汇中有许多词就是在新词的基础上派生出来的，由此就构成了大量的同源词。当人们依循着声音的线索，来探求某一词义时，就具有一定的合理性和必要性。这就是义训成立的基础。语言是音义结合的符号系统，音与义的结合是最原始的结合，是形式和内容的关系。以形说义固然有其合理之处，但是，人类语言产生了几十万年以后方才产生文字，文字与语言相比，要晚得多。单纯依凭字形分析确定字义，局限性很大。诸如文字假借，同源孳生，方言分化，都必须以声音为联系线索才有可能得到解释。语音是语义的载体，因声以求义，便是抓住了音义联系这条纲，接触到了词的灵魂。从这方面来说，义训不仅是合理的，而且也是必要的。刘熙所采用的声训，训释字与被训释字几乎都有音同音近的关系，这种类似于语源学的探索，为后代研究训诂的人开辟了一条新的途径。后代学者根据文字的谐声偏旁来推寻同声符字的涵义，或根据古音的声韵部类以证明字义的相通，这都与《释名》所创立的声训方法有一定的关系。清代学者段玉裁指出："圣人之判字，有义而后有音，有音而后有形。学者之考字，因形以得其音，因音以得其义。"（《王怀祖广雅注序》）由声音以通训诂，使清代学者取得了前无古人的训诂成果，这都与刘熙声训的影响不无关系。段玉裁在《说文解字注》中多次强调"义存乎音"（"屮"字下注），"于声得义"（"象"下注），"声与义同原，故谐声之偏旁多与字义相近"（"禛"字下注），"凡同声多同义"（"誓"下注）。清代人能清楚地认识到音义的关系，与刘熙及其《释名》的开创之功是分不开的。

其次，刘熙在《释名》中从现实出发，选取了大量的围绕人们社会生活的日常通用的生活用语。这与《尔雅》收集旧训，汇集古语是不同的。《释名》将词语依照事物的属类加以区分而编次成书，这代表了中国人早期记录以通用语词为主的词汇所采取的一种分类方式。刘熙在《释名》中词语分类的安排，体现出了刘熙对词汇系统的理解和对词义的分析都达到了一定科学程度。《释名》按照义类编排词语的方法给后代学者以极大影响。

再次，由于刘熙注重解释汉代当时的日常生活用语，所以

《释名》一书对于我们了解汉代的语言情况，特别是词汇情况有重要参考价值。《释名》与专收古语词不同，既收单音节的词，同时也收录了一些双音节词，这一点为其他辞书所不及。我们可以根据《释名》中所录双音节词语来研究当时的构词法。《释名》的词语解释，可以与《方言》、《尔雅》、《说文》互相印证。《释名》一书全都采用声训，这些声训可以帮助我们了解汉代的语音，借助于此研究考察历史语音的演变，也可以依靠它所记录的一些方言词语的读音，了解一些当时方言的情况。后代学者如章太炎的《古音娘日二纽归泥说》中引用了许多《释名》的材料。罗常培、周祖谟合著的《汉魏晋南北朝韵部演变研究》一书中也充分地利用了《释名》的声训资料。张清常曾写有《〈释名〉声训所反映的古声母现象》（《训诂研究》第1辑，北京师范大学出版社1981年版），祝敏彻曾写有《〈释名〉声训与汉代音系》一文（《湖北大学学报》1988.1），这些情况都说明《释名》的语言学价值是不可低估的。

另外，《释名》选择词语丰富，它立足于当代，所以就采录了以前辞书未收的词语。这为我们提供了汉代社会生活、风俗习惯的异常丰富具体的资料，这对我们了解东汉社会各个方面，都有不可忽视的作用。许多不易理解的词语，赖《释名》得以解释了解，它在中国文化史上，也具有重要价值。借助于《释名》，可以帮助我们阅读其他经书典籍，《释名》的说法可以与其他古书相互印证。

齐佩瑢在《训诂学概论》（中华书局1984年4月版，101页）中曾说："汉代训诂，虽尚音训，然专求语原而能自成体系之书，惟有《释名》，从来对于《释名》的批评，毁誉各半，毁谤者固无论矣，即赞誉者也多未认识它的真正价值。"齐氏结合后代语源学的发展事实，肯定了《释名》的价值和作用，他的说法很深刻，可惜今人对他的说法不够重视，他的说法和见解很值得研究。

6.《释名》的局限与不足

《释名》一书全部采用声训的方法。但由于刘熙将声训这种方法扩大化了，并非每一个词语都可以用声训来解释的，如果任取一字之音，去附会说明另一音近、音同之字的字义，就有可能产生主观臆断的现象。刘熙在运用声训解释词语时，有许多是出于主观的猜想，并没有实际的根据。更重要的是，对于声训的利用，必须首先建立系统科学的语音系统后方能判断是否音同音近，而且也还需要有其他材料来证明。否则，如果一个词有许多音同、音近之词，岂不是随人所欲，随意解释，这样一个词可能有许多词源，这就缺乏科学性了。当然，我们并非苛求古人，只不过指出刘熙的《释名》的局限与不足就是了。

《释名》的传本只有明代翻刻宋人的本子，缺误很多。清代人毕沅曾撰《释名疏证》，收在《丛书集成初编》中，此书以校勘为主，在释义方面不够。王先谦著《释名疏证补》，最常见的是上海古籍出版社 1984 年 3 月的影印本，上海古籍出版社又于1989 年整理出版了《〈尔雅〉、〈广雅〉、〈方言〉、〈释名〉清疏四种合刊（附索引）》本，最为方便实用。王先谦的本子采众家之长，是清代整理《释名》集大成的著作。

（二）《小尔雅》

《尔雅》出现以后，摹仿此书的辞书代不乏有。其中最早的即为《小尔雅》。至今为止，《小尔雅》的作者为谁还不清楚。《小尔雅》的书名最早出现于《汉书·艺文志》，在以后史书如《隋书·经籍志》、《唐书·经籍志》、《新唐书·艺文志》也都有著述。但是因为唐以后即将此书收入"旧题孔鲋撰"的《孔丛子》，而《孔丛子》是伪书，于是《小尔雅》就发生问题了。

今本《孔丛子》有宋仁宗嘉祐中宋咸注，题孔鲋撰。孔鲋为秦末陈涉博士。清人已定为伪书，可能出自汉末。一般学者都把《小尔雅》当做汉末时产生的辞书，在魏晋之间即已流行，它的作者不详。

今本《小尔雅》共十三类，计有广诂、广言、广训、广义、广名、广服、广器、广物、广鸟、广兽、广度、广量、广衡。前三章虽然是仿照《尔雅》的释诂、释言、释训，而都以"广"名之，其意在于扩大推广《尔雅》的词义。《小尔雅》其意在于为《尔雅》拾遗补缺，《尔雅》未收的词语要补上，《尔雅》词语收了，义项漏收了也要补上，所以题名为"广"。例如《广诂》中"封、巨、莫、莽、艾、祁，大也"这六个字，都是《尔雅·释诂》所没有收的。与《尔雅》比较来看，《尔雅》全书约一万三千多字，收词四百三十多个，而《小尔雅》全书约二千字，收词六百多个，篇幅仅是《尔雅》的七分之一。这也说明《小尔雅》对于《尔雅》只是补其未备而已，并不求全。《小尔雅》中的度、量、衡三章，为《尔雅》所无，更能说明《小尔雅》的性质。

《小尔雅》的说解体例，也是全部模仿《尔雅》的体例。大致采用"×者×也"的方式，解说一个词，词目列前，解说在后；或并列几个词，下面作一个总括的解说。例如：

佞，才也。（广言）

登，升也。（广言）

缟、皓、素，白也。（广诂）

阶、附、袭、就，因也。（广诂）

《小尔雅》在释义方式上，并没有多大的发展。

《小尔雅》作为扩大增广《尔雅》而作的辞书，所以也就与《尔雅》具有相同的价值，差别只不过在于篇幅大小而已。《小尔雅》的许多词语的训释，都可与同时代的经传训诂材料相印证，从中也可看出《小尔雅》的价值所在。例如：《广诂》："昧，冥也。"《说文》："昧，一曰阇也。"《玉篇》："昧，冥也。"《尚书·

尧典》："分命和仲宅西，曰昧谷。"孔安国传："昧，冥也。曰人于谷而天下冥，故曰昧谷。"《广言》："里、度，居也。"《诗·郑风·将仲子》："将仲子兮，无踰我里。"《毛传》："里，居也。"《论语·里仁》："里仁为美。"魏何晏集解引郑玄注："居于仁者之里，是为美。"《诗·大雅·皇矣》："维彼四国，爰究爰度。"《毛传》："度，居也。"《小尔雅》的许多词语解释都可与其他经传注释相互证发，关键在于我们要善于取舍利用。

《小尔雅》不足之处在于编排的内容杂乱错出，同一个词语，可能出现在几个部类里，如《广诂》释"艾"为"大"，《广言》释"艾"为"老"，这样分在两个部类里，有什么道理？也给人们查检带来了困难。《广诂》"造，进也"，"造，适也"，分隔两处，也没有什么道理。有人把《小尔雅》收词少作为它的缺点，这是没道理的，因为这是由于它拾遗补缺的性质决定的。

现在《小尔雅》的注本，以今人杨琳的《小尔雅今注》最便初学，胡世琦、胡承珙各自的《小尔雅义证》最为详瞻。特别是胡世琦的书最受推崇，段玉裁称此书"真《小尔雅》之功臣也。校之也精矣，考之也博矣"。洪亮吉称"书中以古音求古义，以古义证古经传，旁推交通，无不极其精审，此必传之作也"。这都证明胡世琦的书是下了功夫的。另外，宋翔凤有《小尔雅训纂》，朱骏声的《小尔雅约注》，葛其仁的《小尔雅疏证》，任兆麟的《小尔雅注》都可作为参考。

（三）毛亨、郑玄的传注训诂学

汉代的训诂学创造了两种类型，即专书训诂和传注训诂。在汉代，专书训诂如《尔雅》、《方言》、《说文》、《释名》等，在魏晋以来以至清季，全都逐渐成为了专门之学。后人在研究文字学、方言学、语源学以至于音韵学等，都要追根溯源到汉代的专书训诂。传注训诂学则要追溯到汉代的毛亨、郑玄的传注训诂实践。在这方面，汉代是中国训诂学的第一个发展高峰，为后代的训诂研究树立了榜样，他们创立的训诂的体例、方法和条例，对后代产生了深远的影响。

1．毛亨的传注训诂学

毛亨，亦称大毛公，以区别于其弟子毛苌。鲁（今山东曲阜）人。郑玄在《诗谱》中说：“鲁人大毛公为诂训传于其家，河间献王得而献之，以小毛公为博士。”陆玑在《诗草木鸟兽虫鱼疏》中也说：“孙卿授鲁国毛亨，毛亨作诂训传以授赵国毛苌，时人谓亨为大毛公，苌为小毛公。”他们的说法很有代表性，现今人们一般都认为《毛诗传》为毛亨所著。我们就根据《毛诗诂训传》来谈一下毛亨的传注训诂学的成就。

《毛诗诂训传》在我国训诂学史上占有非常重要的地位。它继承和总结了先秦训诂的成果，形成了一套比较完整的释义方法，为我国训诂学建立奠定了坚实的基础；它保存和正确地解释了许多词的本义和古义，不仅利于阅读古书，也为汉语词汇史的研究提供了丰富的有价值的资料。

西汉初年，说《诗》的有鲁、齐、韩三家，后世称为“三家诗”。这三家诗说除《韩诗外传》尚存外，共余在魏晋以后先后亡佚了。毛诗比三家诗说晚出，属于古文经学，三家诗说属于今文经学。今文经学家讲经时喜欢附会一些哲理说教以及阴阳五行等怪诞说法，古文经学能够避免某些神秘的观点。《毛诗传》基本上能做到不轻谈天命神鬼，它着重训释词义，能做到言简意赅，言而有据。东汉以后受到了许多学者的重视，特别是郑玄为《毛诗传》作“笺”，对《毛诗传》作了大量补充，影响很大。毛诗因此逐渐取代了三家诗的地位，成为了《诗经》学的正宗。

《毛诗传》共做注释四千八百余条，其中解释词义达三千九百余条。前人对于《毛诗传》的训释词义的方法和体例有过不少研究。本文综合了刘师培的《毛诗词例举要》（见《刘申叔先生遗书》）和向熹的《〈毛诗传〉说》（《语言学论丛》第八辑，商务印书馆 1981 年 8 月版）的说法，谈一下《毛诗传》的训诂体例和方式。

（1）用同义词进行解释

这是全书解释词义的主要方法，其中又可以分出几种小类：

①单音词释单音词。解释词大都比较浅近通俗。

寤，觉；寐，寝也。（《周南·关雎》）

迨，及；泮，散也。（《邶风·匏有苦叶》）

参，伐也；昴，留也。（《召南·小星》）

茂，美也。（《齐风·还》）

戎，大；丑，众也。（《大雅·绵》）

罙，深也。（《商颂·殷武》）

②复音词释单音词

静，贞静也。（《邶风·静女》）

皙，白皙也。（《鄘风·君子偕老》）

丰，丰满也。（《郑风·丰》）

洒，高峻也。（《邶风·新台》）

③复音词释复音词

蜉蝣，渠略。（《曹风·蜉蝣》）

杨柳，蒲柳也。（《小雅·采薇》）

仆夫，御夫也。（《小雅·出车》）

中谷，谷中也。（《周南·葛覃》）

④单音词释复音词

唐棣，栘也。（《召南·何彼襛矣》）

仔肩，克也。（《周颂·敬之》）

抑抑，美也。（《大雅·假乐》）

不戢，戢也；不难，难也；不多，多也。（《小雅·桑扈》）

（2）解释词语与被解释的词为类属关系

坟，防也。（《周南·汝坟》）

逵，九达之道。（《周南·兔罝》）

柳，柔脆之木也。（《齐风·东方未明》）

殷，雷声也。（《召南·殷其雷》）

崔嵬，土山之戴石者。（《周南·卷耳》）

茹，草也。（《陈风·防有鹊巢》）

杞，木名。（《郑风·将仲子》）

（3）分辨同义、近义词

草行曰跋，水行曰涉。（《鄘风·载驰》）

治骨曰切，象曰磋，玉曰琢，石曰磨。（《卫风·淇奥》）

忠信为周，访问于善为咨，咨事为诹。（《小雅·皇皇者华》）

东风谓之谷风，南风谓之凯风。（《邶风·谷风》）

（4）解释形态、状况，常用"犹"

漂，犹吹也。（《郑风·萚兮》）

宿，犹处也。（《豳风·九罭》）

纯束，犹包之也。（《召南·野有死麕》）

蔼蔼，犹济济也。（《大雅·卷阿》）

沃若，犹沃沃然。（《卫风·氓》）

皇，犹煌煌也。（《小雅·采芑》）

奕奕，大貌。（《小雅·巧言》）

烈烈，威武貌。（《小雅·蓼莪》）

（5）音训

《毛诗传》中音训相当丰富，由此可看出《释名》的声训并非毫无依傍，而是继承前人声训的集大成的著作。

①同音为训

悠悠，忧也。（《小雅·十月之交》）

苗，出也。（《召南·驺虞》）

翕，合也。（《小雅·常棣》）

盗，逃也。(《小雅·巧言》)

②双声为训

丁，当也。(《大雅·云汉》)

将，请也。(《郑风·将仲子》)

骞，亏也。(《小雅·天保》)

威，畏也。(《小雅·常棣》)

③叠韵为训

怀，归也。(《桧风·匪风》)

将，养也。(《小雅·四牡》)

黎，齐也。(《大雅·桑柔》)

佗，加也。(《小雅·小弁》)

④双声兼叠韵

回，违也。(《大雅·大明》)

枚，微也。(《豳风·东山》)

斯，析也。(《陈风·墓门》)

沔，水流满也。(《小雅·沔水》)

(6) 释假借义

《毛诗传》中释假借义并没有使用专门的术语作为区别。

①以假借字作正字解释

说，舍也。(《召南·甘棠》)说一税

题，视也。(《小雅·小宛》)题一睇

尔，华盛貌。(《小雅·采薇》)尔一苶

革，翼也。(《小雅·斯干》)革一鞘

②以正字解释假借字

调，朝也。(《周南·汝坟》)

甲，狎也。(《卫风·芄兰》)

汤，荡也。(《陈风·宛丘》)

皇，匡也。(《豳风·破斧》)

③以假借字解释正字

悼，动也。（《卫风·氓》）动一恸

冥，幼也。（《小雅·斯干》）幼一窈

④以假借字解释假借字

妯，动也。（《小雅·鼓钟》）妯一悼　动一恸

届，极也。（《鲁颂·闷宫》）届一极一殛

《毛诗传》中还有许多地方解释句意，解释章旨，解释表现手法等，内容相当丰富。也可以说，《毛诗传》是我国传注训诂的奠基之作，此书中的几乎所有训诂的体例与方式都被后代学人发扬光大了。毛亨所创立的一整套的训诂方法，对后代训诂学的发展，产生了极其深远的影响。

2. 郑玄的传注训诂学

郑玄，字康成，世称为后郑，北海高密（今山东高密）人。早年从今文经学家、古文学家受业。后西人关，就学于经学大师马融，专攻古文经学。学成归里，授徒讲学，学生多至千人。因党锢事被禁，隐修经业，潜心著述。其时学者囿于师承，互相攻讦，且章句繁复，学徒莫衷一是，劳而少功。郑玄针对时弊，以古文经学为主，兼采今文，不守门户之见，删繁除芜，遍注群经，成为一代通儒，影响深远。其学说融会了今古文学派，注《周易》、《尚书》、《毛诗》、《仪礼》、《礼记》、《论语》等书，著述极丰。其书被后世尊为经注典范，成为治小学的根柢之书。

郑玄作为两汉经学的集大成者，他能兼收并取前辈经学家的成功经验，他对于专书训诂的成就也都能融会贯通，为己所用。他将文字、训诂、校勘、考证集于一身，贯穿群经，创通条例，自成家法，被后世誉为"郑学"。

郑玄的训诂方式与《毛诗传》比较，既有继承，又有发展，内容相当丰富，简单举一些具有郑氏注释体例特点的如下：

《周礼·太宰》："以八柄诏王驭群臣。"注云："诏，告也，助

也。"此处注释因一个"告"字于义未尽，故又添加一"助"字来补充说明。

《周礼·天官》："大宰之职，掌建邦之六典。"注云："典，常也，经也，法也。"此处用三个字来注释一个词语。

如果依据本义不能说明其意，则取义近的词语来比况说明，《仪礼·大射仪》："笙磬西面。"注云："笙犹生也。"《仪礼·觐礼》："坛十有二寻，深四尺。"注云："深谓高也。"《诗·谷风》："既生既育。"笺云："生谓财业也，育谓长老也。"

郑玄在注释古书时，能在注释中注释一些语法现象，这能窥见当时人们还是有一些语法观念的。《仪礼·士相见礼》："不疑君。"注云："疑，度之。"《礼记·王制》："天子杀则下大绥，诸侯杀则下小绥。"注云："下谓弊之。"这里是郑氏注释动词。他将解释的词后加一代词，即能表示出动词词义。他还说明哪个词是虚词。《诗·角弓》："毋教猱升木。"笺云："毋，禁辞。"《礼记·射义》："又使公罔之裘序点扬觯而语。"注云："之，发声也。"

郑玄在遍注古籍时，大量地运用了声训的方法，他所用的声训术语已很完备了，在后代都被采用。例：

"读如"

蜡读如狙司之狙。（《周礼·秋官》"蜡氏"注）

纵读如总领之总。（《礼记·檀弓上》"丧事欲其纵纵尔"注）

邪读如徐。（《诗经·北风》"其虚其邪"笺）

似读如巳午之巳。（《诗经·斯干》"似读妣祖"笺）

"读若"

如读若今之若。（《仪礼·乡饮酒礼》"公如大夫入"注）

簌读若不数之数注。（《仪礼·聘礼》"车秉有五簌"注）

个读若齐人胁干之干。（《周礼·考工记·梓人》"上两个与其身三，下两个半之"注）

由于一个字可能有几个发音，发音不同，意义则不同，郑氏在注释词语时，用一音同音近词作训释时，还要指出这个"字"的音用的是哪一个音，以免出错。这种情况下，他则用"读如××之×"的方式表示：

卓读如卓王孙之卓。（《仪礼·觐礼》"匹马卓上"注）

滞读如沈滞之滞。（《周礼·廛人》"凡珍异之有滞者"注）

税读如无礼则税之税。（《礼记·丧服小记》"而父税丧"注）

孙读如公孙于齐之孙。（《诗经·狼跋》"公孙硕肤"笺）

郑玄还常用"××之言×也"的格式来说明被声训的意义，如：

绚之言拘也。（《仪礼·士冠礼》"青绚缲纯"注）

胖之言片也。（《周礼·腊人》"膴胖"注）

富之言备也。（《礼记·曲礼下》"不饶富"《礼记·表记》"易富也"注）

胡之言何也。（《诗经·生民》"胡臭亶生"笺）

有之言又也。（《诗经·长发》"有虔秉钺"笺）

"某读为某"情况较复杂，其中很大一部分是训释假借字的：

《周礼·宫伯》："以时颁其衣裘。"注云："颁读为班。班，布也。"

《周礼·大宗伯》注、《礼记·明堂位》注都有"颁读为班"的注释。

郑玄在注古书时，能够说明古今词语称谓的变化，从中我们可以看出词语的历史演变，为我们释读古书提供了很大的方便，也为汉语词汇史的研究提供了相当丰富的资料。如：

《周礼·腊人》"掌干肉"注曰："大物解肆干之，谓之干肉，若今凉州乌翅矣。"

《周礼·掌节》"货贿用玺节"注曰："玺节者，今之印章也。"

《周礼·考工记·匠人》"四阿重屋"注曰："四阿，若今四注屋。"

《周礼·大司马》"以旌为左右和之门"注曰："军门曰和，今谓垒门。立两旌以为之。"

《礼记·祭法》"大夫以下成群立社曰置社"注曰："大夫不得特立社，与民族居，百家以上则共立一社，今时里社是也。"

像以上这些说明词语历史变迁的注释，在《周礼》中很多，我们今天可以借助于他的注释，了解汉代与上古词语的差异，成为了汉语词汇史研究的宝贵资料。

郑玄在遍注群经的时候，能够将群经进行全面的整理。用训诂、校勘、考证的方法整理古籍。他所注释的经书，成为了后世学者的范本，从此也奠定了儒家经典的权威地位，对后世学术产生了深远的影响。他解经的原则和方法，一直为历代注释学家所遵从信奉；他参校诸本、考定是非、择善而从的校勘方法，为校勘学制定了大例；他考证的古代名物制度，大都确实不移，至今还是相当正确的。清代乾嘉学者，都非常尊崇"许郑之学"，这决不是偶然的。凡是探讨文字的，便以许慎的《说文解字》为依据；研究经学者，便奉郑玄的群经注释为宗旨。

郑玄也并非没有缺失，由于他要综合今古文经学家的学说来注释经书，在注释中，常常将今古文经学家不同的说解做一些调停的说法，以不同为同，曲为之说。又由于时代的局限性，他也受到了当时盛行的谶纬的学说的影响，做了一些不切合实际的引申和解释。《四库全书总目提要》曾批评他说："玄于三礼之学本为专门，故所释特精。唯好引纬书，是其一短。"这种评价是实事求是的，我们既能够理解古人难以跨越时代的局限，也不应为他回护短处。例如他在绪经注中就曾引用了《易说》、《书说》、《孝经说》、《春秋说》等，这都是他的短处。

南朝宋范晔在《后汉书》中对郑玄的学术成就和学术影响做了非常精辟地概括，他说："自秦焚六经，圣文埃灭。汉兴，诸儒颇修艺文；及东京，学者亦各名家。而守文之徒，滞固所禀，异端纷纭，互相诡激，遂令经有数家，家有数说，章句多者或乃百余万言，学徒劳而少功，后生疑而莫正。郑玄括囊大典，网罗众家，删裁繁诬，刊改漏失，自是学者略知所归。"范晔以史学家的角度，阐述了郑玄学术在当时的意义及其对后世经学、训诂学的影响。

第五节　方言学

中国自古以来就是一个幅员广阔，方言复杂的大国。方言的差别可以说与人文的历史一样久远。《左传·文公十三年》载："秦伯师于河西，魏人在东，寿余曰：'请东人之能与夫二三有司言者，吾与之先。'使士会。"晋国派魏寿余诱士会归晋，因秦人的语言魏人听不懂，所以魏寿余要求秦人派能与魏军长官通话的东人过来，士会是东人，所以秦人不得不派士会前往。这说明当时秦人与魏人语言是不同的。

相传我国远在周秦时代，天子为了体察民情风俗，博通天下名物，在每年秋后的农暇季节派遣使节到民间去搜集歌谣和方言异语。这些材料"皆藏于周秦之室；及其破也，遗弃无见之者"（扬雄《答刘歆书》）。这种搜集方言的工作至汉代还在进行。汉代当时把从事这项工作的官员叫做"轩车使者"、"𫐐轩之使"等，都是指乘坐一种轻便的小车去各地去调查方言。调查方言的目的，是为了了解各地的风土民情，加强中央王朝与各地的联系，也可为统治者作为统治方略的参考。东晋常璩说："此使考八方之风雅，通九州之异同，主海内之音韵，使人主居高堂知天下风俗也。"（《华阳国志》卷十）应劭说："周秦常以岁八月遣𫐐轩之使采异代方言，还奏籍之，藏于秘室。及嬴氏之亡，遗弃脱漏，无见之者。蜀人严君平有千余言，林闾翁孺才有梗概之法。

扬雄好之，天下孝廉卫卒交会，周章质问，以次注续。二十七年尔乃治正，凡九千字。"（《风俗通义·序》）从以上的说法来看，收集方言是当时统治者统治的需要，扬雄从事这项工作，就得到了统治者的支持。在《刘歆与扬雄书》中说："今圣朝留心典诰，发精于殊语，欲以验考四方之事，不劳戎马高车之使，坐知傗俗；适子云攘意之秋也。"当时的统治者需要调查方言，扬雄撰写《方言》，并不是偶发性的行为，而是继承和发扬了前代方言调查的传统；也由于统治者的支持，终于使他完成了这部巨著。

　　扬雄（前 53～18)，西汉文学家、哲学家、语言学家。字子玄，蜀郡成都人。少好学，博览群书，多通奇字；善辞赋，名噪一时。早年作有《长杨赋》、《甘泉赋》、《羽猎赋》等。成帝时为给事黄门郎。历成帝、哀帝、平帝三朝，官至给事黄门。王莽时，官拜大夫。因刘歆之子刘棻上符命触怒王莽，扬雄畏惧株连，投阁自杀，未死，病免。复召为大夫，贫病而死。扬雄早年热心于辞赋创作，后来以为"辞赋非贤人诗赋之正"，认为"雕虫篆刻，壮夫不为"，遂鄙薄辞赋，转而研究哲学和语言学。他著《法言》、《太玄》，提出以"玄"作为宇宙万物根源的哲学观点，强调如实地认识自然现象，驳斥神仙方术的迷信。他还著有《仓颉传》、《仓颉训纂》、《训纂》、《方言》等，现今只有《方言》留存下来了，其他的书都亡佚了。

　　《方言》原名为《輶轩使者绝代语释别国方言》，叙述西汉时代各地方言，也有的地方也兼释古今词语的异同。从此书全名来看，所谓"别国方言"，当然是与现今"方言"词义相同，所谓"绝代语"即是古今词语问题。

　　关于《方言》的作者，汉末以来古今学者大多认为《方言》乃扬雄所作无疑。罗常培先生根据应劭的说法推断说："《方言》并不是一个人作的，它是从先秦到西汉末年民间语言的可靠的记录。扬雄以前，庄遵（严君平）和林间翁孺或者保存了一部分资料，或者拟定了整理的提纲。扬雄本身也愿意继承前人的旨趣，加以'注续'。"（《方言校笺序》）罗先生的话很有道理，从刘歆与扬雄往复书信中可知扬雄前有所承，扬雄又亲自到群众中去调查方言殊语，其时工作已有二十七年，但尚未完成。刘歆欲借其书，雄称其尚未完稿，以谢绝之。

（一）《方言》的内容及体例

《方言》是我国第一部方言词典，是我国以至世界方言史上的一座丰碑。今本《方言》是晋郭璞的注本，凡十三卷。应劭在《风俗通义》序里说是九千字，但据戴震的统计（戴震《方言疏证》序），现在郭注本有一万一千九百多字，比应劭所见的本子多出将近三千字。这些字是在什么时候增添出来的，已经无从考订。

《方言》显然没有明确地标明门类，但基本采用分类编次法，分类略遵《尔雅》而不甚精密。《方言》在体例上和《尔雅》相近，把每类意义相同或相近的字或词排列在一起，然后用一个当时比较通俗的说法去加以解释，并列举各地不同的说法。明代学者陈与郊撰《方言类聚》四卷，依《尔雅》篇目，别为编次，所析凡《释诂》、《释言》、《释人》、《释衣》、《释食》、《释宫》、《释器》、《释兵》、《释车》、《释舟》、《释水》、《释土》、《释草》、《释兽》、《释鸟》、《释虫》共十六类。从中可以看出《方言》的编排体例有模仿《尔雅》之处。

上面已说过，《方言》释词的范围应当从其书名体会出来，包括纵横两个方面，即"先代绝言，异国殊语"。沈兼士在《文字形义学》中曾把《方言》一书的体例归纳为五类（见《沈兼士学术论文集》513页），现列如下，并举例说明：

①通语、凡通语、凡语、通名：这都是指没有地域性的普通话。

娥，嬿，好也。秦曰娥，宋魏之间谓之嬿。秦晋之间凡好而
轻者谓之娥。自关而东河济之间谓之媌，或谓之姣。赵魏燕赵之
间曰姝，或曰妦。自关而西秦晋之故都曰妍。好，其通语也。
（卷一）

怃、俺、怜、牟，爱也。韩郑曰怃，晋卫曰俺，汝颍之间曰
怜，宋鲁之间曰牟，或曰怜。怜，通语也。（卷一）

嫁、逝、徂、适，往也。自家而出谓之嫁，由女而出为嫁
也。逝，秦晋语也。徂，齐语也。适，宋鲁语也。往，凡语也。
（卷一）

②某地某地之间通语、四方之通语，四方异语而通者：这是
指通行区域较广的方言。

覆结谓之帻巾，或谓承露，或谓之覆采，皆赵魏之间通语
也。（卷四）

围棋谓之弈。自关而东齐鲁之间皆谓之弈。（卷五）

③古今语、古雅之别语：这是指当时实际语言中残存的古语
成分。

敦、丰、厖、介、怃、般、嘏、奕、戎、京、奘、将，大
也。凡物之大貌曰丰。厖，深之大也。东齐海岱之间曰介，或曰
怃，宋鲁陈卫之间谓之嘏，或曰戎。秦晋之间凡物壮大谓之嘏，
或曰夏。秦晋之间凡人之大谓之奘，或谓之壮。燕之北鄙齐楚之
郊或曰京，或曰将。皆古今语也，初别国不相往来之言也，今或
同。而旧书雅记故俗语，不失其方，而后人不知，故为之作释
也。（卷一）

禅衣，江淮南楚之间谓之䙏，关之东西谓之禅衣。有裹者，
赵魏之间谓之袷衣；无裹者谓之裎衣，古谓之深衣。（卷四）

④某地语、某地某地之间语：这是不同地域的方言。

肖、类，法也。齐曰类，西楚梁益之间曰肖。秦晋之西鄙自
冀陇而西使犬曰哨，西南梁益之间凡言相类者亦谓之肖。（卷七）

由迪，正也。东齐青徐之间相正谓之由迪。（卷六）

苏、芥，草也。江淮南楚之间曰苏，自关而西或曰草，或曰芥。南楚江湘之间谓之莽。苏亦莲也。关之东西或谓之苏，或谓之莲。（卷三）

⑤转语（或语之转）、代语：这是兼包纵横两方面因声音转变而产生的词语，书写时改用另形表示，多以双声、叠韵为其变化轨迹。从意义而言可分为两种，或音变而义同，这种情况最多。

庸谓之倯，转语也。（卷三）庸、倯皆奴婢贱称，叠韵相转。

煤，火也，楚转语也。（卷十）煤，火双声相转。

也可能因为音转义变分化为不同的词：

蝭蟧者，侏儒语之转也。（卷十一）侏儒义为矮人，蝭蟧为短虫，为蜘蛛，二者皆有短小义。

扬雄在解说词语时有的地方并没有注明是转语，实际上也存在着语音上的联系。

搰，拔也。自关而西或曰拔；东齐海岱之间曰搰。（卷三）"搰"、"拔"为叠韵，二者是古今音转。

秦晋之间，凡人之大谓奘，或谓之壮，燕之北部、齐楚之郊或曰京，或曰将；皆古今语也。（卷一）郭璞注曰："语声转耳。""奘"、"壮"叠韵；"京"、"将"双声，均为语音音变而分化为不同的单音节词。

扬雄的转语学说对后代有很大的影响，清代学者戴震曾写作《转语》而未完成，据《戴东原集·转语二十章序》一文，《转语》实为从声音求训诂，探索汉语词源的著作。戴震拟从发音部位、发音方法上推求古声母系统，追溯上古词与词的渊源关系。扬雄已经感觉到，在许多情况下，方言词汇的差异实际上只是语音的对应关系。同是一个词，在不同的方言里，有着不同的语音形式。如果我们依据现有的语音研究成果，可以打破字形的局限，可以做汉语同源词的研究，扬雄当时已发其端。

（二）《方言》的贡献及其影响

《尔雅》是客观地辑集古代训诂材料而对词语作静态的分类描写，《方言》则是有目的地采集口头语言进行古今语言、方域语言的综合性的研究。

①扬雄首次提出了汉语方言分区问题。

扬雄要采集各地方言进行研究，首先要解决的问题就是方言区域的划分问题。扬雄在释词时，既要说明"通语"等普通话，还要在其后指明在某某方言区域里怎样读，是哪一个词等。扬雄首次提出了汉语方言分区问题。林语堂在《前汉方音区域考》中曾根据扬雄在《方言》中释词时所做的称说，归纳出了汉代的汉语方言大致的区域（见林语堂《语言学论丛》，上海书店 1989 年 12 月版）为十四系：

第一：秦晋

第二：梁及楚之西部

第三：赵魏自黄河以北

第四：宋卫及魏之一部

第五：郑韩周

第六：齐鲁

第七：燕代

第八：燕代北鄙朝鲜洌水

第九：东齐海岱之间淮泗

第十：陈汝颍江淮（楚）

第十一：南楚

第十二：吴扬越

第十三：西秦

第十四：秦晋北鄙

这种分类方法只是大略的，难以精细，但可以看出，这是扬雄在中国语言学史上的巨大贡献。虽然他自己并没有明确指出全国方言地域图，但后人在他的研究的基础上，是可以总结出大致的方言区域的。上面已经说过，他在释词中指出哪些是普通话，哪个是大方言区，哪个是次方言区，哪个是小方言区，虽然不太清楚，但大致的范围还是能够圈定的。周祖谟先生说："《方言》这一部书是记载汉代方言词汇的书，对于我们研究汉语词汇发展的历史启发很大，至少我们可以看到全民的语言是怎样吸收不同的方言词汇而丰富起来的。"（见《周祖谟语言学论文集》370页）

②扬雄注意到了词义的辨析。

《方言》虽然在体例上与《尔雅》相似，但是它并没有墨守《尔雅》的体例。《尔雅》一书在释词上，是按意义排列，把意义相同或相近的词排列在一起，最后用一个当时通行的词语加以解释。但是，在语言中，意思完全相同的词语应当是很少的，而且即使意义相同，它们在用法上和修辞上往往有细微的差别，而不可能完全等同。《尔雅》只着重在同的方面，扬雄则在列出相同词语之后，再做进一步的同义词的辨析工作。

娃、嫷、窕、艳，美也。吴楚衡淮之间曰娃，南楚之外曰嫷，宋卫晋郑之间曰艳，陈楚周南之间曰窕。自关而西秦晋之间，凡美色或谓之好，或谓之窕。故吴有馆娃之宫，秦有榛娥之台。秦晋之间美貌为娥，美状为窕，美色为艳，美心为窈。（卷二）

扬雄此条先列出同义词，可看出与《尔雅》一样。尔后就从方言分布的角度说明词语用法地域的差别，最后则分辨这一组同义词语的用法的细微差别。

③扬雄接触到了真正的语言学研究。

汉语是一种孤立语。在上古时代，一个词基本上就是一个音节，由一个汉字来记录。这样一来，许多人就模糊了字与词的关系。在《方言》中，扬雄常常能打破字形的局限，从语音学的角度来研究词语，而不仅仅是字形的训释问题。这一点，在上面谈到转语时就已经谈到。我们在《方言》中可以看到许多由两个字组成的双音词，扬雄着眼点在词而不在字。

抍挭，选也。自关而西秦晋之间凡取物之上谓之抍挭。（卷二）

蔽膝，江淮之间谓之祎，或谓之袚。魏宋南楚之间谓之大巾，自关东西谓之蔽膝，齐鲁之郊谓之袡。（卷四）

钩，宋楚陈魏之间谓之鹿觡，或谓之钩格。自关而西谓之钩，或谓之镞。（卷五）

以上扬雄或解释双音节词，或用双音节词来解释，他接触到了真正的语言学的词语概念，把词语当成一个整体的意义概念来对待，这比后代的有些人斤斤计较于一笔一划的字形差异要高明得多。

④《方言》还可以看成为训诂学的专著。

《方言》还可以帮助我们解决古书训诂方面的问题。南宋方质在《方言跋》中说："子云博极群书，于小学奇字无不通。且远采诸国，以为《方言》，诚足备《尔雅》之遗缺。"我们在研读古书时，经传古义不明，可赖《方言》得到解决，或者相互印证，更能看出词汇意义的系统性。例如：

《左传·昭公五年》："今君奋焉，震电冯怒。"

《列子·汤问篇》："帝冯怒。"

《方言》曰："冯，怒也。"（卷二）

《诗·小雅·蓼莪》："母兮鞠我。"

《诗·小雅·南山有台》："保艾尔后。"

《方言》："鞠，养也。汝、颍、梁、宋之间或曰艾。"

《方言》与其他经传注释相印证，还可看出词语的音义联系。

《方言》："悲、怒，怅也。"（卷十二）《说文》："怅，望恨也。"《玉篇》："怅、惆怅，失志也。"《玉篇》："惆怅，悲愁也。"《论语·述而》："不愤不启，不悱不发。"《说文》："怫，郁也。"颜师古注《汉书·邹阳传》云："怫郁，蕴积也。"从以上来看，"悱"、"悲"、"悲"、"怫"等字都音同音近义通，如果利用得好，《方言》也是训诂学的绝好资料。

（三）《方言》的局限性

《方言》最大的局限性是它的记音工具有问题。扬雄在调查方言时，遇到有音无字时，就大胆地用方块汉字来标音。但是，各方言中许多语音上的细微区别，单靠汉字是标记不清楚的，而且，这些作为音标的汉字的读音，是以什么地方的读音作为依据也有问题。汉字是表音节的，根本不可能深入到音素的地步。当然，这都是由于当时还不可能达到这一点，我们既要看到了《方言》标音的不足，也要对古人采取谅解和同情的态度。

实际上，扬雄《方言》之后，经历了很长时间，到清代才有杭世骏的《续方言》、戴震的《续方言稿》、程际盛的《续方言补正》、徐乃昌的《续方言又补》、程先甲的《广续方言》及《拾遗》、张慎仪的《续方言新校补》，最后有章炳麟的《新方言》。但在我们看来，后人的续作没有超过《方言》的。因为扬雄的《方言》，出于自己的调查，保存了极多的宝贵的材料。后人的续补之类，大都是从字书辞书中收集抄录而成，既不能从语音语义的角度疏通证明，又不附以当时口语，只能算是古代方言词语的记录，谈不上方言的研究。

《方言》的注本，以郭璞的注本最早，周祖谟先生曾评价说："《方言》是一部好书，幸而又有郭璞的精善注本，真是相得益彰了。"（见《周祖谟语言学论文集》，商务印书馆 2001 年 10 月版，380 页）清代戴震著有《方言疏证》，清代王念孙的《方言疏证补》等都很著名，清代钱绎的《方言笺疏》汇集前人的注释，成为集大成的本子。周祖谟先生的《方言校笺及通检》成为至今公认的善本。

第六节　汉代音韵学的萌芽

语言是音义的结合，它们是形式和内容的关系。汉语的特点，使中国的音韵学发展的较晚。在魏晋以前，中国没有出现音韵学专著。音读的注释等都是附着在文字训诂当中，注音是以说明意义为目的的。汉代的学者有许多读若、读如、直音、譬况等方法，这是由汉字的特点决定的。汉字在记录汉语时，常有一字数义和一义数字的现象，要分析说明汉字形义关系时，常用以字音来训诂的方法。例如以前所谈到的声训，即是要通过字音来解释字义。汉字在记录汉语时，因为假借的使用，使得一个字体可以代表各异的语词，于是会有一字而具有数义的情况，在训诂上也就产生以本字来训释的方法；因为语言的发展，会有形声孳乳和假借现象产生，使得同一的语词或意义上相关的词语而用各异的字体代表出来，于是又产生一义数字的现象，在训诂上就出现了同音相诂和易字为训的方法。从汉以前训诂上涉及语音问题的例子看来，都是因为语音与语义有关系才被重视的。这些情况就促使古人们推衍出来了一些譬况假借的注音方法，最显著的就是汉代广泛采用的"读若"等，总是与训诂纠缠在一起。下面举些例子来说。

（一）譬况法

这是用文字描绘读音的办法。常常用一些比喻或形容词语对难字的读音进行描写。

《淮南子·本经训》中高诱注曰："露读南阳人言道路之路。"

《淮南子·坠形训》："其地宜黍，多旄犀。"高诱注曰："旄读绸缪之缪，急气言之乃得。"

《吕氏春秋·慎行》："崔杼之子，相与私哄。"高诱注曰："哄读近鸿，缓气言之。"

《公羊传·宣公八年》："曷为或言而，或言乃？"何休注曰："言乃者内而深，言而者外而浅。"

《公羊传·庄公二十八年》："春秋伐者为客，伐者为主。"何休注曰："伐者为客，读伐长言之，齐人语也。""见伐者为主，读伐短言之，齐人语也。"

《释名·释天》："风，豫司兖冀横口合唇言之，风，氾也。青、徐言风，踧口开唇推气言之，风，放也。"

"天，豫司兖冀以舌腹言之，天，显也；青、徐以舌头言之，天，坦也。"

这样来说明发音是非常抽象的，如果人们不会读，看了他们的描绘仍然不会读。颜之推在《颜氏家训·音辞篇》中说："逮郑玄注六经，高诱解《吕览》、《淮南》，许慎造《说文》，刘熙制《释名》，始有譬况假设以证字音耳。而古语与今殊别，其间轻重清浊犹未可晓。加以外言、内言、急言、徐言、读若之类，益使人疑。"所以这种注音方法到南北朝以后，就再也没有人使用了。

（二）读如、读若

就是用音同、音近的字来注音。

《周礼·地官序·遗人》郑玄注："郑司农云：遗读如《诗》曰'弃予如遗'之遗，玄谓以物有所馈遗。"

《说文解字》："裻，读若《诗》曰'葛藟萦之'；一曰若'静女其姝'之'静'。"

《礼记·月令》郑玄注："离读如俪偶之俪。"

《诗经·大雅·烈祖》郑玄笺："赉读如往来之来。"

后来，更多的是用一个字来注音，即"甲读如（读若）乙"，这种方法与直音法就差不多了。

《说文解字》："瞎读若禧。"

《说文解字》："饰读若式。"

《诗经·邶风·北风》郑玄注曰："邪读如徐。"

《礼记·玉藻》郑玄注曰："揄读如摇。"

（三）直音法

这种方法是用一个同音字为另一个字注音。古籍中"音某"、"读为"、"读曰"、"读与某同"即都是直音法的运用。

前人在解释"读为"、"读曰"等术语时，常把它们作为训诂学的术语来解释，认为它们主要是破通假字。我们认为，看问题的角度不同，如果从语音的角度来看，通假字本身就是由于音同音近而产生的，当经学家以音说义进行训诂时，同时也是在进行注音。

《礼记·檀弓上》："何居，我未之前闻也。"郑玄注曰："居读为姬姓之姬。"

《诗经·卫风·氓》："淇则有岸，隰则有泮。"郑玄笺曰："泮读为畔。"

《说文解字》："梧，梧桐木，从木，吾声。"

《说文解字》："脯，干肉也，从肉，甫声。"许慎在《说文解字》中这样注音很多。我们不能仅仅认为这是在分析形声字结构，这同时也是在注音。

《史记·高祖本纪》："隆准而龙颜。"《集解》引服虔曰："准音拙。"

《汉书·高帝纪》："公巨能入乎。"注引服虔曰："巨音渠。"

直音法的特点是简便，但是也有很多局限。首先，并不是每一个汉字都有同音字；其次，即使有的汉字有同音字，但它的同音字更加生僻难认，也就起不到注音的作用了。另外，我国地域广大，方言复杂，各方言的语音系统不同。在这个方言中的同音字，在别的方言中不一定同音，要找一个在各个方言中都是同音的字几乎是不可能的，这样，用直音法等就要受到极大的限制。

（四）反切法

所谓反切，是中国古代为汉字注音的一种方法。它的方法是用两个汉字来为一个汉字注音，上一字取其声母，下一字取其韵及其声调，两个字拼读起来，即为要注字音字的读音。举例来说：

欢　呼官切　　h（ū）＋（g）uān→huān
该　古哀切　　g（ǔ）＋（ø）āi→gāi
田　徒年切　　t（ú）＋（n）ián→tián
卯　莫饱切　　m（ò）＋（b）ǎoi→mǎo
举　俱雨切　　j（ū）＋（ø）ǔ→jǔ
锻　丁贯切　　d（īng）＋（g）uàn→duàn

从这些例子可以看出：反切上字定声，下字定韵，而且被切字的声调也是由反切下字所决定，同时，被切字的开齐合撮四呼，基本上也是由反切下字决定。

反切的方法起源于东汉末年，前人多认为创始人是孙炎。颜之推《颜氏家训·音辞篇》中说：“孙叔言创《尔雅音义》，是汉末人独知反语。”陆德明在《经典释文·序录》中说：“古人音书，止为譬况之说，孙炎始为反语，魏朝以降，蔓衍实繁。”章太炎在《国故论衡·音理论》中指出，应劭注《汉书》时已用了反切，如在《汉书·地理志》中，应劭注曰：“汉水所出，南人垫江。垫，音徒浃反。”“沓水也，音长答反。”可见汉末时已有了反切。我们认为，反切作为一种注音方法，是在历史发展中逐渐地形成的，很难说是谁一下子发明出来的。

有人认为反切的方法来自西域，如宋代陈振孙《直斋书录解题》卷三曰："反切之学，自西域入于中国，至齐梁间盛行。"这种说法不正确。我们知道，汉末民间，常常流行一种反语，这种反语多数是多音词，它的办法是上一个字取声，下一个字取韵，组成一个字音。然后再倒切，成为另外两个字。这些用法虽然并不是有意识地对语言音节结构进行分析，但反映出人们当时还是能够把声和韵分别开来的。双声、叠韵的方法在汉代时的经生们常在注释经典时使用。许慎在《说文解字》中，刘熙在《释名》中也有许多利用双声叠韵来训释的例子，这都说明当时人们已能够自觉地使用这种语音规律来为训诂服务了。反切与双声、叠韵密不可分，反切上字与所切之字双声，反切下字与所切之字叠韵，这都是反切产生的社会基础。

由譬况注音法发展为直音法，再进一步把单字的音节分析为声韵两个部分，并分别用两个汉字代表，这就演进为反切的注音方法。人们意识到原有的注音方法有局限性，由模糊地注解一个音节，到能将声韵分开，这就是一个大进步。这种方法更加科学和适用，几乎可以拼出各种各样的字音来。魏晋以来，人们广泛地采用这种注音的方法。反切注音法的产生是一件了不起的大事。反切法的产生，孕育了中国汉语音韵学的产生。我国所有的古代韵书，都是用反切法来注音的。反切法告诉人们，汉语的音节是可以分析的，这就开启了汉语音韵学研究的大门。

第三章　魏晋南北朝时期的语言研究

东汉王朝灭亡之后，各地军阀、豪强力量经过数十年的血腥厮杀，逐渐集形成了三国鼎立的局面。最后由曹魏及司马氏集团统一中国，建立了西晋。不久就爆发了"八王之乱"，后来又经过了"永嘉之乱"，中国历史上的南北朝时代开始了。北朝政治更为混乱，政权更替如走马灯一般。在南朝则相继建立了宋齐梁陈四个朝代。

魏晋南北朝时期，是一个政权分立，政局扰攘，战乱频仍的年代。但是，这个时期的文化发展却绝不逊色。可以说，这个时期是我国文化思想和学术发展都得到空前发展时期。由于国内各个民族的空前大融合，中外之间频繁的文化交流，给原有的中国传统文化注入了新鲜血液。以道家老庄之学为基础的玄学的兴盛，文学的自觉与文学创作的繁荣，以及来自异域印度宗教佛教的传播和发展，对中国原有的思想和思维模式进行了猛烈地冲击，从而引发了一场空前的思想解放运动。

首先，随着统一的专制主义中央集权帝国的崩溃，原有的社会政治、文化秩序全面解构，专制权力被大大削弱，长期以来作为社会政治理论基础的儒家学说的权威性和合理性受到了挑战，儒家独尊的地位动摇了。在思想学术界，再度出现了各逞己说的局面。在经学领域内，自由的学术空气在不断蔓延，固守师法家法、注重章句无可厚非，完全抛弃旧规，另辟蹊径，诸如以玄解儒，兼综儒释、儒道双修等，都被社会所容纳。

其次，这个时期又是一个自我意识不断觉醒，人格个性得到张扬的时代。在经学方面，人们逐渐地摆脱了不敢越雷池一步，拘泥于圣人微言大义的束缚，人们也不再满足于探赜索隐式的章句注解，也不再满足于追随先学宗师做亦步亦趋的转述了。而是勇于提出己见，敢于怀疑先师，充分发挥自己独特的见解。甚至于对于经典，也敢于悖违原意，离经叛道地进行曲解。

第一节　语言研究概况

这一时期在文字学方面，有顾野王的《玉篇》和吕忱的《字林》。可惜《字林》早已亡佚了，现在只有清人的辑本。《玉篇》也只有残篇留存下来，现在看到的是宋朝人的重修本。

这一时期成就最大的是音韵学。由于佛教的传入，启发了人们对汉语语音进行科学地分析，逐渐认识到汉语的音节是可以分析的。这时出现了最早的韵书——《声类》，以及此后晋朝吕静的《韵集》。可惜这两本书也亡佚了。这个时期的文学对语言研究也有很大影响，六朝时期是骈文、韵文大发展的时期，当时的作家都很讲究声律，对平仄、双声叠韵都很讲究。这也促使了汉语音韵学的诞生。

这个时期出现了杰出的语言学家郭璞，他注《方言》，受到后代人很高的评价。魏张揖撰写的《广雅》，经过清代学者王念孙的疏证而成为训诂学的名著。此时由于传统经学的正宗地位受到挑战，王弼、何晏等一反仅注释经书的旧惯，以玄学解经，注《老子》、《庄子》，使传统的注经传统为之一变。

齐梁时期出现的刘勰撰写的名著《文心雕龙》，一般人们视为文艺理论著作，实则此书为集六朝学术的集大成的著作，是一部百科全书式的著述。在《文心雕龙》中，对于语言有很多精彩的论述，值得好好研究。梁时的著名学者颜之推的《颜氏家训》，对语言文字多有精辟地论述，对后代有很大的影响。

第二节　文字学研究

这个时期文字学的研究成果不多，大部分都散佚了，现在能看到的只有《字林》和残存的《玉篇》。

（一）晋代吕忱的《字林》

吕忱，字伯雍，任城（今山东济宁市东南）人，《韵集》作者吕静之兄。《字林》是晋代最著名的字书。江式说："晋世义阴王典祠令任城吕忱表上《字林》六卷。寻其况趣，附托许慎《说文》，而按偶章句，隐别古籀，奇惑之字，文得正隶，不差篆意也。"（见《魏书·江式传》）封演说："晋有吕忱，更按群典，搜求异字，复撰《字林》七卷，亦五百四十部，凡一万二千八百二十四字。诸部皆依《说文》，《说文》所无者，是忱所益。"（见《封氏闻见记》）清代学者任大椿在《字林考逸序》中说："昔人谓《字林》补《说文》之阙，而实多袭《说文》。……《字林》本集《说文》之成，非仅补阙而已。"

《字林》广搜异字，书以今隶而不违篆书笔意。它既补《说文》之漏略，又集《说文》之成功，其收字多出《说文》近三千。《字林》早已散佚。任大椿从群书中辑佚成《字林考逸》八卷，称为善本。我们依据此辑本可以窥见吕忱此书的特点。

《字林》释义精当，可以为读《说文》的参考。《说文·玉部》："玑，珠不圆也。"《字林》曰："玑，小珠也。"《字林》本从几得声，几，几微也。《字林》解释更恰当。《说文·牛部》："犕，《易》曰：犕，牛乘马。"解"犕"为"乘"非为本义。《字林》曰："牛具齿也。"字从"菩"得声，为"完备"义，"犕"即为全齿之牛。

《字林》收入了大量俗字、常用字，可以补《说文》的缺失。

如"蟒，大蛇。""幺，小豚。""餿，饭热伤湿也。""樯，帆柱也。""廓，空也。"这些字虽为常用字，但《说文》未收，《字林》为之弥补。

《字林》释字体例有不同于《说文》的地方，主要有两点：一是它在按五百四十部字将文字分别部居外，在说解中不再作字形分析；二是它的注音用直音或反切，或者二者并用。

《字林》一书至唐代受到极度重视，甚而与《说文》并重，以至有所谓"字林之学"的称呼。据唐代张参《五经文字序例》曰："今制，国子监置书学博士，立《说文》、《石经》、《字林》之学。"三者并为课士之用。《新唐书·选举志上》："凡书学，先口试；通，乃墨试《说文》、《字林》二十条，通十八为第。"正因为《字林》在当时文字学地位很高，所以后人在训诂实践中，常常征引《字林》作为佐证。《后汉书·马援传》："缮城郭、起坞楼。"唐代李贤注曰："《字林》：坞，小障也。一曰小城。"《庄子·则阳》："而君惝然若有亡焉。"唐代陆德明曰："惝音敞。《字林》云：'惘也。又吐荡反。'"从中又可看出《字林》的价值。程瑶田为任大椿《字林考逸》作序中说："然则《字林》之初作也，实足补《说文》之漏略而为《玉篇》之先声。则今日于《字林》散逸之余为之拾沉求亡，其功有甚于初作之时者，更在于足以订《说文》、《玉篇》传写之讹。"程氏的话说明了《字林》的价值和作用。

（二）南朝梁顾野王的《玉篇》

在南北朝字书中，最值得重视的为南朝梁顾野王编撰的《玉篇》，这是我国现存的第一部楷书字典。

顾野王（519～581），字希冯，吴郡吴（今江苏吴县）人。博通经史，精于天文、地理、文字音义。在梁朝为临贺王萧正府记室参军，入陈官至黄门侍郎。著有《建安地记》、《玉篇》、《尔雅音》等书。从语言文字角度来说，《玉篇》的价值最值得重视。

据《梁书·萧子显传》所附的《萧恺传》云："先是时太学博士顾野王奉令撰《玉篇》，太宗嫌其书详略未当，以恺博学，于文字尤善，使更与学士删改。"于此可证明两点：一是当时顾野王编撰《玉篇》时，是奉梁武帝之命而作；二是这部书曾由萧恺等人共同删改。

顾野王曾自叙自己编撰此书的宗旨，他在自叙中说："微言既绝，大旨亦乖，故五典三坟竞开异义，六书八体，今古殊形，或字各而训同，或文均而释异，百家所谈，差互不少。字书卷轴，舛错尤多，难用寻求，易生疑惑。猥承明命，预缵过庭，总会众篇，校雠群籍，以成一家之制，文字之训备矣。"

于此可以看出，顾野王是要综合群书，网罗众释，澄清是非，校正错误，写成一部较《说文》、《字林》更为规范、完备而适用的字书。比较起来看，《玉篇》的确有许多改进《说文》的地方。第一，从编排方法上看，虽然沿用部首体制，但是变动不小，对于部首有增有删，总共五百四十二部，比《说文》多两部，而且尽量把意义相近的部首排在一起，不采取《说文》那种据形系联法。第二，从收释对象上看，变篆体为楷体，字数据唐代封演的《封氏闻见记》所述，共达一万六千九百一十七字，比《说文》多七千五百六十四字。由于此书采用楷书，除所分的部首和释义的内容还有较大的差距以外，可以说《玉篇》和现在通行的一般字典已经没有什么两样。因而对于当时人们翻检查阅有很大的便利，对文化的发展和普及也有相应的促进作用。第三，从音义说解上，此书较《说文》有很大的改进。下面分别说明：

首先，《玉篇》说解文字不再按照《说文》的办法以六书分析字形，而以注音释义为主。例如《上部》"旁"字下即云："步郎切。旁，犹侧也，边也，非一方也。《说文》作旁，溥也。"这样做法，显然更使人了解词义的运用，而且浅显易懂，这与许慎着重说明造字的本义是不同的。又如《言部》："调，力但反。《说文》：谚，调也，野王案：此亦调字，犹以讦言相假被也。《汉书》满调谇天是也。"

其次，每个字的解释基本上依据《说文》，但不以此为满足。如果意义不足或者意义有歧异，甚至是意义有相反的，就博引前代字书为据，或举各种典籍为证。而且不局限于本义，把一个字的各种意义又都罗列出来。例如《言部》："译，余石反。《礼记》：五方之民，言语不通，嗜欲不同，达其志，通其欲，北方曰译。郑玄曰：间之名也，依其事类耳，《方言》：译，传也，译，见也。郭璞曰：传语即相见也。《说文》：传，四夷之语也。"顾野王的解释相当丰富详细。又如《叩部》："单，丁安反。《尚书》：清明千单。野王案：单犹一也，《说文》：单，大也，字书亦只字也。"

再次，《玉篇》虽然用楷书替代了小篆，但在需要说明字义时，也常常联系小篆来说明。对于异体字、俗体字也都予以说明。如《曰部》："泪，《说文》古文智字也。"《丂部》："苦道也。《说文》气欲舒也。古文以为丂字，字又为巧字也。"

遗憾的是原来《玉篇》早在宋代已经亡佚了，幸而日本还保存下了一部分传写本，中华书局曾把这部分传写本题为《原本玉篇残卷》出版。

《玉篇》到了宋代，陈彭年等人又重修《玉篇》，称为《大广益会玉篇》。此书仍为三十卷，收字达二万二千余字，比《说文》多一万多字。所谓"大广益"，仅指收字数量而言，如果仅就释文详略而论，则是大大地减换了原来的释义，大量的例证和按语都被删削了，从而大大地降低了《玉篇》的价值。

《玉篇》对后世的文字学、训诂学和字典编纂学的影响是巨大的。因为它是我国第一部楷书字典，它的释词方式已经开了近代字典的先河，它又是为适应文字的发展和使用而作的，其实用价值远远超过了《说文》。根据顾野王自序中所言，也可看出此书写作也是为语言文字规范化服务的，这与以前字典辞书以释古为首要任务大异其趣，从中也可体会出顾野王在解字释义的诸多改革是有针对性，是有现实意义的。

第三节　音韵学研究

魏晋南北朝时期语言学的最大特点，是汉语音韵学的正式建立，并且也取得了很大进步。

从历史上看，反切的兴起，韵书的产生与佛教在中国传播以及许多佛教徒翻译佛经有密切的关系。到西汉末年，佛教在中国已传布开来。东汉初年，统治阶级的上层人物已有人信仰佛教，并派人到印度去取经；印度也有和尚到中国来传教译经。自东汉一直到隋代，中印学者所翻译的佛经有二千三百多部。因为翻译的需要，许多学者对梵文拼音字母就有研讨的必要，使他们注意到了汉字的音节结构。有些学者把梵文和汉语作比较，意识到梵汉两种语言在音韵结构上的不同。中国学者逐渐认识到汉字的每一个方块形体只代表一个音节，而梵文每一个文字形式往往包含着几个音节。他们终于把汉字的音节结构分析出了"声"、"韵"两个部分。韵书就是在这样的条件下被催生出来了。

关于反切的来源，前人多有争辩。在佛教传入以前，中土就已具备产生反切的条件，这是前人们早已论证过的。黄侃说："反语出于双声、叠韵。虽拈两字，皆可成音。《世说新语·言语》'鬼子敢尔'注：鬼子名温休，温休为幽，休温为婚。反语起于东汉中叶之证。又《三国志·诸葛恪传》：途人为之谣曰：如何相求常子阁？反常阁为石，阁常为冈，可见三国时反语已通行。"（黄侃《文字声韵训诂笔记》，上海古籍出版社，1983年版，104页）沈兼士更认为在扬雄的《方言》中已经有反切存在。（参见沈兼士《扬雄方言中有切音》，载《沈兼士学术论文集》，中华书局 1986 年版，315 页）应该承认，反语和反切还是有区别的，有目的、有系统地普遍利用反切还是在佛教传入之后的事情。我们认为汉语音韵学的诞生是受了佛教的影响，而不同意汉语音韵中的反切来自于西域的说法。所谓内因是变化的根据，外因是变化的条件之谓也。

反切注音方法的产生为汉语音韵学研究创造了有利条件，使汉语音韵的研究从此有可能脱离传统的"训诂"之学的束缚，从而独立为一门独立的学科。反切注音法从分析汉字的音节结构入手，因此反切用字构成了"反切系统"，本身自有一定的严整性。汉语的音韵学的内容即是对汉语音节的声韵调的分析。我们说，反切注音法促使了汉语音韵学的诞生是并不过分的。

（一）汉语声纽的研究

声纽即是声母。汉语音节结构即由声韵调三部分构成。由于汉语文学样式与语音有密切的关系，主要体现在"韵文"上。韵文要求对"韵"要有精密的分析，对于声母相对来说就不措意了。所以，从汉语音韵学史上来看，学者们对于声母的描写一直落后于对韵母的描写。但如果我们审视魏晋这个时期的语言学研究，当时人们并没有放弃对声母的探讨。周祖谟先生说："东汉之末，学者已精于审音，论发音之部位，则有横口在舌之法。论韵之洪细，则有内言外言急言缓言之目。论韵之开合，则有踧口笼口之名。论韵尾之开闭，则有开唇合唇闭口之说。论声调之长短，则有长言短言之别。剖析毫厘，分别黍累，斯可谓通声音之理奥，而能精研极诣者矣。尝试论之，中国审音之学，远自汉始。"（周祖谟《颜氏家训音辞篇注补》，见《问学集》上册，中华书局 1981 年 3 月版）周先生特别提出审音之学，对我们是很有启发的。

我们首先注意到刘勰在《文心雕龙·声律》篇中的说法："古之教歌，先揲以法，使疾呼中宫，徐呼中征。夫宫商响高，徵羽声下，抗喉矫舌之差，攒唇激齿之异，廉肉相准，皎然可分。"译成现代汉语即是说："古代教人学习乐歌，首先要度量方法，使急呼发准宫音，缓呼发准徵音。像发宫、商的声音就高，发徵、羽的声音就低。气抵喉便发出喉音，舌位平直，便发出舌音；双唇聚拢相触，便发出唇音；舌尖抵齿和齿龈之间，发生激动，便发出齿音，彼此之间，存在差异。发元音时，开口大、小的程度，舌位的高、低程度；发辅音时，发音器官接触面大、小、前、后都可以互相比照，互为标准，有着明显的区别。"刘勰对汉语音节结构做了很好的分析。抗，抵也。气抵喉而发出喉音，所以"抗喉"就是发喉音。矫，正直。发舌音 d、t 时，使舌位平直，所以"矫舌"就是发舌音。"攒"，聚拢也。发唇音 b、p、m 时，使双唇聚拢相触，所以"攒唇"就是发唇音。"激"，动也。发齿音 z、c、s 时，使舌尖抵齿和齿龈之间，而发生激动（摩擦），所以"激齿"就是发齿音。刘勰把汉语声母的发音分析出了四种，即齿、舌、唇、喉。把牙音和喉音合并在一起。

刘勰的这种分析相当了不起，以至于在现代学者研究汉语音韵学时，都要用这几种分类来称说。黄侃说："自陈氏首言古音，以至戴王诸家，多于古韵之功深，而于声则少所发明。自严氏《说文声类》出而古声之学大明。当时复有钱大昕首创古无轻唇、无舌上之说，其后陈澧复著古音舌、齿有界之说，余杭章君著古音娘日二母归泥说，于是古声之学粲然大备。古声不外喉、舌、齿、唇四类。四类者发音之大介，其大略不甚相远。古声四类，盖亦略同乎今。"（黄侃《文字声韵训诂笔记》，上海古籍出版社1983 年 4 月版，157 页）刘勰以后，汉语音韵学家们都把汉语声母分析为五音，即唇、舌、齿、牙、喉，或再加上半舌音、半齿音而成为七音，它们的发展是一脉相承的。今天的学者大都认为"五音"之分最早见于《玉篇》，但在时代上，《玉篇》明显晚于《文心雕龙》，所以，我们说，刘勰是对汉语声母进行全面而准确分类的第一人，他从发音部位上分析汉语声母的方法，一直被后代学者所继承。

（二）汉语声调的研究

汉语是一种可以利用音高变化来分辨意义的语言。汉语声调的产生还有争议，有人认为汉语在远古时代没有声调。但从记载来看，南北朝以前一定早已产生了声调，只不过没有给声调命名罢了。

现今学者一般认为是南朝梁国人周颙、沈约二人发现汉语是有声调的语言，他们把它们区分为四声，并立名为平、上、去、入。日本遍照金刚《文镜秘府论》中引隋刘善经《四声指归》云："（刘）宋末以来，始有四声之目，沈氏乃著其《谱》论，云起自周颙。"陈寅恪在《四声三问》中指出："一为文惠之东宫掾属，一为竟陵王之西邸宾僚，皆在佛化文学环境陶冶之中，四声说之创始于此二人者，诚非偶然也。"我们同意陈寅恪先生的说法，由于沈约身居高位，四声学说的传布流传与他的关系或许更大一些。

当时学者发现了汉语的四声，推动了汉语音韵学的研究。

首先，汉语音节结构是声韵调三位一体的结合体，发现了声调，就使汉语音节的分析更加科学。以前仅仅用双声、叠韵来说明意义变化还不够，再加上声调的分析，方趋于科学之境。周祖谟先生说："古人一字每有数音，或声韵有别，或音调有殊，莫不与意义有关。""以四声区分字义，远自汉始，至晋宋以后，经书为书作音，推波助澜，分辨更严，至陆德明《经典释文》，乃集其大成。"由此可看出，沈约等发现汉语四声意义很大，如果没有发现汉语声调，对四声别义这种现象的研究将无从下手，更谈不上分析研究了。

其次，当时学者已能明白声调的本质在于音高的区别。《宋书·谢灵运传论》中，沈约写道："夫五色相宜，八音协畅，由乎玄黄律吕，各适物宜。欲使宫商相变，低昂互节。若前有浮声，则后有切响，一简之内，音韵尽殊，两句之中，轻重悉异。妙达此旨，始可言文。"文中的"低昂互节"，即是说音高的变化，"轻重悉异"与此句意同。

刘勰也敏锐地看到了汉语声调的本质之别在于"高下"之别。《文心雕龙·声律》曰："夫徵羽响高，宫商声下……（依黄侃校改）凡声有飞沉，响有双叠……沉则响发而断，飞则声飏不还。"第一句可由管仲的《管子·地员》里所说的求五音的方法得到解释。此处所说的还是音高问题。第二句用比喻的方法，南梁刘孝标《广绝交论》李善引荀爽《上李膺书》："任其飞沉。"陆机《赠从兄车骑》："精爽若飞沉。"《抱朴子·博喻》："躁静有飞、沉之异。"飞沉即扬抑。本篇飞喻平声，沉比仄声。仄声或升或降，其音短，故曰"响发而断"。"断"谓短也。"不还"，不回，言远也。平声没有升降，可以一直延长而送到远处，故曰"声扬不还"。

最后，当时的声调学说与文学创作紧密地结合了起来。刘勰《文心雕龙·声律》曰："凡声有飞沉，响有双叠……沉则响发而断，飞则声飏不还。并辘轳交往，逆鳞相比，迕其际会，则往蹇来连，其为疾病，亦文家之口吃也。"中国人很早就发现了声音的抑扬顿挫、变化交叉带来一种听觉上的美学效果。南朝齐梁间更制定了"八病"之说，它是学者文士们追求文学语言之美的最典型体现。冯班在《钝吟杂录》中说："一简之内，音韵尽殊，两句之中，轻重各异。详此八病俱去，亦不在曲折分其名目也。"张世禄认为"八病"的诠释应该以《文心雕龙·声律》篇的内容为依据，并感慨刘勰的论述"乃是由审辨音读而得的结果，不可谓非齐梁间人一种特殊的发明和贡献"（张世禄《中国音韵学史》，上海书店 1984 年版，160 页）。刘勰言"沉则响发而断，飞则声飏不还"，其实就是指"平头、上尾、蜂腰、鹤膝"四病，"双声隔字而每舛，叠韵杂句而必睽"，正是言"大韵、小韵、旁纽、正纽"四病。后来唐代逐渐形成的格律诗，其理论依据和基础正应归功于当时人们对汉语诗律的研究。

第四节　训诂学研究

这个时期的训诂研究仍可分为专书训诂和传注训诂两大类。专书训诂首应提到张揖的《广雅》，传注训诂是应用专书训诂语言材料，以"因文为释"来解释文献语言的，训诂的理论、术语、体式、方法多蕴含其中，是训诂学的主体和代表。

（一）《广雅》

《广雅》也称《博雅》，魏张揖撰。《四库全书总目提要》中说："隋秘书学士曹宪为之音释，避炀帝讳，改名《博雅》，故至今二名并称，实一书也。"

张揖在《上广雅表》里很推崇《尔雅》，他把自己的书取名为《广雅》，意思是《尔雅》的扩大。他说："臣揖体质蒙蔽，学浅词顽，言无足取。窃以所识，择撢群艺，文同义异，音转失读，八方殊语，庶物易名不在《尔雅》者，详录品核，以著于篇。"《广雅》对于汉代儒生的笺注以及许多古字书，都繁征博引，凡是《尔雅》所未载的，都尽量收入。

《广雅》模仿《尔雅》的篇目，分为十九类，解说的方式，也和《尔雅》相同。《释诂》、《释言》、《释训》三篇，解说一般的词语；《释亲》以下十六篇，杂释百科名词。各类都补充了

《尔雅》所没有的内容。张揖把《尔雅》看成"七经之检度，学问之阶路，儒林之楷素也"。到了汉末以后，训诂的范围扩大了，不仅经书有注释，子、史、集各类著作都有注释。张揖的《广雅》收录的训诂资料不限于经书的解释，比《尔雅》广泛多了。不仅有经书，还有《淮南子》、《法言》之注，还有《楚辞》、汉代辞赋的解释，还采揖《仓颉》、《训纂》、《滂喜》、《方言》、《说文》的说法，乃至于谶纬的说法，也都采录。正因为采录的范围扩大了，许多《尔雅》未释的词语都尽量收入。《广雅》对于《尔雅》的增广包括两个方面：一是增补《尔雅》所未收的词语名物，凡先秦两汉经传子史诗赋医书字书所有，而不见于《尔雅》者大多搜罗进来；二是《尔雅》已收之词，则补充说解，以求义项完备无阙。如《尔雅·释山》曰："泰山为东岳，华山为西岳，霍山为南岳，恒山为北岳，嵩山为中岳。"《广雅·释山》则曰："岱宗谓之泰山，天柱谓之霍山，华山谓之大华，常山谓之恒山。"各举异名，以补《尔雅》所未备。

《广雅》的训诂体例与《尔雅》大体相似，一般词语采用"通训法"，大多为数词一训者，亦有一词一训者。解释各种名物，则多采用下定义的方式，往往还要与有关事物比较来说明。《广雅》也有用声训的方法，如《广雅·释言》："卦，挂也。""天，颠也。""水，准也。"《广雅》的词条安排，与《尔雅》相近，如《广雅·释诂》前六条训为"始也"、"君也"、"大也"、"有也"、"至也"、"往也"，与《尔雅》一致；《广雅·释亲》以"父"、"母"始，亦与《尔雅》一致；但因两书所收语词多不同，故词语顺序不能尽同。

《广雅》为《尔雅》之后"雅书"中最有价值的著作，它保存了大量的古词古义，是阅读训释周秦典籍的凭依。王念孙《广雅疏证序》中说："盖周秦两汉古义之存者，可据以证其得失；其散逸不传者，可借以窥其端绪；则其书之为功于训诂也大矣。"

《广雅》也收录了汉以后的训诂名物，反映了词汇词义的发展变化。胡朴安在《中国训诂学史》曰："《广雅》所释训诂名物，计二千三百四十三事。虽有多数同于《方言》，然汉以后训诂名物，亦颇有之。可以见社会文化进步之迹。"（胡朴安《中国训诂学史》，北京中国书店 1983 年 12 月版，95 页）

《广雅》的注本，以王念孙的《广雅疏证》最为著名。王念孙此作以声音通训诂，全面精审地诠释《广雅》，成为训诂学的名著，也使《广雅》的价值大彰于世。清代钱大昭著的《广雅义疏》也很有名，可作参考。

（二）郭璞及其专书训诂

魏晋南北朝时期的语言学家，当首推郭璞。郭璞（276～324），字景纯，河东闻喜（今山西闻喜县）人。他是东晋时著名的文学家、训诂学家。惠怀之际避难江南，元帝时官尚书郎，后王敦任为记室参军，为敦所杀。敦祸平，追赠弘农太守。《晋书·郭璞传》曰："璞好经术，博学有高才……好古文奇字，妙于阴阳历算……注释《尔雅》，别为《音义》、《图谱》，又注《三仓》、《方言》、《穆天子传》、《山海经》及《楚辞》、《子虚》、《上林赋》数十万言，皆传于世。"所著《尔雅音》、《尔雅图》宋时已亡，今存训诂专书有《尔雅注》、《方言注》。

《尔雅注》是《尔雅》的最早注本。郭璞在《尔雅注序》中说："夫《尔雅》者，所以通训诂之指归，叙诗人之兴咏，总绝代之离词，辨同实而殊号者也。诚九流之津涉，六艺之钤键，学览者之谭奥，摛翰者之华苑也。若乃可以博物不惑，多识于鸟兽草木之名者，莫近于《尔雅》。"郭璞这段话明确地表明了他的语言学的思想，他并非如前代学者那样，仅仅将"小学"作为"五经之羽翼"，而有将他所注的《尔雅》独立的意思。解经读典只是它一个方面的作用了。

郭璞注《尔雅》有四个方面的内容：

首先，郭注荟萃了樊光、孙炎及他家旧说，使我们对已经失传的旧注，能略有所了解，即郭注保留了一些前代的旧注，如《释草》"蘩，狗毒"注曰："樊光云：俗语苦如蘩。"郭注不仅袭用旧说，尚能援据驳正旧说谬误，提出精审见解。如《释虫》："莫貈，蟷蜋蛑。"郭注："螳螂有斧虫，江东呼为石蜋。孙叔然以方言说此，义亦不了。"

其次，《尔雅》训释"犹未详备"或"有所漏略"，以及由于语言变化，晋人已难于理解的语词名物，郭注则再训释。并且大量引用今言、方言俗语、实物等，务使其训释明白易晓。《释宫》："宫谓之室，室谓之宫。"郭注："皆所以通古今之异语，明同实而两名。"《释言》："剂、剪，齐也。"郭注："南人呼剪刀为剂刀。"《释器》："不律谓之笔。"郭注："蜀人呼笔为不律也，语之变转。"《释诂》："朕、余、躬，身也。"郭注："今人亦自呼为身。"《释诂》："如、适、之、嫁、徂、逝，往也。"郭注："《方言云》：'自家而出谓之嫁，犹女出为嫁。'"

再次，郭璞对《尔雅》训释"有所迟滞"的词语名物，往往援据证之。其所取证的范围甚为广泛，既有经传、小学著作，又有子史小说，凡三十余种。《释诂》："柯、宪、刑、范、辟、律、矩、则，法也。"郭注："《诗》曰：'伐柯伐柯，其则不远。'《论语》曰：'不逾矩。'"《释诂》："徯，待也。"郭注曰："《书》曰：'徯我后。'今河北人语亦然。"《释诂》："元，首也。"郭注："《左传》曰：'狄人归先轸之元。'"

最后，郭璞的《尔雅注》对《尔雅》的条例有所阐发，注文又创造了若干条例。例如郭璞在多处都提到了"语转"、"语之转"等术语。这是从声音的角度来考察词语的相互关系，某些词声音虽然略有不同，但都是同一来源。《释诂》："卬、吾、台、予、朕、身、甫、余、言，我也。"郭注曰："卬，犹姎也，语之转耳。"《释器》："不律谓之笔。"郭注曰："蜀人呼笔为不律也，语之变转。"郭璞在注《尔雅》时，还多次说明相反为训原理，如《释诂》"肆"字条，郭注云："肆既为故，又为今；今亦为故，故亦为今。此又相反而兼通者，事例在下而皆见《诗》。"在"徂"字条中又注云："以徂为存，犹以乱为治，以曩为曏，以故为今。此皆诂训义有反覆旁通，美恶不嫌同名。"有谈及命名取义的，如《释诂》"疆"字条，注云："疆场、境界、边旁、营卫、守围，皆在外垂也。"有的地方揭示了因文为释、同词而异训的原因，《释言》"济"字条，济既训为"渡"，又训"成"、训"益"，注云："所以广异训，各随事为义。"郭璞还首次阐发了"二义同条"的训诂条例。《释诂》："育、孟、耆、艾、正、伯，长也。"郭璞注曰："育养亦为长。正、伯皆官长。"《释诂》："台、朕、赉、畀、卜、阳，予也。"郭注曰："赉、卜、畀皆赐与也。"郭璞的这种说法被后代人所接受。王引之在其《经义述闻·尔雅》中提出了"二义不嫌同条"，并对近二十条这种训诂现象详加分析，归纳为一种非常重要的训诂条例。

郭璞的《尔雅注》立说精当，后人评价很高，为后世注家所宗。

以音说词义，被王国维揭示出来之后，并没有被多少人重视。王国维说："夫景纯于《尔雅》，既别有音义矣。此注中复有音，何也。曰：非为古语作，实为释古语之今语作也。为今语作音，何也。曰：今语有音无字，吾但取今语之音以与古某字之音相比附，而古字之义见矣。如《释诂》：'嗟、咨、蹉也。'郭注：'今河北人云蹉叹音兔罝。'《释言》：'恀、怙，恃也。'郭注：'今江东呼母为恀，音是。'又'逮，遝也'，注：'今荆楚人皆云遝，音沓。'谓河北云蹉如罝音，江东呼母如是音，荆楚呼逮如沓音，本但有其音，其定为蹉恀遝三字者，则景纯自于古语中得之，而转以证古语之义。故举其字而复存其音，以示定其为某字之所由，并示古今语之相合云尔。"王国维代替郭璞说明这种体例："郭意若曰：今有某音，与古某字之音相近，有某物之名之音，与古某物之名相近，吾姑以古某字及古某物称之。而所以用此字当此物者，由其音如某故。"（并见王国维《观堂集林·卷五·书尔雅郭注后》）王国维阐发郭璞注的条例相当重要，从中也说明了郭璞走出了先秦两汉时期经生们仅仅为经学服务的樊篱，从而把语言本身作为研究对象的努力。

郭璞注《方言》，后人评价也很高，在汉语训诂学史上也占有很重要的地位。郭璞注《方言》，全以晋代方言为本，往往举晋代方言与汉代方言比较，不仅对《方言》加以注释，使《方言》原有的训释更加准确明晰，而且扩充了《方言》未载的许多内容。郭璞注《方言》的内容可归纳为以下几点：

其一，对原训释加以注释，使词义更加明晰准确。《方言》卷一："秦晋或曰慎，凡思之貌亦曰慎。"郭注曰："谓感思者之容。"《方言》卷二："陈谓之苛。"郭注曰："相苛责也。"

其二，用复音词解释原书的单音词，不少复音词是晋代产生并通行起来的。《方言》卷五："恬，静也。"郭注曰："恬淡安静。"《方言》卷五："褆，福也。"郭注曰："谓福祚也。"《方言》卷十："钳……恶也。"郭注曰："钳害，又恶也。"

其三，用晋代通语来解释汉代的方言词。如《方言》卷一："台，养也。"郭注曰："台犹颐也。"《方言》卷一："故其鄙语曰薄努，犹勉努也。"郭注曰："如今人言努力也。"

其四，说明语词称谓之所以然之意。如《方言》卷六："生而聋，陈楚江淮之间谓之眑。"郭注曰："言无所闻，常眑耳也。"《方言》卷五："齐之东北海岱之间谓之儋。"郭注曰："所谓家无儋石之储也。"

其五，说明"语转"。《方言》卷七："竘、貌，治也。吴越饰貌为绚，或谓之巧。"郭注曰："语楚声转耳。"《方言》卷三：

"苏、芥，草也。"郭注曰："……语之转也。"

其六，加注字音。《方言》卷十："或谓之惕，或谓之嬉。"郭璞音义曰："惕，音羊。嬉，香其反。"《方言》卷六："恫、愊，满也。"郭璞音义："恫，音踊。愊，妨逼反。"

其七，说明汉时方言词语至晋时通行区域的变化。《方言》卷一："自关而东河济之间谓之媌。"郭注曰："今关西人亦呼好为媌。"《方言》又曰："赵魏燕代之间曰姝。"郭注："亦四方通语。"又："自关而西秦晋之故都曰妍。"郭注："秦旧都，今扶风雍丘也。晋旧都，今太原晋阳县也。其俗通呼好为妍。"

其八，说明方言词词义的变化。今语虽与古语同，而其义之广狭别异，或与之相涉者皆申明之。《方言》卷三："燕齐之间养马者谓之娠。"郭注曰："今之温厚也。"又："官婢女厮谓之娠。"郭注曰："女厮，妇人给使者，亦名娠。"

郭璞注《方言》，没有被注释体裁所限制，他扩充了《方言》的很多内容。王国维说："景纯注《方言》，全以晋时方言为本，虽注而不域于注体焉。"（王国维《观堂集林·卷五·书郭注方言后》）郭璞的《方言注》，是《方言》的一个精善注本，由于它的注释，方使文字古奥、训义简括的《方言》能为学者们研究使用，使《方言》的训释变得显达明晰；同时它还是一部增广《方言》的作品，为研究汉至晋代语言的变迁，提供了可靠材料。

（三）传注训诂研究

这个时期产生了义疏之学。这种训诂体式是既释正文又释注文的一种训诂体式。其滥觞为《毛诗》郑笺，及汉代经师"指括正文，敷畅其义"的章句之学。颜之推说："俗间儒士，不涉群书，经纬之外，义疏而已。"（《颜氏家训·勉学》）这种义疏一般都选用一种旧注作底本，在底本的基础上进行阐发，这种义疏体裁比汉儒的经注详细，它不仅解释词义，而且串讲句子的意义，甚至还要阐发章旨，申述全篇大意。这种义疏方式，是受到玄谈和佛经讲疏的影响，如刘宋明帝《周易义疏》，梁武帝《周易讲疏》，晋刘炫《春秋左氏传述义》、《春秋公羊疏》，晋徐邈《春秋谷梁义》，子书亦有，如魏何晏《老子讲疏》，宋李叔之《庄子义疏》。此时义疏可不守旧注而任意发挥，有轻训诂而重义理的倾向。由于这种体式的训诂，在诠释经注的同时，或辨析同异，或解释词语，或考证名物礼制，或讲明语法修辞，或阐发儒家义理，既能解释前人的训释，又能发挥合于时代需要的学说，所以成为后世注释训诂的重要体式。

在这个时期的传注训诂中，人们越来越重视玄学对于训诂学的影响。这个时期的战争和政权的更迭，使文人士大夫消极厌世，他们指斥儒道无益于天下，寄心志于老庄虚无之学，崇尚虚玄，清谈之风大盛。他们借助于注释经典，阐发他们的思想，形成玄学。

当时首开玄学之风的是何晏、王弼等人。何晏"援老入儒"，宣称"天地万物以无为本"，主张君主"无为而治"，著有《道德论》、《论语集解》。《论语集解》采集了孔安国、包咸、马融、郑玄、王肃及其他人的注释，是当时一部注释《论语》的集大成的著作，为后世学者所重视。

王弼是我国少有的少年天才哲学家，是一代玄学大师。卒时年仅二十四岁。他著有《周易注》、《老子注》。王弼注《易》，尽弃汉《易》的象数，用老庄的玄理说《易》，对当世和后世说《易》影响很大。王弼的训诂方法正在受到人们的重视。周光庆在《中国古典解释学导论》中，专门探讨了王弼的训诂方法，并从理论上进行了总结。

到晋代，玄学大家向秀以玄学注《庄子》。他的注释方法继承了王弼的方法，他在注《庄子》第一条就说："鹏鲲之实，吾所未详也。夫庄子之大意在乎逍遥游放，无为而自得，故极小大之致，以明性分之适。达观之士，宜要其会归，而遗其所寄，不足事事曲与生说，自不害其弘旨，皆可略之耳。"从这段话中能清楚看出他注释经典的指导思想。他认为读《庄子》应该融会贯通，了解其蕴含的内在意义，至于那些细微末节就不必去管它了。要做到这一点，就必须撇开庄周书中所寄托的辞句，不要每字每句都详尽生硬地加以解释。汤一介先生称郭象的这种方法是"寄言出意"的方法。（见《中国社会科学》1998 年 1 期）此种方法有两点可注意。一，对一些名物，他并不去多作解释，甚至存而不论。二，不管庄子的原意，而根据自己思想体系要求注《庄子》，当庄周原意和郭象的思想不相合时，他常用微言大意的方法加以回避，有时直截了当地说是庄周的"寄言"。汤一介又提出了他另一个特点是"辨名析理"的方法。郭象说："名当其实，故由名而实不滥。"名实相当，那么就可以由"名"了解"实"的意义了。总之，这个时期的训诂学由于受到玄学的影响，使训诂的方法及其观念都发生了巨大的变化，从而形成了"六经注我"的局面，这对后代的训诂学发展影响很大。现今的许多学者都在努力地发掘研究他们的训诂体例与方法，企图建立具有中国特色的解释学。

第四章　隋唐宋时期的语言研究

第一节　概况

隋唐至宋末，是中国学术发展的又一个高峰。中国历史上的盛世号称汉唐。唐王朝是当时世界上最大的封建帝国。唐王朝疆域辽阔，人口繁盛，经济繁荣，文化事业发达，对外交往活跃。结束了数百年的分裂之后，人们对于统一的渴望十分迫切。隋唐王朝的统一，结束了汉魏以来南北学风分途发展的局面。儒道释三教也从分离走向了求同存异，乃至达到了三教合一。隋王朝首创了科举制度，唐代延续了下来，这就需要佛家经典有统一的文本和统一的解释，这就是当时义疏之学发展的历史背景。唐代又开始实行了诗赋取士的办法，致使格律诗、赋的发展都进入了完美的艺术境界，这对于音韵学的发展，也起到了极大的推动作用。

隋朝重佛轻儒，儒生们地位极其低下，促使他们参加了隋末农民起义。到了唐代建立以后，有鉴于隋王朝灭亡的历史教训，注重儒术，大兴科举，恢复了儒学的正统地位，同时也不废佛道。这种社会历史背景也就决定了当时知识分子的价值观念和人文理想的追求，从而也决定了当时的语言文字的研究的规模和取向。

从文字学来看，这个时代的研究成果不大。当时的知识分子，为了科举制度的需要，才配合当权者写了几部正字形方面的书。唐代是自觉地运用政府行为进行文字规范的第一个王朝。当时人们感觉到文字规范是经国之大业，有目的地规范社会用字、教学用字和书法用字。唐代用以规范文字的国家标准叫"字样"，即正书。字样之学就是专门研究正字法的学问，主要任务是辨析形体俗讹，正字音字义，整饬书法写式，编纂正字书，以指导文字应用。唐代的字样之学应科举考试而兴，得到唐王朝的高度重视和大力提倡。这种规范活动与干禄结合在一起，书法家积极参与其事，率先垂范，形成了规范化的社会力度。它采取遵从古代，有利于当代实用的原则，规范社会用字和经书用字，确立了楷书正体系统的历史地位，影响至于现代。从真正文字学本身的研究来说，南唐宋初出现了大小二徐的《说文》学的研究，他们整理的《说文》，即是我们今天能看到的本子。宋代的王圣美提出了"右文说"，虽然语焉不详，更没有从理论上作任何说明，却也开启了后代语源学研究的方向。宋代的金石学是我国古代古器物学的发端，郭忠恕的《汗简》、夏竦的《古文四声韵》虽然在当时影响不大，但今天人们研究它们时，却发现具有相当重要的参考价值。

　　音韵学在这个时期得到了完全确立和辉煌发展。这时产生了《切韵》一书，韵书的规模确立了，上千年没有太大变化。今天人们无论研究上古音、近代音、现代方言调查等，都要参考使用《切韵》音系的材料。这个时期还出现了所谓"字母之学"。守温和尚制定了三十六字母，从此汉语音节结构的声韵调系统已基本定型。这个时期又产生了等韵学，由于声母的发现而诱使，或者说催生了等韵学，使人们逐渐地要深入到音节内部，来探讨音节内部的音素问题了。这个时期，音韵学从传统的训诂学中分离出来，成为与文字、训诂鼎足而立的专门学科。宋代的王应麟编撰《玉海》，分为体制、训诂、音韵三科，从中可以反映出当时人们也认为音韵学业已独立了。音韵的研究始于魏晋，成功于隋唐，是这一时期的新景象。

这个时期的训诂学的发展主要表现在古书的注释方面。唐承大乱之后，统治者注重整理前代的文化研究成果，在训诂学方面，由南北学术的分歧争辩走向了综合。这时的训诂学不专守一家之说，不单承一师之学，学者的兼收并蓄，著述体制多取集解制。注释的范围也扩大了，从经史子集各个方面都出现了集大成的著作，带有学术总结的性质。如《经典释文》是对魏晋以来的音义之学的总结，《五经正义》、《周礼注疏》、《仪礼注疏》、《春秋谷梁传注疏》是对南北朝时期义疏学的总结，颜师古的《汉书注》是对《汉书》注释的总结，李善的《文选注》、玄应的《一切经音义》、慧琳的《一切经音义》也都是对前代学术成果的总结。朱熹的《诗集传》、《楚辞集注》、《四书章句集注》，也都是继承总结前代学者的研究成果而完成的。

这个时期的学者们对语言学本身也开始注重了。颜师古的《匡谬正俗》是一本关于语言问题的学术札记。宋代的许多笔记中都有很精到的语言词汇方面的论述。他们此时也注意到了当时俗语的变迁等，为研究近古汉语提供了一些有价值的材料。

这个时期的语法学仍然处于萌芽阶段，没有成体系的语法著作的产生。人们在注释古书时，随文释义地对某些因为语法问题妨碍理解语义时才针对个别问题提出一些看法，这时学者们谈论语法问题仍然是为解决语义服务的，他们的兴趣在于语义，而不在于语法本身。他们对语法的说法是不成系统的，是带有随意的性质，语法的研究还没有从训诂学当中独立出来。

第二节 文字学研究

整体上来看，这个时期的文字学研究成就不大。唐宋时代的科举制度，使士人们将精力集中到了诗赋的创作中去。在文字学上，人们较为重视文字应用规范的辞书编撰，《说文》学从这个时期开始又重新受到了重视。宋代学者的"右文说"和发端于宋代的金石学,对清代的古文字学有很大的影响。下面依次叙述。

（一）规范文字应用的辞书

颜元孙（？~714），京兆万年（今陕西西安市）人。他有家学渊源，是颜师古四世重孙，颜之推也是他的祖先，他又是颜真卿的叔父。颜元孙少传家学，著有《干禄字书》一卷。

这本书是现存最早的一本辨正楷书字体的书，它以颜师古的《字样》为蓝本，重加校订增补而成。颜元孙著此书的目的从书名就可以看出来，所谓"干禄"，就是说文字的运用会关系个人的仕途沉浮。

全书收录千字左右，先以平、上、去、入分为四部，每部字又依偏旁排列，偏旁顺序按二百零六韵排比。注文重在分别字的俗、通、正三体，不逐一解释字义。《四库全书总目提要》中评论它的体例说："以四声隶字，又以二百六部排比字之后先。每字分俗、通、正三体，颇为详核。"所谓俗体，指与标准隶楷不同，有些差误的字。所谓通体，指沿用已久的隶省、隶变或改易偏旁的字。所谓正体，指标准隶楷合乎规范的字。书中对所列出的字体，都一一加以说明，遇有形体近似，容易相混的字，则都悉数举出加以分辨。颜元孙在此书自序中说："自改篆行隶，渐失本真。若总据《说文》，便下笔多碍，当去泰去甚，使轻重合宜。"

颜元孙此书为规范汉字使用而著，但他并不拘泥于所谓传统正字。他固然重视正体，却对俗体也不一概排斥。他认为俗、通、正三体可以用于不同场合：俗体可以用于书写文案、券契，药方等；通体可以用于书写表奏、笺启、尺牍、判状等；而著述、文章、对策、碑碣，特别是进士考试，则要用正体书写。这些说法都很通达。颜元孙所做的这些整理辨正工作，对后来楷书的规范化起了一定作用。

近代罗振玉曾著《干禄字书笺正》一书，是研究此书的专著。罗振玉在其书自序中说："小学盛于汉，晦于六朝，渐明于唐。汉唐间诸字书，《说文解字》外，晋有吕忱《字林》，梁有顾野王《玉篇》，其书详矣，备矣。然多存后世俗作，意在补《说文》所未备，其实所收之字多无意义，大抵皆增其所不必增，于六书殊无裨益。惟唐人《干禄字书》、《五经文字》实能祖述许书，折衷至当。《五经文字》犹偶有疏舛，《干禄字书》则有纯无驳。此书当与《苍》、《雅》并重。"这是很高的评价了。

张参著《五经文字》在唐代宗大历十一年（776）。张参，河间（今属河北）人，博通经史，精于字学。

《五经文字》是辨正经传文字形体的书。大历十年（775）六月，张参奉诏校勘五经文字，书之于太学讲论堂东西厢墙壁上，这是为了勘校的方便，后来考虑到岁月滋久，浼漫芜汙，恐怕失去本真，于是刻于木版。文宗开成间方雕印成书。

张参在其自序中说："以经典之文，六十余万，既字带或体，音非一读，学者传受，义有所存，离之若有失，合之则难并。"可见其目的在于解决传授经典的文字识读问题。他在卷首《序例》中说："《说文》体包古今，先得六书之要，有不备者，求之《字林》。其或古体难明，众情惊懵，则以石经之余比例为助。石经湮没，所存者寡，通以经典及《释文》，相承隶省，引而申之，不敢专也。近代字样，多依四声传写之，后偏傍渐失，今则采《说文》、《字林》诸部，以类相从，务于易了，不必旧次。"从这段话可以知道，作者撰写此书的根据，首先是《说文》，其次是《字林》；有些古字则寻求于《石经》；因为《石经》存字不多，所以又以经书和陆德明《经典释文》相承使用的隶体省文引申参证。作者勘校所得共三千二百三十五字，编排参照《说文》、《字林》部首，分为一百六十部，部首及部中字皆依类相从。作者著此书，原为考证五经文字形体变化，使一般人明了经书文义，并把所考证的文字形体固定下来。与编写字书目的不同，因此，说释体例不求划一，或仅考订形体变化不注音义，或仅注音义而不考形体异同。例如：

梅：从每，每字下作母。从毋者，讹。毋音无。诸从母者放此。(卷上《木部》)

措：千故反，置也。经典多借"错"字为之。（卷上《手部》)

祐、祜：上从右，音右；下从古，音怙；并福也。（卷中《示部》)

班、斑：上从刀，分也；下从文，采也。(卷中《玉部》)

此书在文字形体的规范辨析方面有重要参考价值，顾炎武说："张参《五经文字》，据《说文》、《字林》刊正谬失，甚有功于学者。"(顾炎武《日知录·卷十八·张参〈五经文字〉条》)

郭忠恕（？~977)，北宋初河南洛阳人。官书学博士、国子监主簿。通小学，工书画，尤精于篆、籀。他著《佩觿》一书。他认为此书可以解决疑难，像觿可以解结，故取《诗经·卫风·芄兰》"童子佩觿"一语中"佩觿"作为书名。共三卷。上卷论述文字的变化，分析文字形体伪变，读音复杂、传写差误的情况和原因，分为"造字"、"四声"、"传写"三部分。中、下两卷着重辨正字划近似的字，将字形、字音相似而易于混淆的字，按平、上、去、入四声分为十部分。它的释字体例是：先一组组地排列字头，大多数是两个字一组，也有三、四个字一组的，然后再说明其意义的不同。

第一部：平声自相对

椎、推：上直追翻，栈车；下他回翻，推挽。

杠、扛：并古窗翻。上床前横木，下扛鼎。

杨、扬：并余章翻。上柳也，亦州名；下举也。

第二部：平声上声相对

彷、仿：上陪郎翻，彷徨；下方两翻，仿佛。

儿、几：上古文奇字，人也；下居履翻，几案。

揩、楷：上口皆翻，揩摩；下口骇翻，楷式。

第三部：平声去声相对

梧、悟：上五乎翻，梧桐；下五故翻，受也。

杭、抗：上户刚翻，杭州；下苦浪翻，抗举。

官、宦：上古桓翻，官职；下乎惯翻，仕宦。

第四部：平声入声相对

戈、弋：上古禾翻，干戈；下与力翻，弋射。

模、摸：上莫乎翻，楷模；下音莫，扪摸。

缘、绿：上弋全翻，因缘；下吕玉翻，色也。

第五部：上声自相对

抒、杼：上时与翻，除也；下直吕、神与二翻，木。

检、捡：上居俭翻，书检；下吕掩翻，捡手。

捧、棒：上芳陇翻，擎也；下步项翻，打也。

第六部：上声去声相对

宄、究：上归止翻，奸宄；下居又翻，究穷。

拄、柱：上知庾翻，指拄；下直主翻，梁柱。

免、兔：上美选翻，脱也；下汤故翻，兽。

第七部：上声入声相对

皿、血：上眉永翻，器皿；下呼决翻，血脉。

疋、足：上五下翻，正也；下即玉翻，手足。

第八部：去声自相对

挂、桂：上古卖翻、悬挂；下古惠翻，木名。

幼、幻：上幽谬翻，幼少；下乎盼翻，幻惑。

掉、棹：上徒吊翻，摇也；下直效翻，楫也。

第九部：去声入声相对

片、斥：上匹砚翻，判木也；

刺、剌：上七赐翻，芒刺，又千亦翻，针刺；下来末翻，戾也。

戊、戌、戍：上莫候翻，辰名；中王伐翻，兵器；下辛聿翻，戍亥。

第十部：入声自相对

柏、拍：上卜陌翻，松柏；下溥陌翻，打也。

饰、饬：上失力翻，修饰；下丑力翻，与敕同。

楫、揖：上即叶翻，舟楫；下一入翻，揖让。

卷末附与《玉篇》、《切韵》音义相异字十五个，又附辨正舛误字一百一十九个，不知何人所加。所析甚详，辨别音义颇精，对辨析文字有一定的参考价值。《四库全书总目提要》评论说："忠恕洞解六书，故所言具中条理。……则忠恕所论，较他家精确多矣。"这种评价是恰当的。它的特点就是正音正形并重，例证释义简短，是当时的一本通俗实用的工具书。

张有的《复古编》是一部辨正文字的字书。张有字谦中，湖州吴兴（今浙江）人，张先的孙子，终身不仕，出家为道士。自幼攻小篆，笔法甚古。汉字自篆而演变为隶书，形体变化很大，讹体叠出。张有企图以《说文》小篆形体来纠正字体，使字体复归于小篆，故书名称为《复古编》。此书略仿颜元孙《干禄字书》，分正俗通三体之例，而更为严密。正体用篆文，别体俗体载于注中。共收三千余字，按四声编排。卷末附辨证六篇，为联绵、形声相类、形相类、声相类、笔迹小异、上正下讹，俱分组釐析各字细微差别。对于形体笔划相似的字，剖析颇为精密，对于研究文字形体之变，有一定参考价值。

此书若依作者本人的主观想法，是错误的。因为文字本身就是发展变化的，他虽然要"复古"到小篆字体中去，但他的努力是不可能实现的。他要复古，也仅复到小篆而已，小篆较商周文字已多讹变，以小篆证今字，有时未免出错。如果从作者要规范文字的角度来说，这本书是失败的，但如果从研究文字形体演变之迹来看，此书却是有很大的参考意义的。清代李慈铭在《越缦堂读书记》中评价说："其书辨正极严，笔画小异，概以俗缪斥之，虽或失之太拘，然有功于小学甚大，郭忠恕之《佩觿》，戴侗之《六书故》，远非其匹也。"张有所提出的"联绵字"问题，很有研究价值，但他不明白联绵字义存于声，本无定字，谓"琵琶"必作"枇杷"、"袈裟"必作"加沙"，则过于拘泥，甚至谬误。

张有论述"六书"甚有特色，他说："展转其声，注释他字之用也。"又说："假借者，因其声借其义；转注者，转其声注其义。"（附录《张氏论六书》）就是说，文字转音表示他义就是转注。比如："其"古文像箕形，乃"箕"本字，用为"其然"字；"无"，古文像舞形，乃"舞"本字，用为"有无"字；"少"为多之时，用为"老少"字；"长"为短之对，用为"长幼"字。这样，他开辟了转注说中的"声转"一派。这对后世产生了一定的影响，清代学者在说明"转注"、"假借"时，有人就采用了他的说法。

此书至元代颇受重视，现存有吴均的《增修复古编》，其书也有与张有同样的毛病。其他还有几本增广补正的著作，可惜都亡佚了。

（二）《说文》学的著作

《说文解字》问世后，一直传习不衰。唐代以前学者们传习的重点在于依托其书编写新著，和称引其书以为注释经史之用。唐代以后，对传世《说文》本身的研究得到进一步的重视，他们对《说文》进行刊定和注释，对此后的《说文》学研究有很大影响。

　　清代以前，对《说文》进行刊定和注释的重要学者有唐代的李阳冰、南唐末宋初的徐铉和徐锴、宋代的李焘、明代的毛晋等。他们的学术活动，在《说文》的传承和研究史上都占有重要的位置。尤其是徐铉和徐锴，他们的贡献是巨大的。数百年后清代"说文学"的勃然兴起，首先要归功于二徐对于《说文》的整理刊定。

　　1. 李阳冰，字少温，赵郡（今河北赵县）人。据《崇文书目》载，李阳冰刊定《说文解字》凡二十卷，已佚。徐铉在《上校定说文表》中说："（许慎）作《说文解字》，至安帝十五年始奏上之。而隶书行之已久，习之益工，加以行、草、八分，纷然间出，反以篆籀为奇怪之迹，不复经心。至于六籍旧文，相承传写，多求便俗，渐失本原。《尔雅》所载草木鱼鸟之名，肆意增益，不可观矣。诸儒传释，亦非精究小学之徒莫能矫正。唐大历中，李阳冰篆迹殊绝，独冠古今，自云'斯翁（指李斯）之后，直至小生'，此言为不妄矣。于是刊定《说文》，修正笔法。学者师慕，篆籀中兴。"徐铉又在《说文解字篆韵谱序》中说："往者李阳冰天纵其能，中兴斯学，赞明许氏，矣焉英发。"李阳冰工于篆法，在当时很有声望。这也推动了人们研习《说文》的热情。

　　李阳冰在刊定《说文》时，常离开许慎本义而阐发自己的新义，人们对此多有指责，这可能也是李阳冰刊定的《说文》亡佚的原因。李阳冰刊定《说文》是在紧承战乱的唐大历年间，这对于《说文》的保存与流传是建有大功的。今天我们所能见到的完整的《说文》是徐铉、徐锴的两个本子，如果没有李阳冰当初刊定《说文》，则不可能有今天人们看到的"二徐"本《说文》，这也说明李阳冰对于"说文学"还是有贡献的。

　　2. 二徐的"说文学"

　　《说文解字》一书，经数百年之辗转传写，又经李阳冰之改制，其后真本遂不传，李氏的改制本后来也散佚了。现在可以见到的《说文》最古的完全本，只有徐铉校定本和徐锴系传本。二徐是兄弟，铉字鼎臣，为兄，后人惯称大徐；锴字楚金，为弟，后人惯称小徐。扬州广陵（今江苏扬州市）人。

徐锴生于公元920年，四岁丧父，少承母教，又从兄铉学。仕于南唐，李璟时为秘书省校书郎，后主李煜时迁集贤殿学士，后改内史舍人。亡国前一年，即宋太祖开宝元年（974），宋军围攻金陵，卒于城中。平生酷嗜读书，精研小学，著述甚多。今仅存《说文解字系传》四十卷，《说文解字韵谱》五卷。

徐锴的《说文解字系传》，实际就是《说文解字注》。因为尊崇许慎，把《说文解字》视为"经"，故称自己所作的训释为"传"，犹如《春秋》之有"三传"，《诗经》之有"毛传"。徐锴的这部《系传》，是现存最早也最完备的注本。全书共有四十卷，包括八篇。

全书卷一至三十卷为通释部分，这是全书的主体部分，主要是解释许慎原书的说解的。他把《说文》十五篇每篇都一分为二，随文解释许慎原书的说解，凡自为诠释或引书处，均加"臣锴曰"、"臣锴按"字样，以示和许书原文的区别。唐代传抄本《说文》旧有反切，《系传》改用同代人朱翱的反切。

徐锴注《说文》，主要是疏证古义和诠释名物。他所资取的古书极广，自九经三传之外，周秦汉魏以后的各种子书、史书、集部及杂史传记、石刻文集、字书韵书之类，不下百余种。周祖谟先生在《徐锴的说文学》（见《问学集》下册843页，中华书局1981年版）一文中对徐锴的贡献做了出色的归纳，现简要介绍如下：

第一，引古书证古义。

《说文》："宫，室也，从宀躬省声，凡宫之属皆从宫。"臣锴曰："《尔雅》曰：宫谓之室，室谓之宫。《吕氏春秋》：元嚣作宫室。居穷反。"

《说文》："坁，著也，从土氏声。臣锴按《春秋左传》曰：物乃坁伏。真彼反。"

第二，以今语释古语。

《说文》："呧，苛也。"徐锴曰："今人谓诘难之为呧呵。"

《说文》："餱，干食也。"徐锴曰："今人谓饭干为餱。"

第三，以许训解古书。

《说文》："践，履也。"徐锴曰："尚书序成王既伐东夷，遂践奄中国。天子无所不宾，亦无所翦灭，故言践，若履行之而已。"

第四，说明古书的假借。

《说文》："盅，器虚也。老子曰：道盅而用之。徐锴曰：盅而用之，虚而用之也。今作冲，假借。"

第五，说明古今字。

《说文》："彴，行示也。司马法斩以彴。"徐锴曰："且斩且行以令于众也。今人作徇。"

《说文》："眡，视貌也。"徐锴曰："此又古文视字，凡文有古今异者：若视，古为神祇，今则直为示字；古为鬲字，今别为字，其类多矣。"

第六，说明引申义。

《说文》："极，栋也。"徐锴曰："按极，屋脊之栋也。今人谓高及甚为极，义出于此。"

《说文》："遽，传也。一曰窘也。"徐锴曰："传，驲车也。故礼曰大夫称传遽之言。传车尚速，故又为窘迫也。"

第七，兼举别义。

《说文》："荠，蒺藜也。诗曰：墙有荠。"徐锴曰："此今药家所用蒺藜也。今人以此字为荠菜。"

《说文》："苕，苕草也。"徐锴曰："按尔雅注陵苕也。古来亦通谓草木翘秀为苕，故江淹云：青苔日夜黄也。"

第八，辨声误。

《说文》："牵，引前也。从牛，象引牛之縻也。玄声。"徐锴曰："指事也。"

《说文》："牢，闲养牛马圈也。从牛冬省声。"徐锴曰："指事。"

第九，声训。

即"因声求义"的方法，有两种方法。其一，从谐声上来看，即谐声字的意义有时可以与其声旁相通，有时可以与其同从一个声旁的谐声字相通。

《说文》："禄，福也。"徐锴曰："禄之言录之也。"

《说文》："祯，祥也。"徐锴曰："祯者贞也，贞正也。人有善，天以符瑞正告之也。"

其二是从字音的声韵上来看，用声韵相同的字去说明字义之相类似。

《说文》："芼，草复蔓。"徐锴曰："芼犹昌也。"

《说文》："雏，鸡子也。"徐锴曰："雏犹云初也。"

《部叙》二卷，模拟《易·序卦传》，以说明《说文》五百四十部之先后次序。意欲因形而说义，因义而证形，将五百四十字纳入一个形义结合的系统中。虽间有可取，但整个来看是不成功的。

《通论》共三卷，这一部分是论述文字结构的意义的。所说也以附会为多。如："光，火在人上则能光。故于文，火、儿为光。""恩，恩者，因也，所有因也。故于文，心，因为恩，因亦声也。"

《祛妄》一卷，主要是指斥李阳冰的新说。其中也有一些确实说出了李阳冰的错处，但也有许多地方只是五十步笑百步而已。

《类聚》一卷，列举表示同类名物的字，说明其取象。

《错综》一卷，从人事推阐"六书"本旨。

《疑义》一卷，提出两组共十五个字，实际上是与《说文》比较辨析的。

《系述》一卷，是一篇作者自序，说明全书著述旨趣的。

徐锴的说文学研究，主要在《系传》部分，这对于段玉裁等人的《说文》研究都有影响。清代学者对徐锴的研究的评价过低，今天我们看来，还是应当肯定他对《说文》研究的贡献。

徐锴还著有《说文解字韵谱》一书，共十卷。此书专为翻检查找《说文》而作。全书依声韵编字，为查找《说文》提供了方便。注释很简单，聊存训诂而已。

在唐代《说文》学研究中，称为"大徐"的即是徐锴的哥哥徐铉。徐铉，字鼎臣。初仕吴、南唐，后归宋，官拜左散骑常侍。精小学，好李斯小篆，兼工隶书。太宗雍熙三年，受诏与句中正、葛端、王惟慕等同校《说文解字》，将许慎原书十五卷各分上下，共得三十卷。别加标目于卷目首。徐铉在《校定说文序》中说："皇宋膺运……乃诏取许慎《说文解字》，精加详校，垂宪百代。臣等愚陋，敢竭所闻。盖篆书堙替，为日已久，凡传写《说文》者，皆非其人，故错乱遗脱，不可尽究。今以集书正副本及群臣家藏者，备加详考。"从中可以看出，当时他们做此工作还是相当认真的，他们收集大量本子，进行勘校整理。经过他们的整理，使《说文》增强了科学性和可读性。世称为"大徐本"。

徐铉整理《说文》，有以下几点：

其一，改易分卷。许慎原书共分十四篇，又叙目一篇。许冲奏上时，以一篇为一卷，故称凡十五卷。徐铉以其篇帙繁重，故将每卷又各分上下，共为三十卷。

其二，增加反切。许慎时代尚无反切，故仅以"读若"等方法注音。徐铉始据孙愐《唐韵》加注反切于各字之下。

其三，增加新附字。凡经典相承及时俗常用之字而本书不载者，补录于每部之末，别题曰："新附字"。新附字计四百零二字，是承太宗之诏附上的。如"示"部的"祢"、"祧"、"祆"、"祚"四字，"玉"部的"珈"、"璩"、"璈"、"琛"等十四字。

其四，增加注释。这是徐铉校订工作中最有意义的工作。凡是原书说解词简义奥，不易明了者，徐铉则更为补释。通过增加注释，达到剖析字形，了解字义，理清俗读俗义来源等目的。

这项工作可分为三方面来说明：

第一，徐铉自己作注释，在文中用"臣铉等曰"来表示。如：

仁，亲也。从人从二。臣铉等曰：仁者兼爱，故从二。（人部）

颇，头不正也。从匕从页。臣铉等曰：匕者，有所比附不正也。（匕部）

引，开弓也。从弓丨。臣铉等曰：象引弓之形。（弓部）

酢，醶也。从酉乍声。臣铉等曰：俗作在切。（酉部）

第二，采录徐锴的说解，如：

昆，同也。从日从比。徐锴曰：日月比之，是同也。（日部）

第三，采录李阳冰等人的说法。

改，更也。从攴己。李阳冰曰：己有过，攴之即改。（攴部）

忍，怒也。从心刀声，读若颜。李阳冰曰：刀非声，当从刈省声。（心部）

徐铉在注中最大的失误在于他对音韵学不了解，致使在对于形声字的注解中错误很多。形声字之声符，都有音韵学上的依据。如果不懂音韵学，则很难对形声字做出科学的解释。举例来说：

卦，筮也。从卜圭声。臣铉等曰：圭字声不相近，当从挂省声。（卜部）

从先秦造字时来看，"挂"也从"圭"声，"卦"、"圭"同为见母，同在支部。它们本来是同音的。

二徐家学同源，共治《说文》，并据以成就大名，为后人称道。比较起来看，大徐重在精加详校，小徐实为综合研究。后人评价他们认为，大徐本简当，有失穿凿，小徐本明赡，但多巧说衍文。从《说文》学史的贡献来说，小徐还是优于大徐的。大徐较为沉稳，他研究《说文》每多述而不作；小徐才学胜于其兄，多有自己的见解，差不多每字下都有"臣错曰"来表述自己的创见。他在许多地方对于李阳冰责怪为"妄"，处处显示出他偏激，凸现自己观点的个性。

3．这时期出版了中国第一部四声编排部首的楷书字典——《龙龛手鉴》。作者为辽代释行均撰。行均，俗姓于，字广济，辽代幽州僧人，善于音韵，精于字学。根据卷首智光的序，此书著于宋太宗至道三年（997）之前。智光认为有了这部书，"犹手持于鸾镜，形容斯鉴，妍丑是分"，故名曰《龙龛手镜》。宋人避宋太祖祖父赵敬讳，遂改"镜"为"鉴"。智光序说行均为作此书曾费时五载。其编写目的，主要是使佛徒由通解文字而领悟佛典。

全书分为242部，其收26430余字，注文163170余字，字头和注文合计189610余字。此书编次文字的方法独具特色：此书虽按部首编次文字，但部首又按平、上、去、入四声读音分为四类。卷一平声九十七部，卷二上声六十部，卷三去声二十六部，卷四入声五十六部，共计二百四十二部。各部之字亦按四声排列。这种部首与四声相结合的排列方法，别具一格，是检字法的新创获，它开创了字书音序检字法的先河。

本书的释字体例，既继承了《干禄字书》以来的"字样"书的长处，于字下说明"俗"、"正"、"今"、"古"、"或作"诸体，又继承了《玉篇》以来楷书字典的优点，在字下详细解说文字的音和义，对于其中的多音多义字，分别说明其多种音读和多项意义，注音有的用直音，有的用反切，不强求一致。

作者编撰此书的目的主要是为使佛教徒通解文字，以便于学习佛家经典。在收字标准上较为宽泛，既征引佛书以解释字义，也收录了一些佛经特殊用字，补充了一些《说文》、《玉篇》未收的字，还收录了宋辽时期的一些俗字。因此，此书除阅读和翻译佛教经文之外，还可以据此了解唐代前后俗字使用情况和汉字流变，对于阅读敦煌石室所藏写本卷子，均有重要价值。《四库提要》云："于《说文》、《玉篇》之外，多所搜辑，虽行均尊其本教，每引《中阿含经》、《贤愚经》中诸字，以补六书所未备，然不专以释典为主。"书中兼收的俗体、或体等，是研究异体字、简化字的宝贵资料。

4. 郑樵及其六书理论

在宋代，出现了我国语言学史上第一个创立六书分类学的人，即郑樵。郑樵，字渔仲，南宋莆田（今属福建省）人。不应科举，初隐居刻苦力学，继游名山大川，搜奇访古，历四十余年。博学多识，好为考证之学。生平著作丰富。晚年撰《通志》二百卷最负盛名。人们以此书与《通典》（唐·杜佑撰）、《文献通考》（元·马端临撰）合称"三通"。郑樵关于文字的学说，保存在其《通志》的《六书略》里。

郑樵在《六书略》中提出了许多精辟的意见，即使在今天看来，也是颇有道理的。他关于文字的起源和文字的性质问题，有非常正确的认识。他说："书与画同出，画取形，书取象；画取多，书取少。凡象形者皆可画也，不可画则无其书矣。然书穷能变，故画虽多而得算常少，书虽取少而得算常多。六书也者皆象形之变也。"这是指出文字来源于图画，并说明文字作为语言的代用符号，必须简省才是。他又综述六书的分类说："象形，指事一也，象形别出为指事，谐声转注一也，谐声别出为转注。二母为会意，一子一母为谐声。六书也者，象形为本。形不可象，则属诸事；事不可指，则属诸意；意不可会，则属诸声；声则不无谐矣。五不足而后假借生焉。"这都反映出他对六书的整体看法。他没有把六书的每一书放在一个历史平面上来看，而认为每一书都是因为表义的作用，不是在一个历史时段产生，而是逐步产生的。

郑樵把象形分为正生、侧生、兼生三类。正生是象形的正例，即独体象形字；兼生是象形的变例，就是合体象形；侧生较为复杂，按现在的分类方法，许多应归入指事字中，与其他几书的界限不清。

郑樵在说明指事时，与象形、会意作比较来说明，他说："指事类乎象形，指事事也，象形形也。……形可像曰象形，非形不可像者指其事。此指事之义也。"他的意思也是很明确的。不能用形象来表现则求诸于指事了。他又把指事分为"事兼声"、"事兼形"、"事兼意"。

郑樵在解说会意与形声时，也是比较来说的。他说："象形，指事文也，会意字也。文合而成字，文有子母，母主义，子主声。一子一母为谐声。谐声者，一体主义，一体主声。二母合为会意。会意者，二体俱主义，合而成字也。其别有二，有同母之合，有异母之合，其主义则一也。"他分辨的也很清楚。至于提出会意字的小的分类，至今还被人们所采用，"同母之合"，即是同体会意，如"品"、"森"之类；"异母之合"，即异体会意，即"采"、"寇"之类。

郑樵对形声字的特点认识也很清楚，他说："五体有穷，谐声无穷。五书尚义，谐声尚声。……谐声者，触声成字，不可胜举。"认为形声字由形和声的配合，产生的文字可以不可胜用。

郑樵关于转注、假借也提出了自己的看法，但大都谬误，无足称道。

郑樵并没有后来说文家那样膜拜圣灵的心理，对于许慎的说法勇于提出反对的意见。他说："臣《六书证篇》实本《说文》而作。凡许氏是者从之，非者违之。"他不迷信许慎，这种治学态度是好的。他以六书统字，是第一个创立六书分类学的人。他从六书理论角度来分析汉字，并为六书再往下细分归类，这些都是他对汉字研究史的贡献。

（三）"右文说"

"右文"本来指形声字右边的声符。汉字中形声字占大多数，在形声字中，大都是义符在左，声符在右。形声字的特点在于声与义的结合，形旁表示此字意义的义类，右边的声旁表示该字的读音。但是文字在漫长的发展过程中，人们常喜欢用声音相近的声旁来表示相近的意义，这样就形成了一种很有规律的文字现象，即同从一个声旁的字在意义上有时也有了联系，换句话说，同从一个声旁的字，在意义上往往有某些联系。

在汉代的刘熙《释名》中有许多声训的例子，有时也用同声旁的字来训释词义。从文字记载来看，唐代欧阳询编的《艺文类聚·人部》引晋代杨泉的说法最早。杨泉在《物理论》中说："在金曰坚，在草木曰紧，在人曰贤。"这说明当时已经有人注意到这种现象了。

这种从形声字的声旁说明字义的方法到了宋代越发发展起来，形成了"右文说"。沈括在《梦溪笔谈》卷十四中说："王圣美治字学，演其义以为右文。古之字书皆从左文。凡字，其类在左，其义在右。如木类，其左皆从木。所谓右文者，如戋，小也。水之小者曰浅，金之小者曰钱，歹而小者曰残，贝之小者曰贱。如此之类，皆以戋为义也。"沈括的说法即为后来"右文说"的由来。

在宋代"右文说"的代表人物除王圣美外，主要还有王安石。王安石，字介甫，号半山，为宋代著名的政治改革家。王安石博才多学，于诸经皆有著述。《宋史》本传称他："议论高奇，能以辩博济其说。果于自用，慨然有矫世变俗之志。"他解释《诗经》、《书经》、《周礼》的著作，号称《三经新义》，废置先儒传注，只凭己意推求。他的文字学说都表现在他所著的《字说》中。他在《字说》序中说："文者，奇耦刚柔杂比以相承，如天地之文，故谓之文。字者，始于一，一而生于无穷，如母之字子，故谓之字。其声之抑扬开塞，合散出入，其形之衡从曲直，邪正上下，内外左右，皆有义，皆出于自然，非人私智所能为也。与伏羲八卦，文王六十四，异用而同制，相待而成。……而许慎《说文》，于书之意，时有所悟，因序录其说为二十卷，以与门人所推经义附之。"（《王文公文集》卷三十六）他认为文字的一点一画、一形一声都有意义，是天然形成的。因此他要把天地万物之理著于此书，与《易经》互为表里。此书已佚，后人曾辑佚《字说》一书。当时学者著述也多有引述，于此可见王氏说法之一斑。

叶大庆《考古质疑》卷三载："近世王文公其说经，亦多解字，如曰：人为之谓伪。曰：位者人之所立。曰：讼者言之于公。与夫五人为伍，十人为什，歃血自明而盟，二户相合而为门，以兆鼓则曰鼗，与邑交则曰郊，同田为富，分贝为贫之类。无所穿凿，至理自明，人亦何议哉！有如中心为忠，如心为恕，朱晦庵亦或取之。惟是不可解者，亦必从而为之说。遂有勉强之患，所以不免诸人之讥也。"

从以上可看出王安石解字非常任意，并不需要文献语言材料作为依据。他大都依据会意来说明字形，再附会字义。

邵博在《邵氏闻见后录》说："王荆公晚喜说字，客曰：'霸字何以从西？'荆公以西在方域，主杀伐，累言数百不休。或曰：'霸字从雨，不从西也。'荆公随辄曰：'如时雨化之耳。'"

这些说法都可看出王安石从自己的政治需要出发，以自己讲解经义的方法随意讲解字义。由于王安石在宋神宗时为相，势倾朝野，所以他的学说曾风行一时。《宋史·王安石传》中说："初，安石训释《诗》、《书》、《周礼》，既成，颁之学官，天下号曰'新义'。晚居金陵，又作《字说》，多穿凿傅会，其流入于佛、老。一时学者无敢不传习，主司纯用以取士，士莫得自名一说，先儒传注，一切废不用。"哲宗元祐中废新政，《字说》一度被禁。由于王安石推行新政，招致朝野非议，论敌也多，关于他的文字学说的谬传也很多，并不可全部凭信。关于王安石文字学说的评价，宋人李焘在《五音韵谱自序》中的说法颇为公允，他说："安石初是《说文》，覃思颇有所悟，故其解经合处亦不为少。独恨求之太凿，所失更多。不幸骤贵，附和者益众而凿愈甚。"此种说法也说明学问一旦与政治、权力相结合，必然会两败俱伤，百害而无一利。后来陆佃按照王安石的学说，著有《埤雅》、《尔雅新义》，评价也不高。

"右文说"创自北宋时期，这种学说开启了后来的"因声求义"的训诂的方法。这种学说也并非一无是处，关键在于对声旁与字义的关系不能绝对化，有的声旁表义，有的声旁并不表义，只是表音，并不能一概而论，认为所有形声字的声旁都表义，否则就会走上了牵强附会的路上去。

（四）金石文字的研究

金石学包括两个方面的内容，一是指金文，是铸或刻在钟鼎一类青铜器上的文字；二是指刻在石头上的文字。这两部分的内容可以说是中国考古学的前身，是在尚未进行科学发掘的情况下，以零星出土的古代铜器和石刻为主要研究对象的一门学问。

金石学方面的资料在宋代以前即有发现，如汉宣帝时有鼎彝出土，晋武帝时有汲冢竹书出土，唐初又有春秋时秦国的石鼓出土，北魏郦道元《水经注》中有对各地城址、陵墓、寺庙、碑碣及其史迹的记述。宋代形成了历史上汇集、著录和研究古铜器和石刻的第一个高潮。

欧阳修（1007～1072），字永叔，号醉翁，晚年又号六一居士。欧阳修早年即喜搜集碑刻，凡有所闻，便多方求取。朋友馈赠拓片和实物，更增加了他集古的完备性。他历时十八个年头，共集得彝铭碑刻和法帖一千卷，上起周初，下迄五代末，编录成册。其中，以唐人碑帖为多，占总数的十之七八。对其所集金石铭刻，欧阳修撮其大要，详加审定考释，于卷尾写下题跋。由于是随得随录，边写边改，写法不尽一致，也未依时代先后排列。总共写下题跋四百余篇，编为十卷，在《欧阳文忠公集》中称为《集古录跋尾》，单独刊行则称为《集古录》。这是我国第一部金石学考证的专著。欧阳修的著作，有的人认为仅仅著录了古器物等，这是不恰当的，欧阳修是真正地进行了研究，开启了后代金石学研究的方向。他在遇到史书与金石文字不同时，常以金石文字比较异同，对于世系、子孙、官封、名字，常据碑帖文字订正。该书在订正史籍错误、补充史传疏漏、考索典制渊源、品评历史人物等方面，都有出色的贡献。自从该书问世后，别创了一种积聚文化财富的风尚，并将摩挲玩赏古董引向了考据史事，导致了金石考据学的诞生。

赵明诚（1081～1129），字德甫，北宋徽宗初年为太学生，醉心于收藏金石铭刻，竟不惜以衣食交换。与妻李清照归青州故第后，居乡里十余年，竭其俸禄搜求字画、器物。每得一书，夫妻二人共同校勘，整理签题；得书画铭鼎，则共相品评，指摘疵病。经夫妻二十余年的辛勤搜寻藏储，仅青州故第所藏书册实物，就占用房屋十余间。赵明诚于公务之余，每日校勘二卷，题跋一卷。今存《金石录》三十卷，其前十卷为目录，依时代著录金石铭刻，于篇目下注其年月及撰人。后二十卷，即为有题跋的五百零二篇辩证文字，每卷卷首各列细目。全书体例，依欧阳修《集古录》。赵明诚生前所写的书序，说明了自己著录该书的宗旨：一以三代而下金石铭刻侵蚀损坏，亟须记录传世；二以史书记载往往牴牾，亟须用金石文字加以校正。由此看来，赵明诚的著述也是一部伟大的研究专著。现今流传的有《四库全书》本，较为通行的以张元济做的校勘本为优。

薛尚功，字用敏，南宋钱塘（今浙江杭州）人。于绍兴十四年（1144）著成《历代钟鼎彝器款识法帖》二十卷。著录历代铜、石、玉器铭文五百一十一件，绝大多数为铜器铭文，按夏、商、周、秦、汉时代顺序和器类编排。除摹录文字外，附有考证、释文。资料详备，为宋代其他著录铜器铭文诸书所不及。笺释名义，能集各家所长，比其同异，订伪刊误，考据较精。《四库全书总目提要》云："所录篆文虽大抵以《考古》、《博古》二图为本，而搜辑较广，实多出于两书之外。……至其笺释名义，考据尤精。"编次也较有条理，宋以后关于古器物考释的著作，体制多仿此书。但对于铜器铭文的断代时有疏误。胡朴安在详述此书缺点时说："一则器物不多，无以资比较；二则学说初立，无以资切磋。盖时为之也。"（《中国文字学史》，159页）此书石刻拓本仅有少量残叶流传至今。木刻本以明崇祯六年（1633）朱谋垔刊本较佳。1935年于省吾据此本影印，1983年中华书局又据于本影印，书后附有容庚写的书评。

这个时期的金石学的著作还有两部值得称道。

宋代郭忠恕（？～977）编撰的《汗简》三卷。忠恕字恕先，又字国宝，洛阳人。历仕五代，入宋官国子监主簿，因批评时政被贬谪。工书画，精小学，除汇编此书外，还著有《佩觿》三卷，前面已经介绍过了。

《汗简》集录当时所见古文字体，材料采自《说文解字》、《魏正始石经》，以及其他当时存世的字书，按始一终亥五百四十部排列。每字一体，即使相同之字，也不归并。正文用古体，释文用楷体。有些释文并非该字体的本字，而是照抄原书的假借字。所收古文的范围，不限于《说文解字》中古文，还包括其中的籀文、别体以及部分篆文和晚出俗字。本书按《说文解字》分部隶字，一一加以注释。《四库全书总目提要》云："且所征七十一家，存于今者不及二十分之一，后来谈古文者辗转援据，大抵从此书相贩鬻，则忠恕所编实为诸书之根底，尤未可忘所自来矣。"所录古文，虽和甲骨文、金文多不相合，但与近代出土的《三体石经》等战国文字多相符合，所以《汗简》对于研究古文字是很有价值的。本书实为总结历代古文字体之作，保存了许多珍贵的古文字资料，故为后代治斯学者所重视。李零在《汗简·古文四声韵》的出版后记说："它们是《说文》和《正始石经》之后研究古文字体最重要的两部书籍。"此书有清代人郑珍所作《汗简笺正》八卷。郑氏此书详细考证《汗简》所收铭文的由来，揭示此书真赝等诸多情况，为之笺证，为《汗简》重要参考书。

宋代夏竦（985～1051）撰《古文四声韵》五卷。此书据《汗简》改编而成。即把《汗简》以《说文》五百四十部首隶字，改以《广韵》二百零六部隶字，长处是便于检字。先分为四声，以韵分字，以隶领篆。韵内各字以圈记为隔，首字为释文，下为字样。一字兼收数体，其中既用古体，也用隶古定。收字以传世古文为主，兼收少量青铜器铭文，不与《汗简》全同，多出《汗简》者，不少为隶古定，《汗简》所多者，多为部首字。以上二书中华书局1983年出版，最为方便易得。

第三节　音韵学研究

这一时期的汉语音韵学得到了长足的发展。在这七百余年的历史中，首先由隋王朝创立了科举制度，至唐代又演进为实行诗赋取士的办法。这个时期也是中国文学体式完备、发展的阶段。格律诗以及词、赋的发展都达到了完美的艺术境界，在宗教方面，又达到三教合流的完全融合阶段。文学艺术的发展，极大地推动了语言文字的发展，尤其是对于音韵学的影响相当大。

这一时期音韵学的发展，基本上奠定了汉语传统音韵学研究的格局，在此时期，产生了代表中古音韵的代表作——《切韵》、《广韵》。此时期产生了探讨声母的文字，此时期还出现了中国古代的分析语音结构的学问——等韵学。人们在研究当下语音为文学服务的同时，也开始探讨上古音韵系统，古音学研究的萌芽也产生了。

（一）《切韵》系韵书

我们认为《切韵》系韵书包括《切韵》、《广韵》、《集韵》等，主要是这几本韵书所反映的基本音系大致上都一样。

《切韵》共五卷，隋代陆法言撰。陆法言（562～?）名词，一作慈，字法言，以字行。魏郡临漳（今河北临漳县）人。祖先为鲜卑族，由步陆孤氏改姓为陆。其父陆爽在北齐担任通直散骑侍郎，跟颜之推同事。开皇中为承奉郎，因其父得罪朝廷，坐罪除名。陆法言研究音韵，曾受到过颜之推的指点。隋开皇初年，颜之推已经五十多岁了，有一次他和刘臻、魏渊、卢思道、李若、肖该、辛德源、薛道衡等人，一块儿到陆法言家讨论音韵。这时候的陆法言年龄二十几岁，在诸位前辈讲音韵时，他记录下了他们的意见。过了十几年以后，他把这个记录稿加以整理，并参考其他一些资料，于隋文帝仁寿元年（601）写成了《切韵》。

根据《切韵序》我们可以知道，此书评议古今是非，南北通塞，参考了各家韵书，是一部综合古今、方言的韵书，并非某一地点的专一音系的记录。《切韵》是魏晋以来韵书的继承和总结，是韵书的定型作品，在汉语音韵学史上占有重要地位。

《切韵》一书新旧《唐书》均有著录，五卷。自宋以后，公私书目均未著录，人们认为《广韵》盛行以后，此书就逐渐地散佚了。今仅存陆法言《切韵序》和若干残卷。陆法言的《切韵序》附载于《广韵》卷首，该序叙写作缘由、目的、原则颇详，是研究《切韵》性质和特点的重要材料。根据《序》文及残卷，我们可以了解到《切韵》以下几点情况：

其一，《切韵》之作，是在分析比较实际语音与古今方域不同的基础上，参酌诸家取舍，以赏知音为目的编撰而成的，因此分析务求精密，重分不重合，所谓"欲广文路，自可清浊皆通，若赏知音，即须轻重有异"。但《切韵》音系与实际语音亦不能相去太远，如果相去甚远，则无法作"私训诸弟子"的教材。

其二，《切韵》之作，虽然完成于陆法言之手，但其提纲，乃共同讨论所确定，而且"萧、颜多所决定"。关于《切韵》的音系基础，学者多有争议，或以为综合音系，或以为是单一音系，认为是单一音系的看法又有不同，有人认为是长安音，有人认为是洛阳音。但可以明白，《切韵》在审音辨韵时，它以"从分不从合"为原则，分韵较细。

唐代封演《闻见记》谓《切韵》共收一万二千一百五十八字。王国维在《观堂集林·书巴黎国民图书馆所藏唐写本切韵后》中认为封演所记是合并长孙讷言所增加的字数计算的，实际上没有那么多。近人根据王仁昫《刊谬补缺切韵》考定：《切韵》共分五卷，全书按四声分卷，因平声字多，故析为二卷，上、去、入各为一卷。分一百九十三韵，平声上卷自一"东"至二十六"山"，下卷自二十七"先"至五十四"凡"，共五十四韵；上声五十一韵；去声五十六韵；入声三十二韵。

《切韵》在研究分析了六朝韵书的基础上编辑而成，应该说是前代韵书的总结。由于它的完整性、系统性，因而当时就受到了极大的重视，被视为典范。由于它分韵严密，既照顾了古今韵的分合，又照顾到了方俗语音的差异。《切韵》一书尽管也有许多不足，后代也有许多韵书对此书做了刊正和订补，但都无不以它作为典范，作为蓝本。《切韵》一书在语音学史上具有里程碑的意义。由于《切韵》参照当时语音，又能兼顾古音、方俗语音编撰而成，所以《切韵》最大的价值还在于它对于研究汉语语音史具有极大的作用。《切韵》对研究上古音具有重大意义，清代以来的古音学家无不借助于《切韵》来探讨上古音的音韵体系。现代方言是古代方言的继承和发展，《切韵》既然综合地反映了当时语音的概况，就和现代方言有着一定的对应关系。因而，它对现代方言的调查研究又具有重要的参考作用。

到唐代天宝年间，孙愐把原本《切韵》改编为《唐韵》，但原书已经亡佚了，现在只能看到一些残卷。据清代人卞令之《式古堂书画汇考》所录，明代项元汴所藏唐宪宗元和九年（814）写本《唐韵》五卷，分韵一百九十五：平声上二十六，平声下二十八，上声五十二，去声五十七，入声三十二。此书训解援引凭据甚多，字书、韵书、训诂书如《三苍》、《尔雅》、《字统》、《字林》、《说文》、《玉篇》、《声谱》等之外，还旁及经史子集等著作。大凡事物名称、姓氏原委、州县名号，均一一说明；异闻也备载无遗。此均源出陆法言《切韵》而有所增益。其体例如平声分为上下卷，训解繁密等优点，都为《广韵》所继承。周祖谟将此书据旧日影印本重印收录在《唐五代韵书集存》，1983 年于中华书局出版，此书为研究《切韵》的重要资料。

到了宋代，产生了增广《切韵》的《广韵》一书，由于此书完整地保存下来，对后代的影响就更大了。《广韵》五卷，宋代陈彭年、丘雍等人修撰。此书全称为《大宋重修广韵》，简称《广韵》。称为"广韵"，依循《切韵》而增广的意思。

《广韵》旧本不题撰人姓氏，以宋代丁度《集韵》考之，知其为陈彭年、丘雍等人。《集韵韵例》云："先帝时，令陈彭年、丘雍因法言韵就为刊益。"陈彭年（961～1017）抚州南城（今江西南城县）人，字永年。雍熙二年（985）进士，累官至兵部侍郎。少好学，师事徐铉，深得师传。修订《切韵》成《广韵》外，又重订顾野王《玉篇》，增加字数，削减注文。据考证，《广韵》成书于北宋大中祥符元年（1008）。宋初犹承唐制，以诗赋取士。陈彭年、丘雍等人奉诏敕编撰《广韵》，也是为了当时举子的科举之用。《玉海》卷四十五云："以举人用韵多异，诏殿中丞丘雍重定《切韵》。"于此可看出《广韵》的出现也是由于文学创作的需求而产生的。今所传《广韵》有详注本和略注本两种。详注本是宋陈彭年等原著，略注本则为元人据宋本删削而成。二本正文字数及其次并不一致，注释有详略之异，但详考二本之韵目、韵序及反切并无区别。二本就其性质而言，仍是一种书。《广韵》是《切韵》系韵书集大成的著作，它是修订唐代韵书而成。

　　《广韵》以四声为纲，以平上去入分卷次，平声字多析为上下二卷，全书五卷。分二百零六韵，平声分为五十七韵，上声五十五韵，去声六十韵，入声三十四韵。《广韵》韵目下注有"同用""独用"字样，这是为礼部考试而定。所谓"同用"，指作文应试时，同用各韵可以通押；所谓"独用"则独用各韵不得与别韵相通。《广韵》与陆法言《切韵》的不同主要有两点：一是《广韵》比《切韵》多十三韵。二是韵序不同。平声蒸、登；覃、谈的位置，《广韵》与《切韵》不同；入声韵与阳声韵相配合的次第，二书亦有不同。从上述区别可见，《广韵》总结了唐代韵书对《切韵》的修订，审音更加精细合理，但就音韵体系而言，《广韵》与《切韵》并没有什么不同。《广韵》一书在音韵学史上的地位十分重要。人们一向通过《广韵》来归纳《切韵》的语音系统，考订中古语音，并以《广韵》为阶梯研究上古音系统，分析中古以后语音变化。黄侃在《与人论治小学书》中说："音韵之学，必以《广韵》为宗；其在韵书，如《说文》之在字书，轻重略等。"（《黄侃论学杂著》，148 页，上海古籍出版社，1980 年新一版）《广韵》此书训解详备，又是词义考释、名物训诂的宝贵资料。周祖谟曾详加考校，撰成《广韵校本》上、下二册，取证旁博，立论精赅，为学界所重。1960 年中华书局出版。方孝岳编《广韵韵图》，中华书局 1988 年以其手稿为底本影印出版。沈兼士编有《广韵声系》，根据谐声系统重新编排，显示了主谐字与被谐字读音分合现象，对研究语音衍变及同源词有重要参考价值。周祖谟又于 1980 年在中华书局出版了《广韵四声韵字今音表》，这是第一部以汉语拼音为《广韵》音系中的小韵反切全面标注今音的工具书。全书按《广韵》韵次列为六十一表，把四声韵部中各纽的反切一一标出普通话今读，其编排方式与韵图相仿。熟悉《广韵》的人查起来极为方便。严学宭于 1990 年在巴蜀书社出版了《广韵导读》一书，对围绕《广韵》一书的重要问题都有所论述，最便初学者学习掌握《广韵》入门。林涛的《广韵四用手册》（中国广播出版社 1992 年出版）也可参看。

《广韵》颁行后三十一年，即宋景祐四年（1037），宋祁、郑戬等认为陈彭年、丘雍主编的《广韵》是"多用旧文，繁略失当"；贾昌朝也批评景德时编的《韵略》"多无训释，疑混声，重叠字"，致使"举人误用"。所以，当时的皇帝命令丁度等重编这两部书：修订《韵略》，改称为《礼部韵略》；刊修《广韵》，改称《集韵》。修订《韵略》的工作当年就完成了，因为《广韵》的修订要"务从该广"，需"经史诸子及小学书更相参定"，工作较为繁冗，所以直至宝元二年（1039）才告完成。

《集韵》是依《广韵》重修的，有平声四卷，无上下平之称，上声、去声、入声各二卷，共收五万三千五百二十五字，比《广韵》增加了二万多字，字的重文异体，也罗列很多。《集韵》收字的原则是"务从该广"，一个字不管有多少不同的写法，也不管是所谓正体，还是古体、或体、俗体……只要有根据，都一一收集起来。这样一来，书中所收的字，一般都有二体、三体、四体，不少的字还有五体、七体等。因为收的异体字多，所以比《广韵》多出二万七千三百三十一字。如果不同的写法不算在内，也不过三万来字，此书真有点异体字典的规模。由于是韵书，按韵编排，所以查检起来较为困难。此书收集了大量当时的俗字，记录了许多珍贵的俗语资料。由于年代久远，当时资料损失等原因，使今天我们看到的当时俗文学中的僻字俗字与今天的字、词义联系不上，很多可以依靠此书重新建立起联系，即使从文字形体学的角度，也应当重视此书中许多字体变迁及其规律。可惜现在从事这方面的工作的人几乎没有。

《广韵》的注释一般比较繁多，《集韵》适当地作了一些删削，最明显的是姓氏、地理沿革方面的大量引证都一概不用。但也有《广韵》注释简略，《集韵》又根据有关材料加以增补的。《集韵》先释音，再释义，异体异义都紧附在本字之下。它的释义体例一般是首先依据《说文》，然后才以其他字书、训诂书作补充，并一一注明出处。不见经传的或一般口头流传的意义总放在后面，并以"一曰"注明。这些引证古书的材料，很可宝贵。如所载唐代陆德明《经典释文》的音读，即有和今本《经典释文》不同的地方。清代段玉裁注《说文解字》时曾据以考订古音、辨古体；王念孙作《广雅疏证》亦据以补缺订讹。它的反切，有的比《广韵》的反切更容易拼出恰当的字音，对多音多义字的音义，也分辨较详。所以研究古音，也要参照它的反切注音。近人编《中华大字典》，单字注音，全都采用了《集韵》的反切，即取其求音较易，辨析详明。

《集韵》虽仍《广韵》二百零六韵之旧，但韵目用字，部分韵目的次序以及韵目下所注同用独用等例均稍有变化。这些变化，并不完全是因为韵窄，经现在人们考证，是对当时实际语音的反映。《集韵》适应时代的需要，从而逐步走上简化韵母的道路，实开中古后期"并韵"风气（如"平水韵"）的先河。至于改变反切，更是参考宋代当时的实际读音，将所谓"类隔切"一律改为"音和切"。所谓"类隔切"是音韵学上的表示反切上字与所切之字有重唇、轻唇或舌头、舌上差别的不和的反切语。《集韵》的修订，无疑为人们正确拼读读音提供了方便。

《集韵》编成之后，流布不广，后人亦不甚重视。现在看来，此书对研究文字训诂和宋代语音，都是很有价值的，应给予重视。此书中国书店 1983 年曾据清代曹寅扬州使院本重新影印，此本最为易得。1985 年，上海古籍出版社又将上海图书馆藏钱氏述古堂影宋钞本影印，也很有参考价值。传本《集韵》讹错很多，清代方成珪撰有《集韵考证》十卷可以参考。

（二）字母之学

唐代产生了字母之学。"字母"也称"母"、"纽"、"声纽"、"声母"等。传说音韵学家用来称呼音节开头的辅音（包括零辅音）的名字，相当于现代的声母。隋唐韵书以反切上字表声类，唐代始仿梵文、藏文创立三十字母。"字母"一语袭取梵文，唐智广《悉昙字记》注："体文亦名字母。"梵文本来指元音，传入中国后，只限于指称用在汉语音节开头辅音上。

这个时期产生字母之学不是偶然的。从语言学内部发展的规律来说，我国在六朝时代就已经产生了四声，古人当时已经明了叠韵的运用情况；在六朝时也已产生了双声、叠韵之说。《南史·谢庄传》："王玄谟问谢庄：何谓双声、叠韵？答曰：玄获为双声，璇碻为叠韵。"（按：玄获同属匣母，璇碻古音属萧肴韵）如果对叠韵的音理认识了，就会产生分析韵部的韵书；如果对双声的音理认识了，就会依据反切上字进行归纳，产生字母。这些都是水到渠成的必然结果。

字母之学的正式产生是在唐代。敦煌发现的唐人《归三十字母例》（见姜亮夫《瀛涯敦煌韵集》卷九，编号为 S512）和守温韵学残卷的三十字母可说是我国音韵学史上字母之学的开端。守温是唐代末年的和尚。按照周祖谟先生的说法，字母名目的创造和字母的创制是在守温以前。（周祖谟《读守温韵学残卷后记》，见《问学集》502 页）在敦煌石窟的残卷上，署有"南梁汉比丘守温述"的字样，可推测守温可能是后汉梁县居民。守温残卷的三十字母跟敦煌写本《归三十字母例》标目和总数都一致。现列如下：

　　唇音　不芳并明
　　舌音　端透定泥是舌头音
　　　　　知彻澄日是舌上音
　　牙音　见（君）溪群来疑等字是也
　　齿音　精清从是齿头音
　　　　　审穿禅照是正齿音
　　喉音　心邪晓是喉中音清
　　　　　匣喻影亦是喉中音浊

残卷还载有"四等重轻例"。"等"是等韵学上一个最重要的概念，历来学者对这个概念相当重视。也有许多不同的看法，现在一般认为它是根据韵母中主要元音和介音的高低前后的差别而划分出来的类别。经过研究排比这个"四等重轻例"，其中各等的分界跟等韵图《韵镜》完全吻合。证明等韵学最晚起源于唐末五代时期。残卷第二载有"两字同一韵凭切足端的例"，残卷第三载有"辨声韵相似归处不同例"，反映出正齿声类二、三等不混，床禅有别，轻重唇好像也有分别。也有学者提出这也有可能是参照梵文字母的体系来定汉语字母而分别的。残卷有的地方可能有错讹，有些地方还没有找到更令人满意的解释。这三十字母奠定了中国传统音韵学字母之学的基础，后来有人调整三十字母的排列顺序，增加了"非、敷、奉、微、娘、床"六个字母，形成了等韵里通行的三十六字母。

（三）等韵学的产生

汉语音韵学发展到今天，可细分为三个部分，即今音学、古音学和等韵学。等韵学是中国古代分析语音结构的学科，也即是分析汉语的声、韵、调音理的学科，相当于现代的语音学、音位学。它用三十六个字母表示汉语的声母，用五音（或七音）分析声母的发音部位，用清、浊描写声母的发音方法，用等、呼、洪、细来分析韵母的语言结构，用摄来区分韵母的类别，用平、上、去、入四声来表示汉语的声调，用等韵图的形式来标示声、韵、调的配合关系，用内转，外转来区分韵图的种类，用门法来表示等韵图的排列规则和阅读方法。由此可见，等韵学是有一整套术语和完整的理论体系的。

等韵学的产生，与佛教的传入有绝大的关系。东汉末年佛教传入中国，有人就开始翻译佛教经典。当初传入我国的佛教，大都是显教经，学习这种经典，可以不懂梵文，可以用当时的读音来读。初唐时，密教大规模地传入中国。密教经中有大段的"真言"，即所谓咒语。佛门信徒认为如果诵读咒语时发音不准确，就会影响到凡身成佛，甚至会因此而亵渎佛祖而招致灾祸。所以初唐时僧人、信徒迫切要求梵汉对译佛经佛典。他们就开始重视印度的一种叫做"悉昙"拼音表。汉籍佛僧比照参考着"悉昙"来分析汉语的语音结构，模仿发音，认真斟酌用什么字对译梵文才妥帖吻合，久而久之，就比照着悉昙而制作出唐音表来，这就是等韵图。

说等韵学的产生受到佛教传入的影响，并非说等韵学由印度传入，这是两种截然不同的看法。所谓等韵，原本是以等分韵的意思，这在唐代敦煌韵学残卷中已有。由分等再发展为等韵图，这是水到渠成的事。等韵图实际上就是以声韵调相配合的拼音表，把每一个字（以韵书小韵的领头字为代表）的音节结构用图表的方式全面展示出来。本来，反切中的上下切字中已经暗含有汉字本身的声韵调诸要素，只不过没有系统整理就是了。如果我们把反切上下字进行系统的整理归纳，把它们列表展示出来，这就是所谓韵图了。另外，唐代的诗赋科举制度，也促使当时知识分子迫切需要有一种既准确又简明易记的汉字声韵调配合字音表，这也促使了等韵学的产生。

现存最早的韵图是《韵镜》。从《韵镜》的精密程度来推想，在此书之前应当已有别的韵图出现过。《韵镜》的作者不能确知。现有传本卷首有南宋绍兴三十一年（1161）张麟之识语，及张麟之在嘉泰三年（1203）写的序。此书写作的确切年代有争议。罗常培在《〈通志·七音略〉研究》（《史语所集刊》第五本第四分，1935 年）和葛毅卿在《〈韵镜〉所代表的时间和区域》（《学术月刊》1957 年 8 期）中认为是在唐代；赵荫裳在《等韵源流》（商务印书馆，1957 年）、李新魁在《韵镜研究》（《语言研究》1984 年 2 期）中认为是在宋代。根据《韵镜》中已经用了三十六字母的情况来看，《韵镜》成书不会早于敦煌出的署名南梁汉比丘守温的韵学残卷。

《韵镜》是根据《切韵》一系韵书编制的音节表。它在正表里标明声母的发音部位和发音方法，没有标注三十六字母，但卷首列有三十六字母，两相对照，实际上还是用三十六字母作声母代表字的。下面简单说一下《韵镜》的体例安排。

其一，以七音为经，以二〇六韵为纬。

七音按照唇音、舌音、牙音、齿音、喉音、舌齿音（包括半舌半齿）的顺序列于每一图的上方。唇音含一组声母"帮滂并明"，分别用"清、次清、浊、清浊"表示。舌音含两组声母"端透定泥"和"知彻澄娘"，分别同时用"清、次清、浊、清浊"表示；由于端组只与一等和四等格子上的韵相拼，知组只与二三等格子上的韵相拼，所以这两组音不混。牙音含一组声母"见溪群疑"，分别用"清、次清、浊、清浊"表示。齿音含三组声母"精清从心邪""庄初崇生俟"和"章昌船书禅"，分别同时用"清、次清、浊、清浊"表示，由于规定精组只与一等和四等格子上的韵相拼，庄组只与二等格子上的韵相拼，章组只与三等格子上的韵相拼，所以这三组音不会相混。喉音含两组声母"影晓匣云"和"以"分别同时用"清、次清、浊、清浊"表示，"云"和"以"均为清浊音，由于规定"云"只与三等格子上的韵相拼，"以"只与四等格子上的韵相拼，所以"云"和"以"不会相混。舌齿音含两个声母"半舌"与"半齿"，均用"清浊"表示，在右者为"半舌"，在左者为"半齿"。

二〇六韵按照平上去入四声置于每一图的左方，每韵居一栏，每栏又分为四个格子，一韵之中所包含的韵母就是通过这四个格子表示的。第一格为一等韵,第二格为二等韵等,余皆类推。

其二，按类归图。

根据韵腹相同或相近，韵尾相同或部分相同的类别将二百零六韵归并为四十三图。四十三图是分开合的，分别称做"内转第一开"、"内转第二开合"；如果不分开合，则可并为二十五组，这二十五组就是十六摄的前身。由此可以看出。《韵镜》虽还没有提出"摄"的名称，但已有了"摄"的概念。

其三，依图列等。

将一图内所含韵母总体上分析为四类，称做四等，分置于四格。例如"外转第二十五开"这一图共有"豪爻宵萧"四韵，各含有一个韵母，依次定为一二三四等韵，分别置于第一二三四格，其音值今或拟作〔ɑu〕〔au〕〔iæu〕〔εu〕。当一图内所含韵母不足四等时，所缺音节用"0"补充。当图中某韵含有两个以上的韵母时，这些韵母所组成的音节各依其等分别列于相应的格位，例如"内转第一开"，东韵含有两个韵母，分别属一等韵和三等韵，和一等韵组成的音节列于一等格，和三等韵组成的音节列于三等格。

另外，《韵镜》安排也有一些特殊说明才能看懂的地方，例如假二等、假四等，主要是因为格式局限安排不下，所做的一些权宜的方法。还有重纽问题等，此处就不详述了。

《韵镜》的作用是多方面的。首先，《韵镜》展示了中古音的音韵系统。所列表格类似于今天所绘制的声韵配合表，它以七音为经，通过"清、次清、浊、清浊"等术语将七音中所含的声母区别开来；以二〇六韵为纬，通过四个格子将韵中所含的韵母区分开来。在声、韵交叉处便是音节代表字。这样就将中古汉语的声韵调及其配合规律展示出来了，使人们对《广韵》等中古音的音韵系统一目了然。其次，《韵镜》的产生也是适应了当时文学体裁发展的要求而产生的，通过《韵镜》，可以帮助正音，方便练音，是标准音的完备的音节表。

现今较好的版本是 1982 年中华书局出版的李新魁校注的《韵镜校注》一书。上海辞书出版社 2003 年 2 月出版了陈广忠著的《韵镜通释》一书，这是本研究《韵镜》的专著，值得参考。

跟《韵镜》并称为我国音韵学史上最早韵图的还有《七音略》一书。南宋郑樵编著，收在他所著《通志》中，故全称为《通志·七音略》。成书于绍兴三十二年（1162）前后。郑樵在书中的序中说："七音之作，起自西域，流入诸夏，梵僧欲以此教传天下，故为此书。虽重百译之远，一字不通之处，而音义可传。华僧从而定三十六为之母，重轻清浊，不失其伦，天地万物之音备于此矣。虽鹤唳风声，鸡鸣狗吠，雷霆经耳，蚤虻过目，皆可译也，况于人言乎。"又说："臣初得《七音韵鉴》，一唱三叹，胡僧有此妙义而儒者未之闻。……今作谐声图，所以明古人制字通七音之妙，又述内外转图，所以明胡僧立韵得经纬之全。"从序中可以知道此韵图是在梵僧的启发和影响下编写而成的。

　　《七音略》与《韵镜》属于同一韵图体系，反映的基本上也是《广韵》的声韵系统。在编排体例上，它与《韵镜》有同有异，大同小异。

　　声母部分

　　《七音略》的声母和《韵镜》一样也是三十八个。《韵镜》用七音和发音方法"清"、"次清"、"浊"、"清浊"的形式表示三十八个声母，《七音略》则是采用三十六字母表示三十八个声母。比三十六字母多一个俟母，喻母分成云、以两母，共列为二十三个竖行。

　　在三十六字母下用羽、徵、角、商、宫、半徵、半商表示声母的发音部位。

　　韵部部分

　　《七音略》所分韵为二〇六，归为四十三个图，即四十三转，与《韵镜》相同。

　　各转所含韵与《韵镜》基本相同，不同之处也有。《韵镜》中废韵与微韵同在内转第九、十图。《七音略》中的废韵既与微韵相配，同在内转第九、十图；又与佳、泰、祭韵相配，同在外转第十五、十六图。在第九图中，废韵只有一个"刈"小韵，第十图中废韵无小韵。《韵镜》中入声铎、药与唐、阳相配，同在内转第三十一图和三十二图。《七音略》中，入声铎、药既与阳声唐、阳相配，同在第三十四图和三十五图；又与豪、肴、宵、萧韵相配，同在外转第二十五图。

　　《七音略》与《韵镜》部分韵图的次序不同，例如《韵镜》"覃咸盐添谈衔严凡"八韵在"侵"韵之后，"登蒸"韵之前；《七音略》此八韵在"麻"韵之后，"唐阳"韵之前。

　　某些图属内转还是外转，《七音略》与《韵镜》也不够一致，共有四图。

　　《韵镜》　　　　　　　　　　　《七音略》

外转十三	内转十三
内转二十九	外转二十九
内转三十一	外转三十四
外转三十四	内转三十七

某些转属于开口还是合口，《七音略》与《韵镜》也不一致。《七音略》不标"开"、"合"，而标以"轻"、"重"等字，大致可以认为："重中重"、"重中重（内重）"、"重中重（内轻）"、"重中轻（内重）"、"重中轻"等相当于开口；"轻中轻"、"轻中轻（内轻）"、"轻中重"、"轻中重（内轻）"等相当于合口。

《韵镜》	《七音略》
二十六图宵韵合口	二十六图开口
二十七图歌韵合口	二十七图开口
三十八图侵韵合口	四十一图开口
四十图谈衔严盐韵合口	三十二图开口

声调部分

《韵镜》让声调隐含于韵中，《七音略》则明确在各转的右方标明平上去入。

此书与《韵镜》排韵列字互有得失，而以《七音略》为优，是研究隋唐韵书反切、中古语音、汉语等韵学的重要资料。《通志》有中华书局 1984 年影印本，《通志略》有上海古籍出版社 1990 年影印本。罗常培有《通志七音略研究》一文，原载前中央研究院《史语所集刊》第五本第四分（1935 年），后收入《罗常培语言学论文选集》，此文对《七音略》的分析非常全面细致，具有很高的学术价值。

在图式上沿袭《韵镜》和《七音略》的著作有《四声等子》等，作者和成书年代尚无确考。元代熊泽民《切韵指南序》云："古有《四声等子》，为流传之正宗。"熊序写于至元丙子（1336），据此推断此书可能产生于元代以前。《四声等子》有

"近以《龙龛手鉴》重校"的话，证明《四声等子》成书于《龙龛手鉴》之后，《龙龛手鉴》作于北宋至道三年（997）。我们可以说《四声等子》可能是南宋或南北宋之间的产物。而从它的内容来分析，它的撰作应在南宋时期。

《四声等子》虽然在图式上沿袭了《韵镜》和《七音略》的特点，但在内容上却有很大变化，有脱离《切韵》系韵书的倾向，对语音变化有较充分的反映。

声母部分

在声母方面，它与《韵镜》、《七音略》相同，把三十六字母分为二十三行，"帮"与"非"，"端"与"知"，"精"与"照"仍各并列一行。但它没有采用《七音略》宫商等发音部位的名目；字母顺序与《七音略》也不完全相同，《七音略》的顺序是牙、舌、唇、齿、喉，《韵镜》喉音各母的顺序是影、晓、匣、喻，《四声等子》则是晓、匣、影、喻。

韵母部分

《四声等子》的韵母系统与《韵镜》、《七音略》有重大差别。它对《切韵》的韵类进行较大合并，只列二十图。此书还将韵部归纳为十六摄，并标出十六摄的名称，即"通"、"止"、"遇"、"果"、"宕"、"曾"、"流"、"深（内转）"、"江"、"蟹"、"臻"、"山"、"效"、"假"、"梗"、"咸（外转）"。所谓"摄"者，是聚集尾音相同，元音相近的各韵归为一类，是对韵部的更大的归类。"摄"与图并不完全相合，有的一摄就是一图；有的一摄包括开合两图；有的一图包括两摄，某些摄的字附在其他摄所处的图内，情况是"江"附于"宕"、"梗"附于"曾"、"假"附于"果"。并于一图的两摄，读音比较接近，或可能已经混同。《四声等子》韵图与韵摄的差异，说明"摄"的划分已与实际语音不合，所以才通过韵图进行调整。把两摄归并为一图是与宋代的实际语音符合的。周祖谟在《宋代汴洛语音考》（《问学集》下册。

中华书局 1981 年第二次印刷）中认为：宋代汴洛文人的诗词用韵，宕摄与江摄通用；曾摄两韵已转入梗摄；两摄已通用不分；果假两摄已不分。《四声等子》的入声韵既承阳声韵，又承阴声韵，这是《七音略》"铎"、"药"兼承阴阳的扩大和发展，说明当时入声韵尾已发生变化，可能已由收 [– p] [– t] [– k] 三种韵尾，变为 [– k] [– l] 两种韵尾。

声调部分

《四声等子》没有明确地标出四声，和《韵镜》一样是通过不同声韵的韵去体现平上去入四声的。《韵镜》、《七音略》都是先分声调，在声调之内再分四等；而《四声等子》则先分四等，然后再在等内分四声。

《四声等子》对后代韵图有很大的影响，人们对它的评价很高。元代熊泽民说它"为流传之正宗"。明代袁子让说："《四声等子》分母辨等，字学之神圣也。"此书一般认为《咫进斋丛书》本较好。

比《四声等子》稍晚些又出现了署名为司马光著的《切韵指掌图》。过去很多人认为这是司马光所著，宋代董南一《切韵指掌图序》中说："图盖先正温国司马文正公所述也。"《四库全书总目提要》云："《切韵指掌图》，宋司马光撰。其'检例'一卷，则元邵光祖所补也。……其有成书传世者，惟光此书为最古。"然而又接着说："第光传家集中，下至投壶新格之类，无不具载，惟不载此书。"这也反映出当时人们已对它怀疑。此书确切作者尚属疑问，但在 20 世纪 30 年代出土了一个南宋刻本，人们现已认定此书必为南宋人所著无疑。据书后董南一的序可知，此书成书至迟在南宋嘉泰三年（1203）。

此书二卷，共分二十图，在体例上它与较早的《韵镜》、《七音略》、《四声等子》都不相同。它没有转、摄、内外等等名称，只是注明每图是"开"、"合"或"独（韵）"。在二十图总目上，相应的开合两图有线相连，这样，二十图可分为十三类，据此可知它虽无摄的名目，却仍有摄的观念。

在声母方面，此图将三十六字母按牙音、舌头音、舌上音、重唇音、轻唇音、齿头音、正齿音、喉音、半舌音、半齿音的顺序分列三十六行，改变了《七音略》等较早的韵图将轻唇音置于重唇音之下，舌上音置于舌头音之下，正齿音置于齿头音之下的格局，因此也就改变了将声母排成二十三行的传统。

在韵母方面，《切韵指掌图》一声包四等，改变了《四声等子》一等包四声做法，恢复了早期韵图的传统。在分韵列图上，它表面上仍采用《广韵》的韵目，但实际上许多韵已经合并，如第二图韵目平声一等东冬并列，但具体列字一等东韵字全部列入，冬韵字只列入"农"一字（东韵一等泥母无字）。可见冬韵完全并入东韵。其他如鱼虞、尤幽、谈覃、衔咸、盐严凡、山删、庚耕等也是如此。此书还把《韵镜》等列在四等格上的支之韵精系字"兹雌兹思词"等字（假四等）列到了一等位置上，可知这些字的韵母已由 [i] 音转变为读 [ɿ] 音了。后来的《中原音韵》即别设立了一个支思韵。此书还将入声韵兼配阴阳声韵，也与以往的韵图不同。在各个具体韵部归图上，也反映出当时语音变化的动向。如歌麻同图，登庚耕同图，灰韵不为哈韵合口而为支之韵合口，德韵既与质栉迄韵同列，又与麦陌职昔锡韵同列，这都是以前的韵书和韵图没有记录过的语言现象。这反映出了《切韵指掌图》的革新精神。由于该书对字音的处置能适应变化了的语言现实，因此，它对当时和后世曾发生过很大的影响，对于了解宋代语音的面貌及其发展规律来说，它至今仍具有重要的价值。中华书局在 1986 年曾影印出版了宋刻本，定名为《宋本切韵指掌图》。

（四）古音学

古音学是指研究周秦两汉语音的学科。汉字读音因时代变迁而发生差异，汉代儒生已有言及。郑玄在笺《毛诗》时云："古声填、真、尘同。"刘熙在《释名》中也说：古"车"读如"居"，今（汉）音近"含"。南北朝时期梁人沈重提出"叶韵"说，他在《诗经·邶风·燕燕》三章"远送于南"下注："协句，宜乃林反。"他以为《诗经》音与南北朝音相同，"南"读"那含反"，与其上句"上下其音"，下句"实劳我心"的韵脚字"音"、"心"不合韵，当改读为"乃林反"。其后唐陆德明在《经典释文》中谓之"协韵"，唐代颜师古《汉书注》谓之"合韵"。宋人朱熹谓之"叶音"。朱氏所著《诗集传》、《楚辞集注》大量运用"叶音"说，竟然导致一字读成几种音，同一个字由于所处位置不同，为了与当时读音的和谐，就随意改读，结果就是字无定音了。

陆德明在《经典释文》中已经注意到了古今音的不同，他已经意识到，古代的读音本来就不同于今天的读音，没有必要拿今天的音去改读古代的音。他曾经说："今谓古人韵缓，不烦改字。"反对随意改变古字的读音。他在《诗经·召南·何彼襛矣》"华"下注释说"古读华为敷"。这样就明确了古今语音是不同的这样一个观念。但是陆德明的这种认识还不是对古音今音的系统的说明，是一种模糊的说法。到了南宋初年，吴棫才开始把上古音作为专门学科来进行研究，他被认为是研究上古音的开创人。

吴棫（约 1100~1154），字才老，建安（今福建建瓯县）人，精音韵训诂之学，朱熹曾云："近代训释之学，惟才老为优。"他著述很多，只有《韵补》传世。

《韵补》全书共五卷，分卷与《广韵》一样，根据古人用韵来推求二百零六韵与古音相通的关系。取《尚书》、《周易》、《毛诗》等先秦典籍、汉魏诗赋，下至宋朝欧阳修、苏辙、苏轼文集，总共五十种，录其韵字，以与《广韵》比较。凡《集韵》所未载的，都分条列出。他说："其用韵已见《集韵》诸书者皆不载。虽见韵书，而训义不同，或诸书当作此读而注释未收载者载之。"此书所收例证相当多。

吴棫就二百零六韵论其古音之相通，收录的字也就列于所相通数韵的某韵中。某韵之中，同音之字相承，第一字下先注反切，再引韵文以证其古读。反切多据古人叶韵而作，可说集前叶韵之大成。据其通转归类，大抵分古韵为九部：东、支、鱼、先、真、萧、歌、阳、尤，平上去人四声相承，并以此定切归音。

这是归纳出来的吴棫的古音学分部。吴棫于是成为了古音学研究的创始者。清代顾炎武《韵补正》中说："考古之功，实始于吴才老。"《四库全书总目提要》云："自宋以来，著一书以明古音者，实自棫始。……后来言古音者皆从此而推阐加密。"就今天的古音学的发展成就来看，吴棫的分类还是相当粗疏的，带韵尾辅音韵母的归类非常混乱，不成系统。

钱大昕对于吴棫有相当客观科学的评价，他在《潜研堂文集·跋吴棫韵补》中说："才老博考古音，以补今韵之缺，虽未能尽得六书谐声之原本，而后儒因是，知援《诗》、《易》、《楚辞》以求古音之正，其功已不细；古人依声寓义，唐宋久失其传，而才老独知之，可谓好学深思者矣。"钱大昕总结了他两大功劳，其一是用先秦韵文考求古音，二是懂得声音里面寄寓着意义。吴棫似乎已能运用谐声材料来考求古音了。他的同乡徐蕆在《韵补序》中说："音韵之正，本诸字之谐声，有不可易者。……友之为云九切，其见于《诗》者凡十有一，皆当作羽轨切，而无与云九叶者，以是类推之，虽毋以它书为证可也。"韵文押韵和谐声偏旁是考论古音的两大类主要资料，吴棫当时已开始使用，这也开启了段玉裁的"同谐声者必同部"的科学方法。

吴棫最被别人诟病的是他对材料的使用上。吴棫引证繁多博杂，所有材料都没有经过鉴别整理，在时间上没有断限。后来有人对此书有很苛刻的评价，如《四库全书总目提要》曾说"颠倒错乱，皆亘古所无之臆说"。这就不免有苛责前人之嫌。周祖谟说得好："吴棫之讲叶音固渊源有自，而由诗文的用韵以推求古韵的系统，在历史上是别开生面的。清人虽鄙视宋人的著作，实际还是受到宋学之启发。吴棫的书在古韵学史上是承前启后的著作，四库提要痛加诋毁是不对的。"（周祖谟《问学集》上册，217 页）

清代顾炎武开清代古音学研究的先河，他是通过对《韵补》的辩证来进行古音学研究的。他著有《韵补正》一卷，认为吴棫所考古读，合与不合各半，并将其合与不合之字，全部都罗列出来，一一辩白说明；又有虽不合古音，因为其见于《诗》、《易》，则别以疑阙载之。此书很详审可参。辽宁省图书馆藏宋刻本的《韵补》，很可能是初刻本，1987 年中华书局曾据以编印出版，这是目前最易得到的本子。此整理本后编有索引，极便应用。周祖谟写的《吴棫的古韵学》，载《问学集》上册，是目前对吴棫音韵学研究成就的最权威的评论。

第四节　训诂学研究

前人语言学史著述对于这一时期的训诂学研究评价不高，主要是囿于传统经学的范围来谈论的，特别是清人对于宋学多有微词，如果我们跳出传统经学的角度来看，这一时期的训诂学成就还是很高的。即使是所谓传统经学的著作，流传至今的《十三经注疏》，都有唐代学者的心血的凝结。李善为《文选》作注，成为研讨《文选》的巨制鸿篇，张守节的《史记正义》、颜师古的《汉书注》等，都使传统的训诂范围扩大到了文学著作和史学著作。宋代朱熹不仅义理独擅胜场，而且成为训诂学大家，他所著的《诗集传》、《楚辞集注》、《四书章句集注》，都是训诂学名著。玄应、慧琳的《一切经音义》更是把训诂的范围扩展到了佛典中去。在辞书编撰当中也取得了很大成绩。陆德明的《经典释文》更是一部带有总结性质的著述。

（一）陆德明和《经典释文》

陆德明（550～630），名元朗，字德明，以字行，苏州吴（今江苏吴县）人。他是唐代著名的经学家和训诂学家，博通经籍，与孔颖达齐名。历仕陈、隋、唐三朝。仕陈为左常侍，入隋为秘书学士，迁国子助教，唐初贞观中拜国子博士兼太子中允，封吴县男。从周弘正学，善言玄理，精经学小学。别著有《老子疏》十五卷，《易疏》二十卷，均传于世。

陆德明此书大致完成于隋末唐初。采集汉魏六朝音切共二百三十余家，又兼采诸家训诂，考证各本异同，撰成《经典释文》一书。

第一卷《序录》包括"序"、"条例"、"次第"、"注解传述人"四部分。"序"说明编撰此书的缘由和目的；"条例"主要说明编撰方式；"次第"说明所释各部经典次序先后之依据；"注解传述人"介绍传述经典作家的渊源和流派。从第二卷至第三十卷，分别注释《周易》、《古文尚书》、《毛诗》、《周礼》、《仪礼》、《礼记》、《春秋左传》、《春秋公羊传》、《春秋谷梁传》、《孝经》、《论语》、《老子》、《庄子》、《尔雅》等十四部著作的经文和注文的音义。此书收录了《老子》、《庄子》而不收《孟子》，曾引起清代学者的疑问。清代学者何琇《樵香小记》卷下中《经典释文》条下云："《经典释文》为古义之渊薮。学者得以考见先儒音训，惟赖是书，厥功甚伟。独怪其不及《孟子》，而以《老子》、《庄子》俱列经典，是居何义也？"《四库全书总目提要》曾提出解释说：“其列《老》、《庄》于经典，而不取《孟子》，颇不可解。盖北宋以前，《孟子》不列于经，而《老》、《庄》则自西晋以来为士大夫所推尚，德明生于陈季，犹沿六代余波也。”这种说法得到了学者们的一致认同。今人张舜徽在《清人笔记条辨》卷二中曾评论说：“其撰《释文》时，身仕南朝，犹未入隋也。南朝沿两晋余风，多习玄谈，故《老》、《庄》与《周易》并重。《释文》于群经之外，兼及《老》、《庄》，实以此耳。其时《孟子》犹在诸子之班，未列入经，习之者少。《释文》不及此书，无足怪也。”（64页）《经典释文》对于《孝经》，由于为童蒙初学之书，《老子》当时传本错误很多，故多摘全句；其他各书则标出书名及章节，尔后只摘录被注之经文或注文，或一字，或两三字，全句录出者很少。

　　陆德明曾自述著述目的，他在《序》中说：“夫书音之作，作者多矣，前儒撰著，光乎篇籍，其来既久，诚无间然。……汉魏迄今，遗文可见，或专出己意，或祖述旧音，各师成心，制作如面；加以楚夏声异，南北语殊，是非信其所闻，轻重因其所习，后学钻仰，罕逢指要。”陆德明所处的时代，经师们的注音非常混乱，陆德明针对这种情况，以正音读，校正讹为己任。他在《序》中又说：“粤以癸卯（583）之岁，承令上庠，循省旧音，苦其太简，况微言久绝，大义愈乖，攻乎异端，竟生穿凿。不在其位，不谋其政，既职司其忧，宁可视成而已！遂因暇景，救其不逮，研精六艺，采摭九流，搜访异同，校之《苍》、《雅》，辄撰集《五典》、《孝经》、《论语》及《老》、《庄》、《尔雅》等音，合为三帙三十卷，号曰《经典释文》。”

　　《经典释文》的撰述原则，首先是：“古今并录，括其枢要，经注毕详，训义兼辨；质而不野，繁而非芜。”他所采录的音切，哪一个标之于首，哪一个算是众家别读，他的标准是“典籍常用，会理合时”；在古今音注时，他先今而后古，在南北音注时，他取南音而舍弃北音。他在《条例》中说："前儒作音，多不依注，注者自读，亦未兼通。今之所撰，微加斟酌。若典籍常用，会理合时，便即遵承，标之于首。其音堪互用，义可并行，或字有多音，众家别读，苟有所取，靡不毕书，各题氏姓，以相甄识。义乖于经，亦不悉记。其'或音''一音'者，盖出于浅近，示传闻见，览者察其衷焉。"抱着这样的原则，此书收录音注极为丰富，《经典释文》卷一最后之"附刻"说全书注释经文九千九百九十二字，注文六千一百二十九字，合为一万六千一百二十一字。绝大多数注释都有音切，估计《经典释文》所收音切总在一万条以上。根据这些音切，大致可以归纳出梁陈时金陵音的轮廓。这些音切材料成为了研究汉语语音史的宝贵材料。其次，陆德明还能够既注经文，又注注文。他说："注既释经，经由注显，若读注不晓，则经义难明。"他认为注是来释经的，读不懂注也读不懂经，所以要把注再加注。陈代以前先儒作者，大多只给经文注音，不给注文注音。陆德明一改旧章，既注经文读音，也给注文加音，各书先标明篇章，然后摘字，标明音义，遇到必须分别的才全录文句。这也是他创新的做法。

陆德明撰著《经典释文》取得了前所未有的成绩，黄焯先生在《关于〈经典释文〉》一文（《训诂研究》第一辑，北京师范大学出版社 1981 年 4 月版，219～225 页）中曾总结为"正读音"、"正讹误"、"存异文"、"存佚文"、"兼采众说"、"兼备众说"、"兼载异音"等几大贡献。陆德明生在陈末，所见古书极多，所以能兼综各家，采录的古音古义极为丰富详备，是研究古籍流传历史的重要资料。诸书的作者姓名、地望、官职都有记载，都可以补史传的缺乏，也成为经学史的宝贵资料。

《经典释文》历来受到学者们的高度重视和评价。《四库全书总目提要》中说："所采汉魏六朝音切凡二百三十余家，又兼载诸儒之训诂，证各本之异同。后来得以考见古义者，注疏以外，惟赖此书之存，真所谓殊膏剩馥，沾溉无穷者也。"清人臧琳《经义杂记》卷十九中评论说："采汉、魏、晋、南北朝以来诸家诂训，可谓博极群书矣。非孔仲达专主一家可拟也。于《周易》、《尚书》、《毛诗》、《论语》、《尔雅》、《庄子》，更为赅博。治经者，此书不可一日少也。"今人张舜徽说："《经典释文》一书，集汉、魏、六朝音训之大成。所载字句音训之不同者，各有意义，可以窥寻经师相传家法，且多至二百三十余家，故足宝贵。今日所赖以考见经典旧音旧训者，全在此书也。即就字形而论，……证诸铜器刻辞，信而有征。故《释文》自广收旧音旧训外，保存远古遗文亦不少，此其所以不可废也。"（均见张舜徽《清人笔记条辨》[一] 41 页，辽宁教育出版社 2001 年 2 月版）

作为这样一部浩繁著作来说，《经典释文》也有许多不足，主要有两点，其一，此书沿袭了玄学的余波，重南轻北，在《释文》中绝少引用北音，这是一种缺憾。其二，由于他古音学水平的限制，他在处理语音材料时，也会出现是非莫辨，或者误解等问题，这在当时是很难避免的。

《经典释文》版本很多。1983 年中华书局出版了黄焯编撰的《经典释文汇校》一书，此书以《通志堂经解》本为底本，既集录清人的校证，又与唐写本和南宋刻本比勘，极为详备。中华书局 1997 年又出版了由黄焯、郑仁甲编撰的《经典释文索引》一书，极大地方便了学者。

（二）玄应、慧琳的《一切经音义》

在唐代出现了两部以解释佛经字义为主的训诂学辞书，先为玄应编撰的《一切经音义》，后又有慧琳编撰《一切经音义》。

玄应是贞观末年长安大慈恩寺的翻译僧，卒于贞观以后。《大唐内典录》卷五云："应博学字书，统通林苑，周涉古今，括究儒释。昔高齐沙门释道慧为《一切经音义》，不显名目，但明字类，及至临机，搜访多惑，应愤斯事，遂作此音。征覆本据，务存实录，即万代之师宗，亦当朝之难偶也。恨叙缀才了，未及复疏，遂从物故。"此段话既说明了玄应编撰此书的目的，又可推断出玄应卒于麟德以前。《大唐内典录》撰于麟德元年（664）。在《开元释教录》卷八有云："玄应以贞观之末，捃拾藏经，为之音义，注释训解，援引群籍，证据卓明。"由此亦可知《一切经音义》成于唐太宗贞观之末。

此书是现存佛经音义中最早的一部。"一切经"或称"大藏经"、"众经"，是佛教全部经典的总称。此书模仿《经典释文》的体例，捃拾佛典中的文字作注，形音义兼顾。梵语名号也一律注明音读，解说所译文字当否。玄应首先从四百五十部大小乘经律论中选取词语，又选取了一部分一般词语。全书每卷前先列书中本卷注释之各经名目，然后按该经卷次顺序解说；卷中无可注者，则隔过此卷，更注其后卷。其编次体例就与《经典释文》相仿了。对所收词语均详注音切，并博引群书训释其意义。所引群书，除佛教典籍外，尚有郑玄《尚书注》、《论语注》、三家《诗》，贾逵、服虔《春秋传注》，李巡、孙炎《尔雅注》，以及《仓颉》、《三仓》，葛洪《字苑》，《字林》，《声类》，服虔《通俗文》，《说文音隐》等许多今天已经亡佚的古籍。即使所引未亡佚的古籍，也每每备有异文，可为今人作为校勘订正讹误的重要资料。所以清代小学家、校勘家、辑佚家们都视此为瑰宝。

玄应通晓儒术，博学多才，此书虽为翻译研读佛典而作，但所收非佛典词语也是相当多的。即使是佛典词语，有许多在后来也进入一般词汇，成为一般词语了。因此本书是一部重要的训诂学著作。清人张之洞《书目答问》评论说："所引古书及字书，古本甚多，可资考证，故国朝经师，多取资焉，于彼教无与也。"清人庄炘在《序》中认为该书可与唐代陆德明《经典释文》、李善《文选注》并列。

　　此书缺点在于不懂得汉代学者通转假借之说，又拘泥于后代等韵学说，致使许多解释不尽如人意。此书编辑不够精细，各卷之间收词失于照应，有些词语复出，而词义并无不同。

　　此书清代以前见者甚少，清代任大椿、孙星衍等从佛藏中发现，庄炘、钱坫、洪亮吉、孙星衍等合校重印，并作补正。有《丛书集成》本，但讹误较多。

　　慧琳，俗姓裴，西域疏勒国人，为印度高僧不空法师弟子，通中印两国文字声韵之学。为了与玄应的《一切经音义》相区别，慧琳所著书也称为《慧琳音义》，将玄应所著书称为《玄应音义》。《慧琳音义》所注的是贞观以后新翻译的经论和玄应没有注过的一些书，共一百卷，始于《大般若经》，终于《护命法》，总计1 300部，5 700余卷。他把玄应等人音义也归纳在了一起，可视为现存佛经音义中一部集大成的著作，内容十分丰富。

　　《慧琳音义》主要根据《说文》、《字林》、《玉篇》、《字统》、《古今正字》、《文字典说》、《开元文字音义》等七部来训释词义；参照《韵诠》、《韵英》、《考声切韵》等书注音，并往往征引释典及经传注疏来说明。其所征引古籍数量众多，范围广泛，又超过了《玄应音义》。丁福保在《一切经音义提要》中称其"皆两汉之诸言，经师之训诂，琳琅满纸，如入琅环福地，唯叹其奇博而已。"许多失佚的古籍因此书的征引，方得以保存部分材料。此书具有重要的史料价值，它可以补今本小学著作之缺佚，可以校订经注之误，可以考证古音，学者们认为其保存资料之丰富，已超过了《经典释文》。

　　这部书在训诂理论上也有重要贡献。慧琳等人认为由音韵通训诂，由训诂通佛理是入道成佛的不二法门，为《慧琳音义》作序的顾齐之说："得其音则义通，义通则理圆，理圆则文无滞，文无滞则千经万论如指诸掌而已矣，朝凡暮圣，岂假终日，所以不离文字而得解脱。"慧琳的注释大多能因声求义探本溯源，其成就远远超过当时儒者。

《慧琳音义》审辨声音，诠解字义，都比《玄应音义》详细。特别是在注音中，能分别注出不同地域的读音，保存了大量当时的秦音，这为语音史的研究，提供了弥足珍贵的语音资料。如卷四"浮泡"条下注云："上辅无反。《广雅》：浮，漂也。郑注《礼记》：在上是曰浮。贾注《国语》：浮，轻也。《说文》：泛也。从水孚声也。吴音薄谋反，今不取。""薄谋反"是《切韵》音，当为六朝相传的旧音，"辅无反"当为《韵英》音，是唐代北方音。这就为我们今天了解当时语音提供了材料。

在此之后，辽代僧人希麟又著有《续一切经音义》，在自序中说："唐建中末，有沙门慧琳，栖心二十载，搜读一切经，撰成《音义》总一百卷。依《开元释教录》，从《大般若》，终《护命法》，所音都五千四十八卷。自《开元录》后，相继翻传经论，及拾遗律传等，从《大乘理趣六波罗蜜多经》，尽续《开元释教录》，总二百六十六卷，前音未载，今读者是也。"此书为增补《慧琳音义》之作，所及佛教典籍凡二百六十六卷，体例全仿《慧琳音义》。所引诸书佚文亦颇为丰富。1924 年丁福保曾将两书合刊为《一切注音义汇编》。上海古籍出版社 1986 年出版《正续一切注音义》，并附索引二种，极便使用。

（三）陆佃和《埤雅》

陆佃（1042～1102），字农师，号陶山，越州山阴（今浙江绍兴县）人。北宋训诂学家。受学于王安石。熙宁三年（1070）进士，官至中书舍人给事中。曾与王子韶（圣美）校定《说文》。精礼学及名物训诂，曾著有《尔雅新义》。

《埤雅》共二十卷，计《释鱼》二卷、《释兽》三卷、《释鸟》四卷、《释虫》二卷、《释马》一卷、《释木》二卷、《释草》四卷、《释天》二卷。此书本名《物性门类》，后改为今名，取意为辅补《尔雅》之意。其子陆宰在宣和七年（1125）写的《序》中说："《埤雅》比之《物性门类》，益愈精详，文亦简要。先公作此书，自初迨终，仅四十年。不独博极群书，而农父、牧夫、百工技艺、下至舆台皂隶，莫不谘询。苟有所闻，必加试验，然后记录，则其深微渊懿，宜穷天下之理矣。"《四库全书总目提要》中评论此书说："其说诸物大抵略于形状，而详于名义，寻究偏旁，比附形声，务求其得名之所以然。又推而通贯诸经，曲证旁稽，假物理以明其义。中多引王安石《字说》，盖佃以不附安石行新法，故后入元祐党籍，其学问渊源则实出安石……然其诠释诸经，颇据古义，其所援引，多今所未见之书，其推阐名理，亦往往精凿，谓之驳杂则可，要不能不谓之博奥也。"

《埤雅》虽为辅翼《尔雅》而作，体例却与《尔雅》大不相同。此书主要集中于动、植诸物的考证和辨释，寓训诂于名物之中。《埤雅》不释一般词语而专释名物，且侧重探求事物名称所以然的原因。所释计二百九十七词。其中动物名词一百八十九个，植物名词九十五个，天文气象名词十三个。陆佃在写作此书时，不仅向古人学习，从前代典籍中找材料，而且广泛地求教于当时下层劳动人民，这样使他获得的材料比较翔实可靠。他还自己亲身实践，通过验证再写下来。这就使他的训释名物独具特色。以前的雅书系列解释词语，只用一个单字，至多也不过用几句话来释义，而陆佃写作此书时，对所释名物从性能、形状、特征等几个方面做具体的描写说明。在说解过程中，有很多不见前人著述的异言异物，所援引的书今天很多也亡佚了。书中不乏精凿之论，引证亦往往博奥。

《埤雅》一书瑕瑜互见，清代学者李慈铭在《越缦堂读书记》中的评价最为中肯全面，他说："其中却有数病：引书不指出处，一也；多主王氏《字说》，往往穿凿无理，二也；即物说诗，每失之迂曲，三也。然征据赅洽，多存有宋以前旧文辟义，又时参以目验，故为考古者所必资。左丞（指陆佃）兼精礼学，著述宏富，为宋世经儒之杰。"此书有《丛书集成》本可为利用。

（四）罗愿和《尔雅翼》

《尔雅翼》，罗愿撰。罗愿字端良，安徽歙县人。《宋史》附其父汝楫传后。在传中称罗愿法秦、汉为词章，高雅精炼。七岁能作《青草赋》，人们颇为推重。朱熹称有经纬，欲附名集后。曾做鄂州知县。著有《鄂州小集》五卷行世，所著《新安志》，今亦存。卒于淳熙乙巳（1185），终年四十九岁。

《尔雅翼》三十二卷，成于淳熙庚午。王应麟知徽州，以其书未传，知之者少，于是始刊。罗愿以韵语自序，王仿其体以识之，世称后序。

这是一部博物的书，以《尔雅》为资，略其训诂、山川、星辰，而只研究动植物。有《释草》八卷，《释木》四卷，《释鸟》五卷，《释兽》六卷，《释虫》四卷，《释鱼》五卷。性质接近《埤雅》，专释动植物称谓。全书共收辑词语四百零七个。

书名《尔雅翼》，翼者，为《尔雅》之翼也。正如自序所言："此书之成，为雅羽翰。"《尔雅》共十九篇，其中动植名物七篇。《尔雅翼》列释草、木、鸟、兽、虫、鱼六门，与《尔雅》较，缺一《释畜》。不过，《释畜》中的有关内容，《尔雅翼》大多采入，如马、牛、羊收入《释兽》；鸡，归到《释鸟》。《尔雅》只释物名，本书则进而"名原其始，物征其族，肖其形色象貌，极其性情功用"。《四库全书总目提要》中说："其书考据精博，而体例谨严，在陆佃《埤雅》之上。"此书征引古书甚多，描述草木鸟兽虫鱼的形貌特点及其性情功用，十分详备，且往往分析字形，征引史实为说；然而也有在解释名物时，却要阐发义理，以至于牵强附会，仍未摆脱王安石《字说》的旧习。如：

"茨"下云："《七谏》曰：'江离弃于穷巷兮，蒺藜蔓乎东厢。'东厢者，宫室所严，礼乐所在。观其所生，以知治忽。故《瑞应图》云：王者任用贤良，则梧桐生于东厢。今蒺藜所生，以见所任之非人。"

"离支"下云："后汉南海献龙眼荔支，十里一置，五里一候，奔驰险阻，道路为患。孝和时，唐羌为临武县长，按南海，上书言状。诏太官勿受献。"

此种例子很多，举不胜举。从一草一木当中看到政治兴盛衰亡、政治患难等，多是望风捕影之论。

此书的释物名的一大特点是改变了如《尔雅》那样，仅释一物名则完成任务，还要追根溯源，常常从得名之由来做语源的探索，这是很有意义的。如仓庚，一名黄鹂，注云："此鸟之性好双飞，故鹂字从丽。""蓝，染青之草。《月令》仲夏之月，令民毋刈蓝以染。蓝于草中独有禁，故字从监。""榛，似栗而小，关中鄜坊甚多，然则其字从秦，盖此意也。"在"枞"字下云："枞，松叶柏身。从者，合异而为同；会者，聚两以为一。故二木合松柏之体，而取合从胥会之义。"在"麈"下云："大鹿也。其字从主，若鹿之主焉。鹿之所在，众从之。其尾可用为拂，谈者执之以挥，言其谈论所指，众不能易也。"在"粱"下云："粱比它谷最益胃，但性微寒。其声为凉，其义一也。"此书这样精彩的论述有很多。胡朴安在《中国训诂学史》书中说："罗氏此书，专为名物之辨，一枝一木，一茎一草，一飞走之鸟兽，一游泳之虫鱼，靡不别于疑似，究其归宿，虽未必皆确凿不移，而极可为名物研究之助。……要之，罗氏之书在名物上自有相当价值，洵可为《尔雅》之翼也。"胡氏的评语可谓的论。此书刊本常见的有《丛书集成》本。此书黄山书社于1991年出版了新版本，由著名学者校点整理，附录了一些有价值的材料，是目前最好的版本，可惜没有在后面附上索引，人们在查找词语时有些不便。

（五）《类篇》

旧题宋代司马光撰，实为王诛、胡宿、掌禹锡、张次立、范镇等人相继修撰。英宗治平三年（1066）二月，范镇出镇陈州，才由司马光代之。时已成书，唯缮写未毕。治平四年缮写完毕，由司马光奏进朝廷。《四库全书总目提要》曰："然则光于是书，特缮写奏进而已，传为光修，非真实也。"

《类篇·序》中说："景祐中，诸儒始受诏为《集韵》之书，既而以为有形存而声亡者，不可以悉得于《集韵》，于是又诏为《类篇》，凡受诏累年而成。"《类篇·附记》中又说："宝元二年十一月，翰林学士丁度等奏，今修《集韵》，添字既多，与顾野王《玉篇》不相参协，欲气委修韵官，将新韵添入，别为'类篇'，与《集韵》相副施行。"由此可知《类篇》编辑，纂修的是要和《集韵》相副而施行的。《类篇》是《集韵》的副产品，而又有异于韵书，是以字形，即部首分类的，所以名为"类篇"。

《类篇》全书共十五卷，前十四卷为正文，最后一卷为叙目。因每卷又分上、中、下，亦称四十五卷。收字以《集韵》为本，又补其缺漏，删其重复及无据者。收释三万一千三百一十九字，重音二万一千八百四十六字，总共五万三千一百六十五字。较《集韵》少三百六十字。分部及各部编排顺序一依《说文》，虽因"艸"、"食"、"木"、"水"各分上下而较《说文》多出四部，实际部首仍为五百四十部。各部字依韵排列。

《类篇》说解以音义为主，除各部首字照录《说文》全文外，部中字均先以反切注音，随后释义。异体字注于本字之下，有时亦附列篆文。多音多义字，先注本音本义，后注别音别义。全书体例比较严谨，上承《说文》、《玉篇》，探讨字源，讲说古音古训，阐明古今文字形体演变，又重视吸收由于社会发展而孳乳产生的新字新义，这应当是《类篇》的最大特色，也是近代汉语词汇研究的宝贵资料。近代汉语的许多词语常常有僻义僻字，不易寻找其形义的渊源，人们可以借助于《类篇》，使这些僻义僻音僻字与古今衔接起来。在以前，人们轻视这些俗字俗音俗义，认为是不登大雅之堂的，现在我们进行汉语史的研究，要重视这些材料。《类篇》不仅在当时是相当完备的字典，在今天也是有相当参考价值的辞书。今存善本有明毛氏汲古阁影宋本。1984 年，上海古籍出版社据以影印出版。中华书局也在 1984 年据清光绪二年（1876）姚氏丛刊本影印。

（六）孔颖达及其《五经正义》

魏晋南北朝时期，在我国训诂学史上，出现了一种新的注释体裁，被称为义疏。它的体式有点像集解，是疏通经传文义的意思。

出现义疏这种注释体式不是偶然的，这个时期去古已远，不仅先秦古籍的文辞立意不易理解，即使是汉代人对于古籍的传注也不易理解明白，经学要为社会政治统治服务，就必须以新的体式和方法对前代传注予以新的解释，这样，义疏之学就产生了。

魏晋时期清谈之风盛行，产生了玄学。佛教聚徒讲经，规模很大，释道安首创义疏之学，讲解佛教典籍。玄学的讲谈和佛教的讲经对于儒学经生讲学也产生了巨大的影响。佛教徒受儒家影响，给经书作注；佛教徒推衍义旨，宣讲经义，替佛经作疏，解释比注经更为周详，又直接启示了儒家。

南北朝时期学术分为南学与北学。北方大地主阶级偏安江左，注重门阀制度，于是对专讲尊卑亲疏的《三礼》之学倍加重视。南朝经师曾采用郑玄《三礼》注。但因受魏晋玄学的影响，解经者兼采众说，既取玄学随意发挥之长，并受佛教影响，编写出各种"讲疏"、"义疏"以阐发经旨。《隋书·儒林传》有一段很有名的话："南人约简，得其英华；北学深芜，穷其枝叶。"所谓

"约简"，是以文辞论，较唐人"正义"简约明净；"英华"，是指不为传统学术所限，深得玄学义蕴的精华。"深芜"指推重儒术，墨守东汉各经学家的旧说，芜杂而不统一。"枝叶"指义辞训诂。"穷其枝叶"意谓重训诂，文辞烦琐。总之，大体说来，南学受魏晋学和佛学的影响，学风重义理，较虚浮；北学继东汉学风，重训诂，学风较朴实。

唐帝国建立后，唐太宗注重经学。他鉴于经学多门，章句烦琐，南北经说不统一有碍于科举取士，决心统一经义。于是诏国子祭酒孔颖达撰写《五经正义》，凡一百八十卷，于高宗永徽四年颁行全国。

孔颖达等人的"正义"是继承六朝时期的"义疏"体式而来的，但"正义"是为适应唐帝国大统一的政治需要，奉君命而完成的。所谓"正义"，就是唐人以"疏不破注"的原则，对经书之注加以"法定"的疏解，使之成为经书注解的范本，以供读经之用。钦定的《五经正义》，统一了汉代以来歧见纷呈的经说，使士子学经有所归宗。

孔颖达（574～648），字仲达，冀州衡水人。他生于隋朝。曾师事刘焯，精通五经，兼善算历。贞观初年，与魏徵合撰成《隋书》。此后，又奉诏撰《五经正义》。

孔颖达等人撰的《五经正义》，完全按照遵修旧文，疏不破注的原则，完全要根据前代学者的注文进行解释，不得有所出入。《五经正义》是唐代经学的代表，它的特点主要是采摭旧文，包罗古文，论列是非，阐发义理，使经说论归为一统。《五经正义》是根据当时现实的客观需要，对前代学者的解释重新做出梳理，从中选择一种解释。在这些训诂实践中，孔颖达等人积累了许多很好的训诂实践经验，有待于我们给予总结。

难能可贵的是，孔颖达具有相当完备的语法观念，在《五经正义》中，许多地方运用语法观念来解释众多的语言现象。举例来说，孔颖达最早提出了"语法"的概念。在《春秋左传正义·昭公二十年》中说："语法，两人交互乃得称'相'；独使员从己，语不得为'相从'也。"这一名称在中土出现，表明了孔颖达语法观的建立，是先秦时代至汉晋时代对汉语语法认识的结果，也是对汉文佛典梵文语法介绍的借鉴和意译词"语法"及其含义的引用。

孔颖达把汉语词首先划分为实词与虚词，他在《诗经正义》中说："然字所用，或全取以制义，'关关'、'雎鸠'之类也；或假辞以为助，'者'、'乎'、'而'、'只'、'且'之类也。"在《周易正义》中说："如，语辞，非义类。"《诗经正义》又说："此'来思'、'遁思'，思皆语助，不为义也。"从中可看出孔颖达按字（词）的意义特点将字（词）分为两类，一是不为义的非义类词，如标出的"辞"、"语助"、"语辞"等，一是为义的义类词，如"关关"等。孔颖达所说的为义的义类词，即是有实义的实词，而不为义的非义类词，则是指无实义的虚词。这是孔颖达对汉语实词、虚词的最早区分。

另外对汉语说法的分析很多，如"名"、"称"的说法，对拟声词的说法，对词序的说明，等等，都说明了孔颖达对汉语语法有很深入的认识和分析。

《五经正义》是对南北朝以来的义疏之学的全面整理和总结，它系统地采用了前代学者行之有效的训诂方法。要了解南北朝以来的义疏之学，不能不依靠此书。唐代学术在中国学术史上是个过渡阶段，它前承汉代学术，又开启了宋代的转变，又远启了清代学术的开端。清代学者普遍认为不了解唐代学术，就不可能完全了解汉代学术。所以清代学者提出"上追汉唐"的口号，并且在训诂理论和训诂实践中直接从《五经正义》中汲取营养，从实践和理论两个方面发展了汉语训诂学。

（七）颜师古和《匡谬正俗》

在隋唐宋时代，逐渐产生了一种新的文体，即笔记。笔记中内容丰富，其中许多地方都涉及到语言学问题。这个时期的笔记很多，在此仅举颜师古的《匡谬正俗》一书为例。

颜师古（581～645）是唐代著名训诂学家。名籀，以字行，京兆万年（今陕西西安人）。封琅玡县男，官至弘文馆学士。卒谥戴。少承家学，博览群书，精通文字训诂，亦好搜讨古器图物。曾奉诏校定五经，考正秘书，刊正古篇奇字，名闻于世。

《匡谬正俗》为颜师古未完成之作。据此书卷首扬庭表称：是书永徽二年（651）师古子符玺郎扬庭表上于朝，称稿草才半，部帙未终，盖师古所未竟之本。宋人诸家书目多作《刊谬正俗》，或作《纠谬正俗》，盖避宋太祖之讳。

此书前四卷凡五十五条，论《论语》、《诗》、《尚书》、《礼记》、《春秋》诸经音义，后四卷凡一百二十七条，论诸书音义。每一条一般首列被释词、字，继多采用问答体，或驳正谬说，或申明音义，或推阐名义。是书考据殊为严谨精密，向为训诂学家所推崇。《四库全书总目提要》云："古人考辨小学之书，今皆失传，自颜之推《家训音证篇》外，实莫古于是书。其邱、区、禹、宇之论，韩愈《讳辨》引之，知唐人已绝重之矣；戒山堂《读史漫笔》解都、鄩二字，诧为独解，不知为此书所已驳，毛奇龄引《书序》俘厥宝玉解春秋卫俘，诧为特见，不知为此书所已引；洵为后人证据，终不及古人有根柢也。"《郑堂读书记补逸》也说："所引诸书及前人训诂，多今世所不传；辨证亦多确核，故为从来所推重。"《四库全书总目提要》中也提出了此书的不足，主要是认为颜师古不懂古音。"惟拘于习俗，不能知音有古今，其注《汉书》，动以合声为言，遂与沈重之音《毛诗》同，开后来叶音之说。……皆误以古音读今韵，均未免千虑之一失。"

这个评论相当准确。

此书有《丛书集成初编》影印本。山东大学出版社 1999 年 9 月出版了刘晓东编撰的《匡谬正俗平议》一书，是今天为止此书整理的最好版本。刘晓东以颜师古书的本义为资粮，旁征博引，或证颜说，或补颜说，或纠颜说，均原原本本，说明语言文字古今演变之迹，其成就已轶出颜著矣，为颜书的最大功臣诤友。

（八）宋代理学及其朱熹的训诂实践

儒学发展到了唐代，出现了新的转机，这就是儒学的复兴。这种复兴不是对汉代儒学的简单的归复，即不是对于汉代儒生的经典注解的重复，而是主张破注从经或者是弃传从经，实质上，就是主张以己意说经。这种苗头在唐代就已出现，宋代理学就是在这种学术文化氛围中孕育、发展起来的。宋代理学在发展中还渗入了佛、道思想。因此，宋代理学，实质上是以儒家为主干而融合佛、道思想的一种新的学术思潮。

宋经唐末五代之乱以后，封建纲常大遭破坏。宋朝统治者为了维护其统治秩序，必须从重整纲常入手，以便重新确立"君君、臣臣、父父、子子"的封建等级秩序。宋代理学思潮就是为了适应封建统治者的政治需要而应运而兴的。理学家以义理说经的实质，归根到底，就是所谓的"性道微言"来为封建纲常的天然合理性编造理论根据的，而在这方面有着开创之功者，应首推周敦颐。周敦颐在阐发孔孟之道的心性义理的精微之处，有着继绝学之功。宋代理学就是经过周敦颐的倡导，二程、张载的弘扬才得到光大的。所以，后世的学者称周敦颐为"道学宗主"。而周、张、二程所开创的濂、洛、关学又为宋代理学的发展奠定了基础。至南宋，朱熹集濂、洛以来理学之大成，建构了规模庞大的理学思想体系，其影响所及，历元、明、清三代，遂使程朱理学成为中国封建社会后期的官方哲学。

朱熹（1130～1200），字元晦，一字仲晦，号晦庵，又称紫阳、考亭，晚号晦翁。南宋徽州婺源（今属江西）人。侨寓福建建阳，高宗绍兴十八年（1148）进士，历官高宗、孝宗、光宗、宁宗四朝，均为时不长。《宋史》朱熹本传说："熹登弟五十年，仕于外者仅九考，立朝才四十日。"其余时间主要从事讲学和著述，以祠禄过着俭朴的生活。他的学生黄干在为他而作的《行状》里，称他"自奉则衣取蔽体，食取充腹，居止取足以障风雨。人不能堪，而处之裕如也"。《宋史》本传也有类似的记载："箪瓢屡空，晏如也。诸生之自远而至者，豆饭藜羹，率与之共。"由此看来，朱熹的讲学和著述生活是比较清苦的。

朱熹学有渊源，初曾遵父嘱师事闽中崇安"三先生"胡宪、刘勉之和刘子翚。其中，以师事胡宪为时最长，而"得道"则始自刘勉之。后又师事延平李侗。李侗学于南剑罗从彦，罗从彦又学于同郡杨时。杨时为二程及门弟子，号称高弟。由此可见，朱熹的学术渊源可以追溯到二程的洛学，为二程的四传弟子。

朱熹学识渊博，自经史著述而外，凡夫诸子佛老天文地理之学，无不涉猎而讲究之。而尤潜心于儒家经典的研究，曾经说："圣贤道统之传散在方册，圣经之旨不明，而道统之传始晦。"于是，"竭其精力，以研究圣贤之经训"（见《宋史》本传），广注儒家经典。主要有《周易本义》、《易学启蒙》、《诗集传》、《大学章句》、《中庸章句》、《论语集注》、《孟子集注》、《楚辞集注》等。他所作的《四书章句集注》，成了宋以后数百年间封建科举考试的教科书。

朱熹作为宋代理学的集大成者，广注儒家经书，不但对汉代以来的经注、经解进行整理、总结，而且更用理学的观点重新作了解释，系统地阐述了自己的理学观点，为建构理学思想体系提供了经典的依据。他在大量的训诂实践中，非常纯熟地运用了传统训诂学的方法，取得了相当大的成就。只不过由于他作为理学家的名气太大，他在训诂学方面的成就反而被遮掩了。认真地总结朱熹在训诂学上的成就，是我们在研究宋代语言学史中应首先注重的课题。周祖谟在《中国训诂学发展史》一文（《周祖谟语言学论文集》，489 页，商务印书馆 2001 年 10 月版）中说："在南宋期间，朱熹（1130～1200）是重训诂的人，他著有《周易本义》、《诗集传》、《四书章句集注》、《楚辞集注》等。既采用前代旧注的优点，而又参酌新解；解经说字能运用到钟鼎彝器的铭文，见《诗·大雅》《行苇》、《既醉》、《江汉》诸篇，这是以前所少见的。"以下仅从几个重要方面谈一些粗浅的看法。

首先，朱熹主张以训诂为工具，或者说以训诂为桥梁来理解经典的义理。

朱熹相当重视训诂学的功夫。他在《答陈抑之》中说自己："勤劳半世，汩没于章句训诂之间。"（见《朱文公文集》卷 54）他强调只有通过了解古书经典文句的真切含义，才能谈到义理之学。在朱熹看来，本文的原义只在本文之中，从本文之外来寻求本文原意是不可取的。因此，"解书须先还他成句，次还他文义"（《朱子语类》卷 11），这就需要运用训诂学的功夫，先对文句整理清楚明白，正确的句读是解读古书必要的基础工作。正确的句读要求读者具有深厚的训诂学的训练，举凡文字、音韵等知识是必不可少的。须要对字义词性反复详究，环顾前后文，方可定夺。句读过程中已包含了对文字的初步理解，但在句读以后，对文字还须作进一步的研究，若有疑义，乃至上下文义不通，就须重新修正句读。如此反复参详，使可知本文的原义。可是当时很多解释经典的学者以为"章句之学为陋"，不肯下功夫，孰不知，在很多情况下，乃因为"章句看不成句"，圣人之说才被误解或曲解。所以他解释《论语》、《孟子》"训诂皆存"，且"字字思索到"，连所谓的"闲慢处"也无不用心。（参见《朱子语类》卷 56，卷 11）只要将本文"剖析得名义界分，各有归者，然后于中自然有贯通处"（朱熹《答吴晦叔》，《朱文公文集》卷 42）。

朱熹还在解读古籍方面提出了自己的许多有益的经验之谈，如他提出要反复阅读，要"逐章反复，通看本章血脉。全篇反复，通看一篇次弟。始而复始，莫论遍数。令其通贯浃洽"（朱熹《答吴伯丰》，《朱文公文集》卷 52），用以把握上下文的关联，以求本文之大旨；再如他要每次阅读"只就那一条本文意上看，不必又生枝节"（《朱子语类》卷 10）。因本文的内容或所指往往比较丰富，难以一次厘清，诸义兼顾，反而会引起混乱，"固愿学者每次作一意求之"（《朱子语类》卷 11）。还如他认为读书时也可相互诘难讨论。若自己的见解与他人不同，或其他解释者之间各有异见，就应当以相互诘难方式，将各方的见解推论至极处，所谓"穷究其辞"，如此，"两家之说既尽，又参考而穷究之，必有一真是者出矣"（《朱子语类》卷 11）。此种诘难既可以在自己的思考中完成，也可通过与他人的讨论达到目的。

其次，朱熹能持批判的态度对待汉代儒学遗产，对传统的训诂学的弊病有清醒的认识。汉代经学家分为今文、古文的不同，这种不同由于对经典的注解训释不同而产生。今文学家依据今文经典，阅读并不困难，其解释的重点则在于如何发掘在本文之后的作者意图，以及其对当今社会的指导意义；而古文学家所依据的古代文本，是用先秦文字书写而成，只有受过专门训练的学者才能辨认，因此，解释的重点则在于文字考据，以期解释文本的原义。朱熹能力图摆脱门户之见，将今古文的对立和不同看成为正确解读经典的不同方面，认为执其一端的解释都是有失偏颇的，他说："秦汉以来，圣学不传，儒者惟知章句训诂之为事，而不知复求圣人之义，以明夫性命道德之归。至于近世，先知先觉之士始发明之，则学者有以知夫前日之为陋矣。然或乃徒诵其言以为高，而初又不知深求其意，甚者遂至于脱略章句，陵籍训诂，坐谈空妙。"（朱熹《中庸解序》，《朱文公文集》卷 75）朱熹为学不独主今文古文，于各家所长均有所获取，以为我用。他的《四书章句集注》，充分表现了朱熹深厚的训诂学术功底。据有人统计，书中引征诸说自汉以下至于两宋，共计五十余家。仅《论语集注》就有三十余家，训诂多用邢昺《注疏》，音读多用陆德明的《经典释文》，《孟子集注》的训诂多用孙奭。此外还引征《周礼》、《左传》等先秦典籍。义理解说基本上都注出处，而音韵训诂多不注出处，虽不注出处，但都是有来历的，博采众家，再断以己意。在师承上他继承二程的学说，但他又并非独尊程门，他家若有合情入理的说法，他也一视同仁地加以采纳，如董仲舒、韩愈、王安石、苏东坡等人的看法也加以引证。

　　前人多以宋人训诂粗疏而贬斥之，其实，宋代的训诂学不废义理，对后世影响也是很大的，它开启了清代朴学的训诂精神。张舜徽在《清人笔记条辨》中多次提出了朱熹的训诂成就及其影响。他说："《朱子大全集》凡一百一十二卷，即使全读其书，犹未足知朱学之蕴也。又宜取一百四十卷之《朱子语类》，精究而熟览之，始能有所窥悟，知其非特与专言心性者迥然有辨，而讲求学问，实下功夫，乃清代朴学前驱，为后世启示之途径多矣。"（辽宁教育出版社 2001 年 2 月，235 页）又在评论朱熹《诗集传》时说："按朱传亦自汉、唐注疏中出，实能融会旧训，而求其是。故名虽废序，而阴本序说者甚多。以意逆志，曲得诗人吟咏之旨。以视郑笺牵于礼制致纡曲而难通者则有间矣。故戴震撰《诗经补注 ，取朱传之说不少也。"（见该书 319 页）张舜徽的评论相当中肯，对于朱熹的训诂学成就的评价，有待于学者进一步深刻地研求探讨。

第五章　元明时期的语言研究

　　元明两代学术，承两宋余绪。对于元明时代学术的评价，历来都持贬抑态度。陈寅恪却持不同意见，他说："……自得佛教之裨助，而中国之学问，立时增长元气，别开生面。故宋、元之学问文艺均大盛，而以朱子集其大成。……而今人以宋元为衰世，学术文章卑劣不足道者，则实大误也。"（见吴学昭《吴宓与陈寅恪》，11页）陈寅恪是从整个文化发展的作用及其文化发展水平来说的。他尤其重视史学和哲学。柳诒徵在《中国文化史》中也说："有宋一代，武功不竞，而学术特昌。上承汉唐，下启明清，绍述创造，靡所不备。"这些说法，都与一般人们的看法不同，但如果从语言学史的角度来说，元明时代的语言学研究还真是衰微了。

　　从文字学上来看，元明时代的学者上承南宋时代的"六书"之学，以戴侗的《六书故》水平较高，赵宦光的《说文长笺》也较好，从开启清代学术的角度来说，黄生的《字诂》、《义府》的学术价值很高。

　　这一时期的音韵学研究成就很大，主要是能从典籍及传统韵书中走出来，注重当时语言的实际读音，编撰了描写当时语音系统的新格式的韵书。周德清的《中原音韵》一系韵书的出现，标志着"北音学"的诞生。梅膺祚的《韵法直图》等的出现，也表明了当时等韵学的发展和进步。这时期的古音学研究也达到了一个新的水平，陈第、焦竑、杨慎、赵宦光等人对古音学研究都表达出了很好的意见。

　　在训诂学方面有朱谋㙔所作的《骈雅》，类聚古书中义近的双音词，按《尔雅》体例分类，每条予以解释。这是一部属于雅学的书。这时的许多学者注重当时的方言俗语，并力求给予解释，这成为了当时语言研究独具特色的趋势，如李实的《蜀话》、杨慎的《俗言解字》、岳元声的《方言据》等。方以智的训诂学研究在此时期为卓然一大家。他写的《通雅》一书，根据古代的语言材料说明音义相通之理，又兼论方言俗语，创见极多，给清代学者们不少启发，实在是开启了清代学者"音义相通"研究方法的先导者。

这个时期还产生了我国第一本研究文言虚词的专著，即卢以纬的《语助》，有人称此为标志着中国语法学的诞生。我们虽然不同意这种说法，但此书的出现，也预示着汉语语法研究也将从传统经学中独立出来。

第一节　元明时期的文字学研究

（一）戴侗的《六书故》

戴侗，字仲达，别号合溪，永嘉（今浙江温州）人。生卒年不详。宋淳祐中（1241～1252）登进士第，由国子监主簿守台州。德祐初（1275）由秘书郎迁军器少监，辞疾不赴，不详其所终。

戴侗著《六书故》凡三十三卷，刻成于延祐七年。此书是以六书理论分析汉字的著作。戴氏认为六书之学是读书的门径，而学者弃之已久；即使有人学，也往往支离附会，不得要领。他在自序中说："天地万物，古今万事，皆聚于书。书之多，学者常病乎不能尽通。虽然，有文而后有辞，书虽多，总其实，六书而已。六书既通，参伍以变，触类而长，极文字之变不能逃焉。"赵凤仪在序中也说："自篆籀禅而隶楷行，刀笔废而毫楮用，流传转易，伪谬滋甚，有求正于六书之故者盖鲜。合溪戴公侗独能挥索于千载之下，因许氏遗文，厘其舛戾，定其部居，传以义训。群经子史、百家之书，莫不爱据，示有证也。"据此可知戴氏著书的目的在于推明文字六书初谊。因而他就许慎《说文解字》而订其得失，重新解释象形、指事、会意、形声、转注、假借六书的意义。此书不用《说文解字》的部目分类，而另分为九部：一曰数，二曰天文，三曰地理，四曰人，五曰动物，六曰植物，七曰工事，八曰杂，九曰疑；每部中的文字按"六书"分别编排；由于戴氏要推求文字"六书"之初谊，故字体以金文为主，注用隶书，以"六书"说明字义。全书总共分立四百七十九个细目，其中"文"一百八十九个，疑文四十五个，"字"二百四十五个。按照作者的说法，一切文字均可统摄于这二百多个文和疑文项下。前七部各收相类的字，不能收入前七类的归入杂部，形体有疑的列入疑部。戴氏还把四百七十九目分为两部分，称其中一百八十目为文，五十四目不易解释的为疑文，二百四十五目为字。文为"母"，字为"子"。在每目之下，又把偏旁相同的字叙列于后，创用"父以联子，子以联孙"的文字系联方式。

戴氏在释义方面多引用群经作证，文字多明白晓畅，间有特见，考证也时有发明。但戴氏的主要贡献在以下两点：

其一，戴氏能注重把金文作为追溯古文字初谊的源头，这个方向是对的。在解释语源方面，其前有王安石文字学的谬误，戴氏有拨乱反正的作用。其时还没有发现甲骨文，能参考采用的古文字则非金文莫属，所以说，戴氏注重用最初文字字形来探求造字本义，这个方向无疑是正确的。

其二，也是最重要之点，即在于戴氏懂得"以声求义"的方法。戴氏在卷首《六书通释》中说："书学既废，章句之士知因言以求意矣，未知因文以求义也；训诂之士，知因文以求义矣，未知因声以求义也。夫文字之用莫博于谐声，莫变于假借。因文以求义，而不知因声以求义，吾未见其能尽文字之情也。"他说的"文字之情"，按现在的说法，即文字的本质在于记录了语言的声音，由声音来表达了语义。他又说："夫文生于声者也，有声而后形之以文；义与声俱立，非生于文也。"戴氏正确地认识到了是先有语言后有文字。他提出的因声求义的方法，比清代学者早了五个世纪，真是难能可贵。他在释义中也贯彻了这一原则，例如："张：蒩良切。方施弦也。张之满曰张，去声。《传》曰：'随张必弃小国。''少师侈请嬴师以张之。'张帷幕亦曰张。《汉书》曰：'张御如汉王居。'又曰：'张饮三日。'《史记》曰：'以刀决张，道从醉卒直出。'后人加巾作帐。肌肉膜起亦曰张。《传》曰：'张脉偾兴。'别作胀。水张盛亦曰张。别作涨。"（卷二十九）

　　由于懂得了以声求义，就可以根据语音的线索，将一组同源词贯穿起来了。至于字形的歧异，也就能够说明了。戴氏认为："所谓假借者，义无所因，特借其声。"他认为前人以"令"、"长"为假借，而不知两字皆由本义而生（即引申），并非假借。"韦"本为违背之义，借为韦革之韦；"豆"本为俎豆，借为豆麦之豆，这才是假借。戴氏的说法是相当正确的。唐兰在《中国文字学》对戴氏评论说："对于文字的见解，是许慎以后，惟一的值得在文字学史上推举的。"

　　戴氏贡献很大，也提出了一些错误说法，例如他认为反文即是转注，即改变字形方向而造字就是转注，所谓"形转"说，是毫无道理的。又如他对金文研究不够，引古经欠于审慎，以致分析文字形义有不少的舛伪，这都是屡次被后代学者指出过的。

　　此书始刻于元仁宗延祐七年（1320）。现在较好找到的是《四库全书》本。清同治年间有《小学汇函》本。

（二）周伯琦的《六书正讹》

周伯琦（1298～1369），字伯温，号玉雪坡真逸，饶州鄱阳（今属江西）人。历官浙西肃政廉访使，江南行台监察御史，拜资政大夫，江浙行省左丞。周氏博学，工文章，尤以篆、隶、真、草擅名于当时。杨士奇在《说文字原跋》中说："周伯温篆书，今世无过之者。"周氏垂髫读书，即从其父受《说文》。

周氏的《六书正讹》附于其著《说文字原》之后。《四库全书总目提要》中说："大抵伯琦此二书，推衍《说文》者半，参以己见者亦半，瑕瑜互见，通蔽相仿，不及张有《复古编》之精密，亦不至杨桓《六书统》之糅杂。"周氏在《六书正讹序》中说："间尝摭字书之常用而疑似者，以声类之，参稽古法，集而书之，推本造崇，定其始意，训以六义，辨析古今，订别是非。凡二千余字，名之曰《六书正讹》。盖《说文字原》以叙制作之全，而《六书正讹》以刊传写之谬也。采用诸说，折以己见，虑伤于繁，不复识别。此编非古文全书也，姑以备遗忘、便讨阅耳。"

《六书正讹》是一部正字之书，以《礼部韵略》二百零六韵分隶诸字，以小篆为主，先注造字之义，再以隶作某，俗作某辨别于下，大体与张有《复古编》相同。周氏的书中所正者凡两千多字，其中有的见解坚确可信，为后代学者所采用。如正《说文》训"也"为"女阴也"，其字应为"匜"字，正"我"字为"戈名，象形"，正《说文》训"牾也"的"午"字为古"杵"字。此书对于普及汉字形体结构知识和规范文字，都有一定积极意义。

周氏又著有《说文字原》一书。他在《说文字原自序》中说："先君汝南公（周应极）研精书学，余四十年，尝谓许氏之书，虽经李阳冰、徐铉辈训释，犹恨牵于师传，不能正其错简，强为凿说，紊然无叙，遂使学者昧于本原，六书大义郁而不彰；苟非更定，何以垂世？伯琦暇承有年，忘失是惧，缅惟画卦造书之义，参以历代诸家之说，质以家庭所闻，未放厘其全书，且以文字五百四十定其次叙，撰述赞语以著其说。复者删之，缺者补之，点画音训之讹者正之。字系于文，犹子之随母也。分为十又二章，以应十又二月之象，疏六书于下，于是许氏之学，渐有可考，不待翻其全书而思过半矣。"周氏将《说文》的部目删削十七部，改变四部，又增补十七部。由此可见《说文字原》为研究偏旁之作。此书在后代常遭人诟病，如丁福保在《说文诂林自叙》中批评周氏"多采戴侗说以訾议许氏"，其说"诞谩巨信，视同戏剧"，而姚孝遂不以为然，认为"敢于对旧说提出怀疑，根据小篆以前的古文字形体以探求古文字的本源"，"其见识是卓越的"（见《许慎与说文解字》，中华书局，1981 年版）。此书常见的有《四库全书》本。

（三）李文仲的《字鉴》

元代李文仲（生卒年不详），长洲（今江苏吴县）人，自谓"吴郡学生"，其字号、生平无考。《字鉴》是一本正字的书。根据卷首所撰叙文，李文仲伯父李伯英曾撰《类韵》三十卷，从形、音、义三者关系出发，训释文字假借用法，该书脱稿未久，伯英逝世，因而字形笔画多未校正。李文仲于是撰写此书，以辩正字形，刊除俗谬，并对前代字书，多有举正。李文仲对《说文解字》非常推崇，他在自序中指出许慎的著作是："体包古今，首得六书之要；其于字学，处《说文》之先者，非《说文》无以明；处《说文》之后者，非《说文》无以法。"从中可看出李文仲创作撰写的旨趣。

《字鉴》按平上去入四声和二百六部之韵来编次文字，一般的都在注音释义之后，指出俗体之伪。但编者并不强调要唯古是从，认为"经史承伪日久，难遽磬改俗"。可见他并非泥古不化，表现出尊重文字使用中从俗从变的变通态度。此书版本很多，常见的有商务印书馆的《丛书集成初编》本。

（四）梅膺祚的《字汇》

明代的商业经济继承宋元时代的经济而获得了更高的发展。这个时期的俗文学得到了进一步的繁荣，明代南曲盛行，白话小说名著如《水浒传》、《金瓶梅》等也相继问世，坊间雕版印书和私人藏书增多，市井俚语、新造字词也就日益增多。社会就产生了了解俗语新词的需要，应运而生的通俗字书就出现了。首先要谈到的即是梅膺祚的《字汇》。

梅膺祚（生卒年不详），字诞生，宣城（今属安徽）人。此书是明代流行极广的按部首编排的字书，成书于明神宗万历四十三年（1615）。其书共十四卷，含正文十二卷，首末各一卷。共收三万三千一百七十九字。在编排体例上有许多创新。分部据楷书偏旁，把《说文》、《玉篇》五百多部减少归并为二百一十四部。正文按十二地支分为十二集，并在各集之前标注本集所隶各部及其所在页码，部首和各部所隶字均按笔画多少编次。《字汇》按笔画多少编次，这是他在中国字典辞书编辑史上的一个创造。由于用此种方法查检比较方便，所以一直为后人编撰辞书所遵循。

《字汇》在每字之下先注读音，然后注解字义。以基本义、常用义列前，其他义项列后，除收经史常用字外，并收入了许多俗字，不收僻字、怪字。古文、异体均列于正字之后。能够照顾到当时已普遍使用的俗字等，这是梅氏的一大革新精神的体现。梅氏认为写字以不背于古，不戾于今为好，凡今时通行的，笔画正规的可用，笔画不对的或过于从古的皆不宜用。

此书注释简明实用。均在每字下先注音再释义，注音先用反切，后用直音，极便读者。注释以通行义为主，间或采用《说文》的说解，以明造字之本旨。

首卷载序文、凡例及目录，并有"运笔"、"从古"、"遵时"、"古今通用"、"检字"等附录。卷末附录有"辨似"、"醒误"、"韵法直图"、"韵法横图"。这些内容与正文相得益彰，说明了编撰宗旨、选取原则、辨误正谬的方法等。

《字汇》一书体例完善，归部合理，编排科学，训释全面，书证详备，是一种具有里程碑意义的辞书。此书不足之处在于其引书不注明出处，在注音时有时注"叶音"等，但这些都无伤大体，它的实用性和科学性使它问世以后就风行一时，成为当时人们便利的工具书。

（五）张自烈的《正字通》

此书为张自烈所撰。旧有题廖文英所撰者，实为康熙中廖文英任南康知府时以金购得，掩为己有，仅书前所列满文十二字母，为廖氏所加。

张自烈，字尔公，号芑山，宜春（今属江西）人。崇祯末为南京国子监生，入清累征不就，晚年卜居庐山。博学洽闻，著作尚有《四书大全辨》、《诸家辨》、《古文今辨》等十余种，今皆存于世。

此书为补正梅膺祚《字汇》而作。廖文英在序中说："梅诞生《字汇》行世矣，其间墨守《正讹》、《韵会》二篇，罕所折衷，又未尝淹通经史，与字学相发明，或似而乱真，或略而未备，学者无以定所从也。"因此，"更为集诸名硕，蒐六书善本，历代字学暨方外释道藏，厘定释诂，孰是孰非，使人知所适从。庶几彼此贯通，义理交正；阴阳不悖，可通天地；先后一揆，可通于古今；水火木石，飞潜动植之微，东齿西腭、南唇北喉之别，皆可触类旁通。于以上符功令，下裨承学"。这篇序文很好地说明了此书编撰的宗旨和目的。

全书共十二卷，共收三万三千余字。体例一仍《字汇》之旧，仅将《字汇》首、末两卷附录全部排在正文之前，撤去"韵法"一项和每卷前之目次表，较《字汇》确有改进。

首先，《字汇》将一个字的古、籀、篆、隶、俗、讹各体分入各部。《正字通》虽也列出各体，但将它们都注于本字之后，使读者查到本字，即同时认识了它的其他形体。这样既方便读者查阅，又可以明了字体流变及正俗讹误，确定取舍。

其次，《字汇》有同字异部而异其训者，《正字通》则只保留一部；《字汇》有异字而训相同相通者，《正字通》仅在一处作注释，另一处只注"详见某部某注"，不再重复出现注释。如对"口部"的"呐"与"言部"的"讷"就是如此处理的。对于一些复音词如鹦鹉、蟋蟀、蓓蕾等往往"同一物而分二字"，注释重复，也都删去重复，标明"附见某部"。

再次，《正字通》对于《字汇》的注音方式与谬误作出了调整。《字汇》引《周易》等书，常根据近似的音来改变本文的音以求协和，把不押韵的地方也当成了韵脚。《正字通》则除诗歌、铭赞、谣谚协韵外，其他一律不载协音。《字汇》对于同一个字的同一个音读，有时采用诸家之说，分注几个反切，《正字通》则只注一个反切。这样，就使得《正字通》避免了《字汇》的一些纠纷繁复。

最后，《字汇》多处有书证文义不周的缺憾，由于是剪裁上下文，致使引文义不贯通。《正字通》则随类整比，以《十三经注疏》为准，注意文理连贯，多引用书证原注，间或对所引之注再加注释。

还有，《正字通》对《字汇》中的错误也有一定订正，对《字汇》涉及州郡沿革和古今姓氏诸字的缺漏或未详者加以补充；而且，在书证方面扩大了采注书籍的范围，增引释、道两教及医药、方技等书之文字。

《四库全书总目提要》中评价说："其书视梅膺祚《字汇》考据稍博。然征引繁芜，颇多舛驳，又喜排斥许慎《说文》，尤不免穿凿附会。"这种指责是有根据的，《正字通》在《字汇》每个字作注后，常又增释，说解不善于总结，使字书如同经传注释一般，说解一字，动辄千言，繁芜不精，失于繁冗。现在通行的《正字通》是康熙时秀水王氏芥子园重刻本，卷首有康熙九年（1670）的张贞生序和康熙十年（1671）的黎元宽序。《四库全书总目提要》据通行本著录于《存目》中。

（六）赵谦的《六书本义》

赵谦（1351~1395），原名古则，字㧑谦，余姚（今属浙江）人。明初修《洪武正韵》，应征入京，持议不协，出为中都国子监典簿。罢归，不久被荐为琼山县教谕。博究经子，尤精字学，所著除此书外，尚有《学苑》六篇、《童蒙习句》一卷、《声音文字通》一百卷。

《六书本义》为研究六书的著作。书前有论七，图十二，大抵祖述郑樵的学说，论述六书本义与子母相生之理。正文分为数位、天文、地理、人物等十类，"以象天地生成之数"；析为十二篇，"以象一年十二月"；将《说文》五百四十部并为三百六十部，"以当一朞之日月"；共收一千三百字，每字之下，先以反切注音，然后解释本义并酌引书证，并辨别六书之体。各部之字的排列，"以母统子，以子该母，子复能母，妇复孕孙，生生相续，各有次第"，"不能生者，附各类后"。赵氏的这种论述排列文字的方法，颇与后来沈兼士的《广韵声系》排列文字方法类似。从文字形体来看文字孳乳繁衍的过程。

赵氏所论六书之本义，略有可取之处。例如其论述反体会意、省体会意等，被后人及清儒所认可。在说解文字时，揭明本义，分析字形，兼明假借与通用、同用等，都对《说文解字》有所阐发补正。但在论述假借、转注二书时谬误甚多，在讲解字义时又常将引申义归为假借义，受到了后人的责难。其书中有"六书相生总图"，将六书之间的关系及内部的分类用图表的形式表述出来，这一点在同类著作中很有特色。《四库全书总目提要》中评论说："第于各部之下辨别六书之体颇为详晰，其研索亦具有苦心。"

《六书本义》有明洪武间刊本行世最早，后又有正德十四年（1519）于器之刊本、秦川胡文质刊本。

（七）赵宧光的《说文长笺》

赵宧光（？～1625），亦作赵颐光，字凡夫，吴县（今江苏苏州）人。与妻陆卿子隐于寒山，读书稽古，精于篆书。

《说文长笺》实际与《六书长笺》共为一书，凡一百零四卷。本书以宋代李焘的《五音韵谱》为底本，收字有所增删，增者加方围于字外，删者加圆围于字外。编排打破五百四十部原来次序而自立门类。每字下设注文、论辩两项内容，注文谓"长语"，论辩谓"笺文"，故以"长笺"为书名。前六卷之首分列许慎六书释义，又罗列上起汉人班固下至明人吴元满共十九家之说，逐条辩论，申明己意。末卷为《六书余论》。

这部书征引宏富，解释字义时有新解。《康熙字典》对它屡加称引。但是在注释中非常粗疏，清儒对此书诟议很多。《四库全书总目提要》中评价说："其书用李焘《五音韵谱》之本，而凡例乃称为徐锴、徐铉奉南唐敕定，殊为昧于原流。……然所增之字，往往失画方围，与原书淆乱；所注、所论，亦疏舛百出。……末又列《六书余论》一卷，亦支离敷衍，于制字之精意，皆无当也。"顾炎武在《日知录》卷二十一中也说："赵宧光作《说文长笺》，将自古相传之五经肆意刊改，好行小慧，以求异于先儒。……然其于六书之指，不无管窥。而适当喜新尚异之时，此书乃盛行于世。及今不辩，恐他日习非胜是，为后学之害不浅矣，故举其尤刺谬者十余条正之。"顾炎武所指斥的十余条确可看出赵氏治学的粗疏空泛的弊病，后人也大都同意这些评价。赵宦光的书瑕瑜互见，据"解题"称，其书中原有《谐声韵表》二卷，因当时未刊行，原稿也散佚了。"解题"曰："《谐声表》者，以声统字。推而上之，极于自出声字，立为韵之始祖；所从出字，谐其声即同某韵，皆其子孙也。"整理、研究文字的谐声系统，是研究上古音韵的不二法门。赵氏能将谐声偏旁编成一表，对谐声偏旁进行深入研究，这是汉语语言学史上的第一人。赵氏提出的"谐其声即同某韵"，与一百六七十年后段玉裁提出的"同谐声者必同部"如出一辙，很可能是段玉裁受赵氏的启发而创作出他的《六书音均表》的。赵宦光还说"取汉人正音，参之三百篇成协"，提出以《说文》的谐声材料与《诗经》韵文互相证明，更可看出他的远见卓识。我们知道，清儒研究上古音韵并取得了巨大的成绩，就主要采用了这种方法。以往的研究材料都是零散细碎的材料，要想建立上古汉语的音韵系统几乎不可能，自从采用了这两种系统完备的方法，才可能建立起上古汉语的音韵系统，从中就可看出赵氏提出这两种方法的作用和价值了。

《说文长笺》有明万历丙午刊本，崇祯六年徐氏介石居刊本等传世。

（八）黄生的《字诂》

黄生（1622~?），字扶孟，号白山，歙县（今安徽歙县）人。明代诸生，入清不仕。对文字训诂深有研究，谙熟以声音通训诂之道，颇多创见。所著书皆奉诏销毁于乾隆年间，仅《字诂》一卷，《义府》二卷传于世。

《字诂》取曹魏张揖《字诂》以名其书。所辑多单音字，黄氏根据六书理论，分析字形，审定音读，判断通假，追溯源流，引据淹博，间用方俗口语。《四库全书总目提要》中评论说："是编取晋张揖《字诂》以名其书，于六书多所发明，每字皆有新义，而根据博奥，与穿凿者有殊。"又云："谓干乾字通，引《后汉书·独行传》云明堂之奠干饭寒水，又在晋帖所云淡闷干呕之前。此类则最为精核，其他条似此者不可枚举。盖生致力汉学，而于六书训诂尤为专长，故不同明人之剿说也。"黄生尊奉《说文》而又不拘泥，所发明新义多有语源上的根据，与王安石《字说》迥然不同。

黄生的贡献前人注意的不够，黄生的难能可贵之处在于精于文字形体分析，同时以声音通训诂，时时关注语词的音义联系。仅仅这一点就足以大书特书，开启了清儒探讨音义关系的新训诂方法。他在《字诂》中多数条目，都注明字的反切，以语音为词义分析的根据。以声音为线索破除字形的隔阂而论证字义的联系。分析了四声别义的条例，如《字诂·间》中说："间，空隙也。言其事则去声，指其处则平声。"清代的训诂学之所以达到高峰，是因为冲破了"正形为义"的藩篱，以声音通训诂，而黄生是其导夫先路者。清刘文淇在《〈字诂〉〈义府〉跋》中评价说："是书博大精深，所解释者皆实事求是，不为凿空之谈。夫声音训诂之学，于今日称极盛，而先生实先发之。"章太炎在《太炎文录·说林下》中说："其言精确，或出近世诸师上。夫伪古文之符证，发于梅鷟；周、秦古音之例，造端于陈第；惟小学，亦自黄氏发之，孰谓明无人乎？顾独唱而寡和耳。"评价是相当高的。

黄生此书并非没有失误之处，《四库全书总目提要》等都指出了一些，但其开创的方法论上的首创之功，却是不可磨灭的。

此书现今最好的版本为中华书局1984年出版《字诂义府合

按》。

第二节　元明时期的音韵学研究

我国从 14 世纪起，北方逐渐地成为了全国政治活动和文化学术活动的中心。由于国家的统一，政治、经济的集中，加强了汉语全民族语言的统一性。当时北方官话逐渐地取得了民族共同语的身份。这一时期在文学领域出现了两种新的文学体式，即散曲和杂剧。

元代的散曲是词体的一种解放和扩展，也是民间诗歌和小唱的一种演进。散曲的内容也很贴近人们的生活。元代杂剧是散曲和戏剧相结合的产物。这种戏剧继承了民间文学现实主义的传统，深刻地表达出了当时的社会背景和现实面貌；在形式上它综合宾白歌唱以及表演等各个环节，具有动人的戏剧性和群众乐于接受的特点，因而迅速在民间流行起来。当时的戏剧文学的繁荣，就给学者提出了如何反映这段历史时期语言面貌的任务。元代杂剧是采用北方方言撰写的白话文学，散曲和小令基本上也是按照北方语音音韵来创作的。反映这时期的实际语音面貌的即为《中原音韵》等。这时人们对汉语语音结构有了较为清楚的认识，汉语等韵学也获得了发展。这时期人们逐渐认识到古今语音是变化的，开始试图研究上古语音，产生了古音学。

（一）北音学研究

所谓北音学是指研究元代《中原音韵》一书为代表的音韵系统的学科，包括元明清时代的韵书、韵图所反映的近代语言。《中原音韵》归纳了元代北曲的用韵情况，而在旧时代，戏曲不算是正统文学，这样的韵书也就不登大雅之堂，直到现代才逐渐引起注意，所以北音学是现代逐渐建立起来的。

1. 周德清和《中原音韵》

周德清（1277～1365），字日湛，号挺斋，瑞州高安（今江西高安县）人。《高安县志》云："周德清，号挺斋，暇堂人。工乐府，精通音律。所著有《中原音韵》行世。虞伯生序之曰：随时体制，不失法度。罗宗信称其词曰：毋使如阳春白雪，徒为寡和。蔡虚斋先生并有序表之。"周德清的作品传世无多，隋树森《全元散曲》选收小令三十首，套数三套。《朝野新声太平乐府》收周氏小令二十五首，套数三套，残曲六段。

元泰定年间，在大都展开了一场关于"正语作词"的论争。周氏对"世之泥古非今，不达时变者众，呼吸之间，动引《广韵》为证，宁甘受鴃舌之诮而不悔"的情况极为不满，主张"欲作乐府，必正言语；欲正言语，必宗中原之音"，遂发奋撰作《中原音韵》一书。导致周氏写作此书的直接原因是为了回应萧存存的问难。在《中原音韵·自序》中说："泰定甲子（1324），存存托友张汉英以其说问作词之法于予……遂分平声阴阳及撮其三声同音，兼以入声派入三声，如'鞞'字，次本声后，茸成一帙，分为十九，名之曰《中原音韵》，并起例以遗之。"在《中原音韵·正语作词起例》又云："《中原音韵》的本内，平声阴如此字，阳如此字。萧存存欲锓梓以启后学，值其蚤逝。泰定甲子以后，尝写数十本，散之江湖。"后经罗宗信等人奔走，至正元年（1341）始刊刻于吉安。

《中原音韵》是为适应北曲发展需要，据当时戏剧家关汉卿、马致远等人作品用韵字而编就的韵书。《中原音韵》也是为规范戏曲语言而作，同时也是当时中原之音的真实记录，是研究近代语音史最重要的资料。

在《中原音韵》以前，《切韵》一系韵书一直占统治地位，间或有记录一地方音之作，如唐元廷坚的《韵类》、宋邵雍的《皇极经世》，毕竟传之未远，或失之粗陋。随着白话文学的兴起，特别是北曲的勃兴，迫切需要研究活的语言中的音韵系统。在这种历史背景下，周德清的《中原音韵》应运而生，突破了《切韵》一系韵书的固有规模，为北音一系韵书开创了新的规模。

《中原音韵》改变了传统韵书的撰作体例，也改变了《切韵》一系韵书分韵定音的标准，是一部富有革新精神的著作。此书的内容分为两大部分，前一部分称为《韵谱》，以韵书的形式，把曲词里常用作韵脚的 5866 个字，按字的读音进行分类，编成一个曲韵韵谱。韵谱分为十九韵：1 东钟、2 江阳、3 支思、4 齐微、5 鱼模、6 皆来、7 真文、8 寒山、9 桓欢、10 先天、11 萧豪、12 歌戈、13 家麻、14 车遮、15 庚青、16 尤侯、17 侵寻、18 监咸、19 廉纤。每一韵里又分为平声阴、平声阳、入声作去声等类。每一类里面以"每空是一音"的体例，分别列出同音字组，共计 1568 组。第二部分称为《正语作词起例》，是对《韵谱》的说明，共有二十五条，按内容可以分为两部分：一～二十四条是"正语"起例，二十四和二十五条列出三百五十个曲牌。《正语作词起例》二十五条文字体例不一，长短不等，内容有重复，大约不是同时写成的。

《切韵》分为二百零六韵，《中原音韵》仅分为十九韵部，数目减少很多，主要是因为：首先，《中原音韵》与传统韵书编制体例不同，《切韵》等传统韵书四声分韵，《中原音韵》则四声合韵，《中原音韵》的一个韵部相当于《切韵》的一个韵类。其次，《切韵》有独立入声韵三十四部，《中原音韵》入声派入舒声，没有独立的入声韵。再次，《切韵》依据"从分不从合"原则，分韵较细，其中包含古音和地域方言的一些音类，而《中原音韵》依据的基本是一个单一音系，语音系统简单得多。最后，汉语北方话发展到元代，语音系统较隋唐时代简单多了，《中原音韵》反映了实际语音的变化。

《中原音韵》中的同音字组也称为小韵。这是《中原音韵》

音系的基本单位，对这些小韵进行考订，就能了解《中原音韵》的声母、韵母、声调数量及其结合情况。

《中原音韵》的声母数量，学者们尚有分歧，罗常培认为有二十声类，赵荫棠认为有二十五类，陆志韦认为有二十四类，杨耐思考订为二十一声类。分歧的由来是"知章庄"三组字要不要拟为两套声母，见组要不要分两套，疑母要不要独立。《中原音韵》的韵母一般认为有四十六类。《中原音韵》的声调与中古汉语平上去入四声不同，其主要特点是"平分阴阳，浊上变去，入派三声"。"入派三声"的性质如何，《中原音韵》时代共同语中是否还保留入声，学者们的看法很不一致。或认为实际语言已无入声，或认为尚有入声，"入派三声"只是"派入"，是为作词而设，是灵活运用而不是并入。

《中原音韵》的审音标准是"中原之音"。"中原之音"的基础方音在哪里，学者们的意见亦不一致。或认为是大都音；或认为是当时河南一带以洛阳音为主体的共同语语音；或认为是以汴梁（开封）为主的河南地区语音。

周德清说"欲作乐府，必正言语，欲正言语，必宗中原之音"，这是周德清从事语言研究的出发点。《尔雅》、《方言》等古代优秀的语言学著作，都是以"雅言"，即活的文学标准语作主要研究对象。后来由于口语和书面语逐渐脱离，使人们对于活的语言反倒不重视了。《中原音韵》以活的语言作为研究材料，记载下了当时活的语言的语音情况，对于我们今天认识和研究当时的语音，都具有极大的意义和价值。

常见的本子有 1978 年中华书局的影印本。

2．乐韶凤等的《洪武正韵》

《洪武正韵》是明初乐韶凤等人奉明太祖敕命编撰的一部官韵书。乐韶凤，字舜仪，一字鸣瑞，号延瑞，全椒（今安徽全椒县）人。洪武三年（1370）授起居注，六年（1373）拜兵部尚书，改侍讲学士，以国子祭酒于十三年（1380）致仕归。博学能文章。

《洪武正韵》成于洪武八年（1375），后《中原音韵》五十年。宋濂在序中指斥沈约等所编韵书为"吴音"，强调《洪武正韵》要"一以中原雅音为定"，这种提法和宗旨与《中原音韵》是一致的。明人沈宠绥《度曲须知》下卷说："诸臣承诏共辑《洪武正韵》，一以中原雅音为准焉。夫雅音者，说者谓即《中原音韵》是也。"这也反映了《洪武正韵》通过官方韵书的形式以中原雅音作为标准音。

《洪武正韵》并《广韵》二百零六韵为七十六类：平、上、去三声各二十二韵，入声韵十韵，共有三十二韵：1东、2支、3齐、4鱼、5模、6皆、7灰、8真、9寒、10删、11先、12萧、13爻、14歌、15麻、16遮、17阳、18庚、19尤、20侵、21覃、22盐。与《中原音韵》比较，几乎完全相同。只是把《中原音韵》里的"齐微"分为"齐""灰"两类；"鱼模"分为"鱼""模"两类，"萧豪"分为"萧""爻"两类，故多出三韵。

《洪武正韵》虽然明言"以中原雅音为定"，但与《中原音韵》相比较，差别还是相当大的。首先，从声调来看，《洪武正韵》平声不分阴阳。编者误以为《中原音韵》的平声分为"阴平"、"阳平"是与《广韵》里"上平"和"下平"是同样性质的，完全没有意识到当时语音中平声声调早已分为两个不同声调了。编撰者在《凡例》里说："按《七音略》平声无上下之分，旧韵以平声字繁，故厘为二卷。盖因宋景祐间丁度与司马光诸儒作《集韵》始以平声上下定为卷目，今不从，惟以四声为正。"《洪武正韵》平声字不分"阴""阳"与近古以来在南方各方言区仍然保留全浊声母是有关系的。从声母系统来看，它与当时北方话各方言区已经化"浊"为"清"不一样。

其次，《洪武正韵》保留了十部入声韵。人们在解释这些现

象的原因时，大多认为是编撰者多为南方人的缘故。赵荫棠在
《中原音韵研究》中说："至《正韵》则不然，它所根据的蓝本是
毛晃父子的《礼部韵略》，产生地又近江浙，参与编者又多是南
方人，所以把入声独立而不派入三声之内。"王力在《汉语音韵
学》中说："编者以南人居多，甚至大部分是吴人，如果不是精
通音韵而且熟习中原音的，就难免为自己的方音所影响，例如江
南原有入声、浊纽，又寒删有别，就容易误认中原音也是如此
了。"

　　《洪武正韵》的声母系统，有刘文锦根据反切系联，作《洪
武正韵声类考》（载《历史语言研究所集刊》三本二分），共得出
声类三十一类。与"三十六字母"比较，《洪武正韵》少了五母，
这就是"非"与"敷"，"知"与"照"，"彻"与"穿"，"澄"与
"床"，"泥"与"娘"分别相混。这些情况都反映了《洪武正韵》
的保守性。它沿袭了传统韵书的写法和体例，又由于编撰者方音
的影响，使其掺杂了南方方言的一些特点。王力在《中国语言学
史》一书83页中说："从声调、声母两方面看，《洪武正韵》偏
重于存古；从韵部方面看，它又偏重于从今。而存古与从今都做
得不彻底，所以说是古今杂糅的一部韵书。"王力又在《汉语音
韵学》中说："此书既然是许多方音杂糅而成的，在语言史上就
比不上《中原音韵》有价值。不过，如果我们在这里头能发现多
少当时各地方音的痕迹，也不是完全没有用处的。"罗常培根据
资料，认为当时（14世纪前后）北方有两种并行的语音系统，
"一个是代表官话的，一个是代表方言的；也可以说一个是读书
音、一个是说话音"（见《中国语文》1959年12月号《论龙果夫
的八思巴字和古官话》）。而《洪武正韵》正好属于代表官话的那
个系统。官话音因袭性较强，具有保守性，所以还保留了一些旧
有的语音特点，这就和《中原音韵》所反映的语音有一定距离
了。这也说明了它的价值所在。

此书有明隆庆元年（1567）刊本，收入《四库全书·经部·小学类》。

3．兰茂和《韵略易通》

兰茂字廷秀，杨林（今云南嵩明县南）人。性聪慧，过目成诵。年十三通经史，长益嗜学。所著有《鉴例折衷》、《经史余论》、《韵略易通》、《止庵吟稿》、《安边条策》、《声律发蒙》等。与安宁张维齐名，一时学者宗之。年八十崇祀乡贤。

《韵略易通》成书于正统七年（1442）九月，晚《洪武正韵》六十七年。本书为便应用，颇多便俗字样而不及经史音释。赵荫棠在《中原音韵研究》中说："《韵略易通》就是现在的平民识字课本，又可以说是国音字典。它本来就不是为那高人雅士写的，高人雅士也不必苛责它。"此书是为平民识字之便而撰著的，因而反映了当时云南实际语音系统。

此书共分二十韵，一东红，二江阳，三真文，四山寒，五端桓，六先全，七庚晴，八侵寻，九缄咸，十廉纤，十一支辞，十二西微，十三居鱼，十四呼模，十五皆来，十六萧豪，十七戈何，十八家麻，十九遮蛇，二十幽楼。这二十韵部，与《中原音韵》所分十九韵部接近，只是把《中原音韵》的"鱼模"部分为"呼模"、"居鱼"两部；证明当时 [y] 韵于此时已存在了。

《韵略易通》还保留入声和入声韵。同一声纽之下，分列平上去入四声之字。入声韵配阳声韵，阳声韵十部，所以入声韵实际也十部，只是没有明确独立出来。平声分阴阳，但不标阴阳之名，阴平和阳平用〇隔开。

此书用一首"早梅诗"代表声母系统，对后代有很大影响："东风破早梅，向暖一枝开。冰雪无人见，春从天上来。"据今人考证，这二十个声母的音值大概是：

冰 p　破 p'　梅 m　风 f　无 v

东 t　天 t'　暖 n　来 l

早 ts　从 ts'　雪 s

技 tʃ　春 tʃ'　上 ʃ　人 ʒ

见 k　开 k'　一 o　向 x

这二十个声母与《中原音韵》的声母系统基本相合，与现代北方话也很接近。其特点是全浊声母消失，群合于溪，定合于透，并合于滂，奉和于非，床合于穿，禅合于审，邪合于心，匣合于晓。此外，知彻澄娘与照穿床泥合一。

此书声韵系统与《中原音韵》大同小异，特别是划分出了二十声类，对考定《中原音韵》的声类有重要参考价值，同为研究近代汉语语音的重要资料。

《韵略易通》的本子有明万历三十七年（1609）吴允中刻本，明万历四十一年（1613）高举刻《古今韵摄》本，明宿度校刻本，清康熙二年（1663）李棠馥刻本。

4．毕拱辰的《韵略汇通》

毕拱辰，又名毕振辰，字星伯，号湖目，又号天目，明末掖县（今山东掖县）人。万历丙辰（1616）年进士，授朝邑、盐城二县知县。后数迁数贬，官冀宁兵备签事时，起义军兵陷太平，为李自成所杀。追谥烈愍。工诗，通韵学。此书序于崇祯十五年（1642），乃为"童蒙入门"之便，取兰茂《韵略易通》"分合删补"而成。

此书分为十六韵部：一东洪，二江阳，三真寻，四庚晴，五山寒，六先全，七支辞，八灰微，九居鱼，十呼模，十一皆来，十二萧豪，十三戈何，十四家麻，十五遮蛇，十六幽楼。它把原收［-m］韵尾的诸韵并入［-n］韵尾诸韵之中，可以证明明末北方话中［-m］韵尾已经消失。其归并情况是："廉纤"并入"先全"；"缄咸"一部分归入"先全"，一部分归入"山寒"；"侵寻"与"真文"合为"真寻"；同时，"端桓"也并入"山寒"。另将"西微"韵中念［i］的字归于"居鱼"韵，剩下念

［ei］的字改为"灰微"韵。

此书声母仍沿《韵略易通》之旧，分为二十个声母。声调方面，保存入声，入声韵配阳声韵，与《韵略易通》相同。平声分为上平、下平，就是《中原音韵》的阴平、阳平。声调分为上平、下平、上、去、入五声。在韵书体例上，此书为各小韵加注切语，切语据《洪武正韵》而略有出入。此书对《韵略易通》进行"分合删补"，反映了汉语语音在二百年间（1442～1642）的历史变迁，对于语音史的研究很有用处。

此书有王富揆以《韵略易通》昌名出版本。

（二）等韵学研究

等韵学在这个时期也得到了发展，著者都能根据当时语音系统的实际情况，对古代韵图作出调整，在一定程度上反映了当时语音系统的实际情况。

1. 刘鉴的《经史正音切韵指南》

《经史正音切韵指南》，简称《切韵指南》。刘鉴字士明，关中（今陕西一带）人。据其自序，此书成于元顺帝至元二年（1336）。

全书列十六摄，注明内转、外转，分二十四图。大概是以《四声等子》作为蓝本而加以变革。每图纵以三十六字母列二十三行，"端知"组并行，"帮非"组并行，"精照"组并行。序次按牙舌唇齿喉"始见终日"排列，喉音用"晓匣影喻"之次。横以四等统四声，入声兼承阴阳声韵。声母方面与《四声等子》相同。此书因为牵合《五音集韵》，而前后成书相距百年，势必与当时语音有诸多不合之处，是比较保守的。为了调和实际语音与《切韵指南》的矛盾，刘鉴又在《切韵指南》的末尾，附上《门法玉钥匙》。所列法门凡十三门：音和、类隔、窠切、轻重交互、振救、正音凭切、精照互用、寄语凭切、喻下凭切、日寄凭切、通广、侷狭，内外。这一部分是此书最有价值的部分。这十三门是宋元以来等韵门法的集中概括，对韵图等列字问题做了较为完备的说明。据此也可考求宋元语音声韵分合之迹，可以作为研究宋元语音、汉语等韵学的重要资料。

此书常见的有明正德十一年（1516）刊印的《韵学四种》本、《四库全书》本等。

2. 袁子让的《字学元元》

袁子让，字仔肩，号七十一峰主人，郴州（今湖南郴县）人。万历十三年（1585）举人，二十九年（1601）进士，官至兵部员外郎。精等韵之学，另著有《香海棠集》等。

《字学元元》成书于万历三十一年（1603），十卷。此书仿效《四声等子》而兼取《切韵指掌图》之法，作"古四声等子二十四摄"韵图一。图首标注摄名、内外转、广通侷狭门等，纵以三十六字母分为二十三行，横分四栏列四等之字，图末注明开合口或独韵，列字大体依据《四声等子》而稍有更革。又就《四声等子》《皇极经世声音唱和图》及《洪武正韵》之离合，重加分配，自制"二十二摄子母全篇"韵图一。

此书声母采用三十六字母，每一母包括上开、上合、下开、下合四种，实际就是开、齐、合、撮四呼。并合开两呼为上等，齐撮两呼为下等。声调分平、上、去、入。列二十二图，一摄一图。入声韵配阳声韵。分韵列字与《洪武正韵》接近。此书还载有《华严经字母图》。此书尚有《增字学上下开合图》、《总括上下开合一图》等。此书还详细疏证了《四声等子》所载门法，条理分明，并增广门法为四十八类，较明释真空《篇韵贯珠集》所增更为完备。其中"读上下等法辨"、"读开合声法辨"、"佐等子上下四等议"数章，反映了变四等为二等的倾向，在审音方面有所贡献，尤为后世所取法。

总之，此书意在述古，内容复杂。虽然《四库全书总目提要》对此书多有微词，称其为"忽论七音，忽论六书，体例糅杂，茫无端绪。所论六书，亦纯以臆测，不考许顾以来之归义，所谓聪明过于学问者，其子让之谓乎"。但是，由于此书长于审音，对韵图排列等也有贡献，故此书颇足供汉语近代语音学、等韵学研究者参考。

此书现有明万历时初刊本，明天启三年（1623）重刊本。

3.《韵法直图》

此书作者不详，附于明梅膺祚《字汇》书后。《韵法直图》梅氏序云："韵学自沈约始，而释神珙继以等韵，列为三十六母，分为平仄四声，亦既撼性灵之奥而泄造化之玄矣。顾通摄门繁，而肤浅莫测，予苦之。壬子（1612）春，从新安得是图，乃知反切之学，人人可能者。图有经有纬，经以切韵，纬以调声，一切一调，彼而合凑，盖有增之不得，减之不得，倒置之不得，出自天然，无容思索，稍一停思，竟无声续矣。图各三十二音，上下直贯，因曰《韵法直图》。"

这部韵图从根本改变了宋元以来两呼四等的观念，以及按呼等列图的制作体例。随着语音变化，实际语音已表现出合四等为二等，分两呼为四呼的倾向。《韵法直图》则首次给呼类以确切名称，使旧等韵的两呼四等说彻底结束，新等韵的四呼说渐加明确，这是近古语音史上的一件大事。它分开口、齐齿、合口、撮口四呼外，还有混呼、闭口呼、齐口呼、咬齿呼、舌向上呼、齐齿卷舌呼、齐齿卷舌而闭等。它的分法，或指韵头、或指韵尾，或指唇的形状，或指舌头直卷状态，显然不够科学严密，但它首先提出的开齐合撮为后代所保留，贡献颇大。

此书基本上以实际语音为根据分四十四韵系，列四十四图，每图的字呼类相同。其中有入声韵二十三部，配于阳声各韵系。

此书分声母为三十二类，即把传统三十六字母中的知彻澄娘合于照穿床泥，这样就减少了四母。声调仍为平上去入四类。

韵图方法是：纵分四栏列四声之韵，横行排列三十二声母。纵横交合处就是所切的字。韵目下标明五音（宫商等）之名，一韵后附注十呼（开合等）之称。

由于此图改变了传统韵图的型制，又以表现当时的读音系统为主要特点，所以后代仿照它而作的韵图很多。此书对于汉语近代语音研究以及明清等韵学研究有一定参考价值。

现在有梅氏《字汇》万历四十三（1615）宣城梅氏刊本。

4．方以智的《切韵声源》

方以智（1611～1671），字密之，号鹿起，又号曼公，安徽桐城人。少与陈贞慧、吴应箕、侯方域等参加复社活动，人称四公子，驰名文苑。崇祯十三年（1640）进士，官翰林院检讨。入清为僧，更名大智，字无可。

此书收入作者所著《通雅》之卷五十之中。书成于崇祯十四年（1641）。

此书用"简法二十字"将三十六字母归并为二十类，并把这二十声母归为"发"、"送"、"收"三类，以全清声母"帮、见、夫、端、精"为发声，次清声母"滂、溪、晓、透、清、知、穿"为送声，以鼻音及擦音声母"明、疑、泥、微、心、审"为收声，而"来、日"二母称为"收余"。又以"疑"为深发，"晓"为浅发。方以智又将声母归纳为两类：喉牙唇音总称"宫倡"，舌齿音总称为"商和"。

在分韵方面，此书将韵类分归为十六摄，列为十六韵图。宫类九母按四呼分为二十五状，商类十一母按粗细分为二十二状。

定声调为五类：哤（阴平）、嗤（阳平）、上、去、入。并以韵图表现出来。摄为一图，则共为十六图了。每图横列二十声母，声母之下标注"宫倡""商和"的不同，纵列五调，声调交合处为拼切的音。一图之内分二至四排不等，以分列四呼之字；因为摄有的具备四呼，有的仅有二呼、三呼等，所以有二排、三排、四排等不同。四呼的名称叫做"翕、阖、穿、撮"，把"翕"放在最前面。

此书为明清等韵学的重要著作，自宋元时代"全清"、"次清"、"全浊"、"次浊"四类而外，旧等韵学家根据声母发音方法来釐定发音方法种类的，应当以此书所分的发、送、收三类为最早。方以智审音精细，多有灼见，如注曰"支为独韵"、"儿为独字"之类，已悟出明末的"支"已读为[tʂ]，"儿"已读为[ɚ]了。这些见解相当精辟。

此书有上海古籍出版社 1988 年出版的《方以智全书》本，第一册（上、下）即为《通雅》，由侯外庐主编，是目前最方便可靠的整理刻本，颇便使用。

（三）古音学研究

古音指周秦两汉时期的汉语语音，这是与隋唐语音通称今音相对而言。研究这个时代的汉语语音的学科则称为古音学。

宋代开始系统地研究古韵，开启了古音学研究的端绪。如宋人吴棫的《韵补》，郑庠的《古韵辨》等。至明代，古音学的研究又活跃了起来，提出了很好的看法。其中影响最大的则为陈第。

陈第（1541～1617），字季立，号一斋，又号温麻山农，连江（今福建连江县）人。万历间秀才，以诸生从军，官至蓟镇游击将军，致仕归。所居世善堂藏书极富。精音韵训诂之学，著《读诗拙言》、《伏羲图赞》、《尚书疏衍》、《屈宋古音义》等。

此书写成于万历三十四年（1606）。陈第此书的一个最大的贡献在于对以前的所谓"叶音"说进行了彻底地批驳，正确地树立了语言是发展的观点。在本书自序中，陈第大胆怀疑、驳难前人的"叶音"说，提出了"时有古今，地有南北，字有更革，音有转移，亦势所必至"的著名观点。体现了陈第历史的、发展的语言观，破除了自六朝以来认为语音不变，用"叶韵"来解释古今字音歧异现象的传统旧观点。陈第在《读诗拙言》中说："然一郡之内，声有不同，系乎地者也；百年之间，语有转移，系乎时者也。况有文字而后有音读，由大小篆而八分，由八分而隶，凡几变矣，音能不变乎？"陈第认为古人之音原与今异，凡今所称叶韵，皆即古人本音，非随音改读，辗转牵就者也。陈氏还认为每个字在古音中皆有固定读音，因古音与今音不同，语音发生变化，后人"以今之音读古之作，不免乖剌不入，于是悉委之叶"了。陈氏首次科学地对叶音等错误说法进行了彻底批判，从时地两方面说明古今语音是不相同的，语音是发展的观点，为古音学研究奠定了理论基础。

其次，陈第在讨论古音时，对研究的材料和研究的方法做了很大改进，使他的研究比以前更具有科学性。他在《读诗拙言》中说："诵《诗》读《书》，尚论其当世之音而已矣。《三百篇》诗之祖，亦韵之祖也，作韵书者，宜权舆于此。"《毛诗古音考》取古今读音不同的字四百九十六个，考订古音，辨明音变。每字先注音。注音多采用直音法，或自创反切，或改读声调，用以表明字的古音。然后列本证、旁证，进行证明。本证列举《诗经》此字入韵的韵段。旁证列举先秦汉魏各种材料，包括韵文韵段、异文、异体、又读、声训、谐声、读若、直音、古今方言。全书条分缕析，引证广博。他在考证古音时列本证旁证，以《诗经》韵文为主，参考先秦汉魏各种材料，条理秩然，主次分明。从观点、材料、方法上，给清代古音学家以深刻影响。《四库全书总目提要》评价此书曰："言古韵者自吴棫，然《韵补》一书庞杂割裂，谬种流传，古韵乃以益乱。国朝顾炎武作《诗本音》，江永作《古韵标准》，以经证经，始廓清安论。而开除先路，则此书实为首功。"在评论此书所采用的方法时又说："排比经文，参以群籍，定为本证、旁证二条。本证者，《诗》自相证，以探古音之源。旁证者，他籍所载，以及秦汉以下去《风》《雅》未远者，以竟古音之委。钩稽参验，本末秩然，其用力可谓笃至。……所列四百四十四字，言必有征，典必探本，视他家执今韵部分，妄以通转音者，相去盖万万矣。"

从后来古音学研究发展来看，此书也并非没有缺失。其书仅证明了古今音异，未能进一步分析古今韵部异同分合，没有归纳出古韵部系统，因此不能算是正式开创了古音学。另外，由于他在考证古音时，往往是就一个单字单独讨论，不能纳入古音系统中来观察，因此造成了音类、音值有误。这在古音学的开创阶段是难以避免的。

此书版本较多，常见的有清乾隆二十七年（1762）刻本、嘉庆十一年（1806）刻本、《四库全书》本，《明辨斋丛书》第四集、《学津讨原》第四集、《音韵学丛书》都收有此书。

（四）训诂学研究

学术界一般对于元明两代的学术研究评价不高，但是，平心而论，元明时代的训诂学却还是有特色的，这就是在这个时代，出现了两位很有影响的学者。

1．朱谋㙔的《骈雅》

朱谋㙔，字郁仪，濠州（今安徽省凤阳县东北）人。宁献王曾孙，袭封镇国中尉。万历中管理石城王府事，典藩政三十余年。病卒，私谥贞静先生。他藏书丰富，因能淹贯群籍，尤精经学、小学。据《明史》本传所称著书有一百一十二种之多，较著名的有《水经注笺》、《易象通》、《诗故》、《古音考》等。骈字，即所谓双音节的单纯词。本书对于凡两字成为一义的，以及字异义同的词都类聚而加以解释，所以称为《骈雅》。

此书前有孙开写的序，在《序》中说："（谋㙔）冥搜古昔，旁采方谣，原本山川，极命草木，于凡骈偶之语，宏侈之辞，靡不该而存之，体仿《尔雅》作《骈雅》七卷。"此书分为《释诂》、《释训》、《释名称》、《释宫》、《释服食》、《释器》、《释天》、《释地》、《释草》、《释木》、《释虫鱼》、《释鸟》、《释兽》，凡十三篇。《骈雅》搜罗经史子集及稗官小说中的冷僻深奥的双音语词，所谓"联二为一，骈异而同"（《自序》）者，复以双音语词加以训释。本书对于骈词取较宽泛的说法，被释骈词有单纯复音词，有合成词，有双声词，有叠韵词，有叠字词。如《释诂》："郁悠，思念也。""惆怅，悲哀也。""憭慄，凄怆也。"在此以前没有这类的辞书，朱谋㙔遍为搜求条贯，对于同一概念的不同称说汇集在一起进行训释，使此书并不是仅仅对字的训诂，而是辞的训诂，这是《尔雅》系著作的一大进步。而且此书征引奥博，条理赅备，在明人书中，可与方以智的《通雅》并称。《四库全书总目提要》中评价说："谋㙔淹通典籍，其《一斋书目》所载，往往为诸家所未窥。故征引详博，颇具条理，非乡塾陋儒捃拾残剩者可比……奇文僻字搜辑良多，撷其膏腴，于词章要不为无补也。"《骈雅》也有许多不足之处。如有的被释词本来是单音词，此书却误认为是骈词；有时收词失于照应，竟在同一书中同一个词出现两次；也有的释义不够准确等。此书不注音切，不列书证，或引书不注明出处，不便初学使用。清代魏茂林为此书作《骈雅训纂》一书，为此书增加音切，补收词语，校正缺漏，详注出处，是研究《骈雅》的最好注本。有《四库全书》本，有道光二十五年（1845）龙岩魏氏有不为斋本，《后知不足斋丛书》本，光绪二十年（1894）石印本。

2. 方以智和他的《通雅》

在我国明清之际，出现了一位著名的学者方以智。他学识渊博，"凡天文、礼乐、律数、声音、文字、书画、医药，下逮琴剑，技勇，无不折其旨趣"（《桐城耆旧传·方以智传》）。他通晓人文科学和自然科学，并对当时刚传入的西方近代科学也多有涉猎。他对汉语言文字的贡献主要体现在《通雅》一书中。

方以智（1611～1671），字密之，号曼公。桐城（今属安徽）人。出身于士大夫家庭，具有家学渊源。早年与陈贞慧、吴应箕、侯方域等人"主盟复社"，过的是贵公子的诗酒生活，以文章誉满天下。崇祯十三年中进士，任翰林院检讨。受到魏忠贤余党阮大铖诬陷，辗转浙江、福建至广州。明亡后，改名吴石公，别号愚道人。南明桂王即位，任少詹事，翰林院讲学士，数召为东阁大学士，他固辞不就。这个时期他经历了八年的曲折颠连的生活。桂王亡后，他为躲避清王朝的搜捕，出家为僧，改名大智，字无可，别号弘智、药地、浮山、愚者大师等，过上了由入世到出世的隐居生活，主要潜心于学术研究。

方以智写作《通雅》是在他三十岁时开始的。他能写出这部著作，与他受的教育和家学渊源很有关系。方氏是当时桐城地区主要的世族，方氏世族成员也往往是当时学术界的代表人物。方以智的曾祖方学渐曾著有《易蠡》、《心学宗》、《性善绎》、《桐川语》等书，祖父方大镇著作有《易意》、《野同语》、《宁谈语》、《性论》等，父亲方孔炤著有《周易时论》等，这些都给方以智一生的学术研究以至深至大的影响。这一点他自己经常提及。在崇祯初年，方以智在父亲所建泽园中，成立"泽社"。社中有方以智的堂叔方文、妹夫孙临，以及钱澄之、周岐等人。他们赋诗作文，阅读经史，又关心"万物之理"，随时札记，积累了丰富的知识。这奠定了他的学术基础。方以智早年下过苦功，再加上聪慧强记，为写作《通雅》提供了条件。

崇祯十七年（1644）后，方以智在广州避难，尽管改名吴石公，仍被南海令姚奇胤认出。姚是方以智的故人和庚辰考试的同年，他请方以智为其儿子姚端的老师。在这期间，生活稍为安定，方以智就在南海令官署重新整理《通雅》旧稿。顺治七年（1650），清兵入广西桂林，方以智与儿子一起去昭平仙回山"披缁为僧"，过着"父汲子炊"的饥寒交迫的生活，不久就被清兵搜出。清廷将帅马蛟骐反复逼降无效，最后听任方以智为僧。方以智在颠沛流离的生活中，在缺乏图书资料的情况下，坚持完成自己的学术著作。他在《通雅》卷三附记中说："作挂一漏万之小说家言，岂不悲哉。愚道人今年三十六矣，读书亦有命。"说这话时距离他写作《通雅》已过了六个春秋。他于崇祯十四年（1641）开始编著《通雅》，清康熙三年（1663）刊行，其间经历了22年，可见方以智的《通雅》凝聚了他多少心血！

《通雅》是仿照《尔雅》义例而编撰的词典。它大致是按词义系统和事物分类来划分部类的。《尔雅》共十九篇，前三篇具有解释词语的小词典性质，以后各篇则具有小百科词典的性质。它不仅是我们了解先秦汉语的重要典籍，而且对后代的小学研究产生了深远的影响。方以智的《通雅》既继承《尔雅》的编撰传统，并在编写体例和词语汇释上有所发展。方以智在《通雅·自序》中说："自篆而楷也，声而韵也，义而释也，三苍、五雅、注疏、字说、金石、古文，日以犁然。匡庸嗜奇，一袭一臆，两皆不免。沿加辨驳，愈成纰谬。学者纷拏，何所适从？今以经史为概，遍览所及，辄为要删，古今聚讼，为征考而决之，期于通达，免狗拘鄙之误，又免为奇僻所惑。不揣愚琐，名曰《通雅》。"方以智的这番话就明白地说出了自己的创作意图和书名的由来。他以解释经史为主，旁搜杂采，以求得到对典籍的正确理解。所谓"通"，是说能够通贯群书，无所不包。

《通雅》卷首附列了《音义杂论》、《读书类略》、《小学大略》、《诗说》、《文章薪火》五篇论文。前三篇是关于文字训诂之学的通论，后两篇是有关诗文的论述，不入卷数。《通雅》正文五十二卷的内容是：

卷一至卷二疑始，讨论古篆古音，卷三至卷十释诂，包括有"缀集"、"论古隽"、"谚语"和"重言"。以下各卷分别依照天文、地舆、身体、称谓、姓名、官制、事制、礼仪、乐曲、乐舞、器用、衣服、宫室、饮食、算数、植物、动物、金石等依次训释。四十九卷为《谚原》，五十卷为《切韵声原》，五十一卷为《脉考》，五十二卷为《古方解》。仅从这些目录来看，就可以知道《通雅》一书的博大精深。他虽然取法于《尔雅》，但却轶出了《尔雅》的框架。例如在《释诂》部分中就分出了几个小项分别说明，又有《谚原》等重视口语的研究成果，又谈论音韵等。《通雅》甚至是一部通贯古代学术的小百科全书。方以智生于明代末世，家国沦亡，身世坎坷，早年的学术修养深厚，促使他用雅书的形式来熔铸他的思想。

学术界一般认为明代学术式微，而对于《通雅》一书却给予很高的评价。《四库全书总目提要》中曾评论说："明之中叶，以博洽著者称杨慎，而陈耀文起而与争。然慎好伪说以售欺，耀文好蔓引以求胜。次则焦竑，亦喜考证而习与李贽游，动辄牵缀佛书，伤于芜杂。惟以智崛起崇祯中，考据精核，迥出其上。……而穷源遡委，词必有征，在明代考据家中，可谓卓然独立矣。"（子部杂家类三）

把《通雅》一书放在中国语言学史上来看，我们认为《通雅》至少有以下几点是值得肯定的：

首先，方以智在研究古汉语词义时，能够抓住"因声求义"的正确原则。他在《通雅·音义杂论》中曾正确地提出"欲通古义，先通古音"的观点，并用这一正确观点来指导自己的研究。方以智是一位很懂得音韵的学者，在《通雅》中就有音韵学的专论。他能有正确的理论指导，又具有充分专业知识素养，由他来完成《通雅》也就不奇怪了。中国古代的"雅学"容易犯"望文生训"的毛病，造成的恶果就是把假借字当做本字来解释，或是把双声叠韵联绵字拆开来加以解释。只有通晓古音韵，才能打破汉字形体的局限，做出恰当的确切的解释。例如：

后汉郅恽传:"子张但目击而道存。"淮南人间训:"将筑修城,西属流沙,北击辽水。"击与及同。(《通雅·卷七》)

这是从语音上找到了"击"与"及"的联系,解释得很通达。

逗留,止也。光武纪"逗留"注,李贤曰:"逗,古住字。"今有豆音,以古之斗有主音,斗与逗通也。唐韵收入宥韵作逗遛,俗乃作逗露用。

清代学者王念孙说:"训诂之旨,本于声音。故有声同字异,声近义同,虽或类聚群分,实亦同条共贯。"(《广雅疏证序》)王引之说:"字之声同声近者,经传往往假借。学者以声求义,破其假借之字而读以本字,则涣然冰释。如其假借之字而强为之解,则诘籀为病矣。"(《经义述闻序》)方以智重视用语音来贯穿训诂,实是开启了清代"以声求义"的先声,对清代的语言学研究产生了很大的影响。

其次,方以智的《通雅》可算是真正的语言学著作。中国古代的语言学研究的一个弊病就是仅仅限于为经学服务,解释词语也仅仅是为了证明古典经籍的解释如何正确。在《通雅》之前的雅书虽然也备举书证,但他们的目的不在于解释词义本身,而是要"格物致知",而方以智的《通雅》则把词语的解释放在首位,把词语的训释作为自己著述工作的对象。如:

枝梧犹支柱,抵捂也。项羽传"莫敢枝梧",注,如淳曰:"音悟。"臣瓒曰:"小柱为枝,邪柱为梧,字当作捂。"司马迁传"或有抵捂",注,师古曰:"抵,触也。捂,相支柱不安也。"方言,"支注,谓以言语支柱也。"史记序"今屋梁上斜柱"是也。斜触谓之捂,下触谓之抵,抵捂言其参差也,枝言枝梧也,说文"媘"字训"好枝格人语也"。凡夫因玉篇"媞,伎也",疑为伎格,非矣。

方以智在通训词语时,把解释词语作为自己的目的,就不能不对一些错误的说法提出驳议,对一些疑难问题提出自己的看法。在整部《通雅》中无不贯穿这一治学精神，翻开《通雅》，随处可见这种论列，可谓胜义纷呈，目不暇接。

最后，方以智的《通雅》是研究近代汉语词汇的一部必读的著作。《通雅》解释了很多从唐代到明代的词汇，这是对近代汉语词汇研究的一大贡献。何九盈先生在《中国古代语言学史》中曾指出："重古轻今，重通语轻方言，重书面语轻口语，这是古人在汉语研究中的主要倾向。"方以智的《通雅》在某种程度上突破了这几点局限，他在解释词语时，对于方言、近代汉语的词汇，以至于口语都有解释，这对于了解近代汉语词汇无疑是相当重要的。何九盈先生因此指出："研究先秦词汇要读《尔雅》，研究汉魏词汇要读《广雅》，如果要研究唐宋元明词汇，则不可不读《通雅》。"（同上）应该说这是相当高的评价了。如：

北史李谧传，左个即寝之房也，升庵以为卷蓬。智按：卷蓬在前，亦称屠苏，所谓轩也。个乃介字，左传"一个行李"，古划相近，个或为介，音亦相转。如今有"件"字，亦介个之转也。凡曰介者，间也，介在二者间也，声亦通。

程大昌载李泌采异木蟠枝以隐背，号曰养和。按《松陵集》，皮日休以五物送魏不琢，一曰乌龙养和，且曰有桐庐养和，皮陆皆有诗。盖今之靠背也。《宋志》辇中有靠背椅，绍兴作大安辇，雕香龙椅，靠背上饰有水晶珠，此云乌龙，状其蟠屈，今亦有木根坐榻之类。

《通雅》一书，诚可谓中国语言学史上贡献巨大的鸿著。随着近年来人们对于近代汉语研究的重视，必然越来越受到人们的重视，发挥越来越大的作用。

《通雅》一书突破了《尔雅》义例的局限，解释了许多前人没有涉及的语言现象，这是本书的特色，也是方以智的重要贡献。但方以智此书也有体例不严的缺点，内容有些芜杂，有些前人已论述的文字似可删汰，而在最后几章竟把药方等也一并收了进来，破坏了此书的体例。

此书有清康熙丙午（1666）姚文燮浮山此藏轩刻本，此本中国书店 1990 年 2 月影印出版；清光绪六年（1880）桐城方氏重刻本；最方便易得的本子为上海古籍出版社 1988 年 9 月铅印的《方以智全书》本。

（五）语法学的萌芽

汉语语法的研究开始较晚，现今人们一般认为《马氏文通》以后是中国汉语语法学诞生的标志。但这并不意味着在此以前就没有汉语语法的研究。汉语是一种孤立语，它的语法主要表现在语序和虚词方面。那么，研究虚词的著作也就应当看做是汉语语法研究的著作了。

在元代，产生了中国语言学史上第一部研究虚词的著作，此即为卢以纬的《助语辞》。卢以纬，字允武，生卒年月及生平事迹皆不可考。此书初称《语助》，收入《奚囊广要丛书》，后胡文焕《格致丛书》所收《语助》改名为《新刻助语辞》，遂以此书名通行。此书写定在元泰定帝元年（1324）。

《助语辞》收六十组虚词或与虚词有关的词组，共计一百一十八个词条。其中单音词六十六个，复合词和词组六十二个。是书在编排体例上以分组释义，连类而及为主要方式，如"然"字条下，列"然后"、"虽然"、"然则"、"然而"、"不然"等词条，连类而及于"尔"、"如"、"若"等。另一方式是把同义或近义词归为一组，在比较辨析中阐发其意义及作用，例如："'呜呼'、'吁'：呜呼，嗟叹之辞，其意重而切；吁，亦咨嗟之辞，其意稍轻；此皆先叹息而后发语。更有'於'字音呜，为语中叹辞。《尚书》：'禹曰：於！'未转作此'呜'字写，意则同。'黎民於变时雍'、'於缉熙敬止'，又作'於戏'，音同。'於戏！前王不忘。'"

　　本书虽专释虚字，其研究方法仍以传统训诂方法为主。对所辑语词，皆阐释其意义，分析其用法，并援引古籍以为例证。但《助语辞》对传统训诂有所突破，它总结了汉代以来训诂学家对虚词的研究成果，触及到了某些语法问题。

　　第一，对句子或句间的语义结构关系有所阐发。是书把其结构关系大致分析为转折关系、设问关系、假设关系和过接关系等。

　　第二，对某些虚词的用法和语法意义有一定程度的概括和归纳。如把"而"字归纳为"转折"和"助声"两类，把"夫"字归纳为"发语之端"、"在句中与'乎'字似相近"和"在句末者为句绝之余声"三类等。《助语辞》虽然还没有明确地划分词类，但对虚词用法和语法意义的归纳，已较前代训诂学著作有较大进步。

　　第三，对虚词在句中的位置及其作用有所阐发。例如，"者"字条说："有'者'前'也'后。'者'举其说于前，'也'释其意于后以应之。"这是说明"……者，……也"这种句式中，"者"与"也"的前后呼应关系。在"哉"字条说："在句中如'贤哉回也'、'君子哉若人'直是叹其人之果贤、果君子。"这是说明在倒装句式中"哉"字所起的造句作用。

　　第四，作者有较为明确的虚词、实词观念，并注意划分二者的区别。如在"云"条下说："《出师表》'不知所云'，却是不知所言；'礼云''乐云'是礼之说、乐之说。此等'云'字不为语助。"在"已"条下说："本训'止'。亦有语终而止为语助。"

　　此书是我国最早系统地研究虚词的专门著作，受到语文界的高度重视，为后代虚词研究的空前发展开了先河，是著名的虚词专著《助字辨略》、《经传释词》等的滥觞。此书通行于元明清三代，流传于日本，其价值不可低估。

　　此书不足之处主要还是没有摆脱传统训诂学的影响，往往从词义训诂角度阐发虚词的意义和用法，因此训解颇含混不清，说明作者对"语法"尚没有清晰明确的认识。另外，释文例证不足，引文多不注明出处等也是明显不足。

此书版本较多，最通行易得的版本为黄山书社 1985 年出版的《助语辞》；中华书局 1988 年 12 月出版的王克仲集注的《助语辞集注》。

第六章　清代的语言研究

　　清代是我国封建社会的最后一个朝代，也是中国传统学术发展的最高峰。这是一个大师辈出，学者林立，各种学术得到空前发展辉煌璀璨的时代。明清之际实学思潮兴起，这时诞生了几位著名的启蒙思想家，如王夫之、黄梨洲、顾炎武等，开启了清代学术繁荣的坦途。由于社会的变化和学术思想自身的逻辑发展，占据思想界统治地位数百年之久的理学逐渐衰颓，实学思潮应运而生，并逐渐占据了学术潮流的主导地位。经世致用成为了学者的治学宗旨，崇实黜虚成为学者追求的目标。随着后来清朝政府的稳固和封建经济、政治的发展，统治者对思想领域的控制逐步加强，对学术思想的参与也大大增多，清代学术相应进入了一个对既往成果进行全面清理、总结的时代，以考据为特征的乾嘉汉学风靡一时，与此相关的文字、音韵、训诂、辑佚、目录、版本等各门学科也迅速发展并取得了可观的成就。嘉、道以后，今文经学兴起，乾嘉汉学逐渐走向衰微。

　　清代学术各科均得到空前发展，以考据见长，尤以文字、音韵、训诂的成就最高。这其中既有社会政治历史原因，又是学术自身继承和发展的结果。清代的考据学又可称为汉学，实际上是继承以考据和文字、训诂见长的汉代经古文学的传统。汉学与宋学对立，而所谓宋学则指以宋代理学为代表的义理之学，实际上宋代的考据学也很有成就，并且为元、明所继承而加以发展。清代学术高峰不是无源之水，它继承历史上学术成果才有可能达到如此的高度。如果没有宋代的郑樵、元代的戴侗、明代的杨慎、陈第、方以智等人的研究基础，是难以实现清代学术高峰的。

清代的学术发展大致可分为三期：

第一，清初期。以顾炎武、黄宗羲、王夫之三大思想家兼古文献学家为代表。他们都具有强烈的民族意识，不与清廷合作，总结明亡的教训，批判或修正元明以来空疏学风，继承宋、元、明考据学派的传统，开清代考据学的先河。其学术特点有：首先，汉、宋兼采，不存门户之见；其次，博通经、史、诸子、群书、小学、历算、舆地、音律等，对以经学为中心的学术格局有所突破；·最后，经世致用，思想性强，学者与思想家往往一身兼任。

第二，清中期。此期考据学大盛，形成著名的乾嘉学派。沉潜于经典古籍之中，对语言文字之学做出了巨大贡献。按师承和区域可分为三派。

吴派：导源于惠周惕而成于其子惠栋，因系江苏吴县人，故名。其特点是纯宗汉学，墨守家法，存古泥古。成就最大者为钱大昕。钱氏治学途径开阔，博大宏深，与惠氏异趣。

皖派：是乾嘉学术的主要代表，导源于江永而成于戴震，因戴氏系安徽（皖）休宁人，故名。特点是实事求是，无证不信，通经致用。成就最大为王念孙、王引之父子和段玉裁，成为乾嘉学派之冠。皖派使清代朴学卓然独立。

浙东学派：这一学派以治史学为主，兼治经学等。

第三，清晚期。清代晚期一般指鸦片战争之后。从乾隆中后期始，清代社会就逐渐由盛转衰，至鸦片战争前夕，整个封建王朝已千疮百孔、岌岌可危了。鸦片战争以后，中国社会历史发展到了新的转折时期，中国国弱民穷、遭受惨败的严酷现实，使经学家们把视线从对古代典籍的训释中转移到了现实斗争中来。乾嘉汉学在应对这样的社会现实面前无能为力，逐渐走向衰落。这时适应于为社会革新做论证的儒家今文经学便重新复兴，它的创始人为庄存与，而后又传承于刘逢禄、宋翔凤等。传到了龚自珍、魏源手中，则明显地与社会变革联系起来，他们完全是通经致用，留下了许多笔锋犀利的篇章。后来康有为等企图用儒家经学与西学相嫁接，披着今文经学的外衣，大量宣传西方近代的政治思想。这个时期的经学研究，离语言学研究相去甚远，对于语言的解释随意性很大。清朝晚期的经学研究，从语言学史研究的角度来说，并不占有什么地位，所以我们也就不一一论列了。

第一节 文字学研究

清代在文字学方面的研究成果可分为两个方面。其一，《说文解字》的整理研究成绩巨大，作者林立，佳作纷呈。素有《说文解字》四大家之称的则有段玉裁的《说文解字注》，桂馥的《说文解字义证》，王筠有《说文释例》、《说文句读》，朱骏声有《说文通训定声》。段氏的成就最高，他在注中不仅仅局限于字形字义的阐发，实贯穿文字的形、音、义三方面，也是一部训诂学的巨著。而其他三家则各有所侧重。《说文解字》是我国第一部用六书理论系统地分析字形，解释字义的字典。其所据的小篆又是汉字发展承上启下的一种形体，因此它是研究汉字的重要依据。对于研究甲骨文、金文等古文字来说，它是不可或缺的桥梁和钥匙。至于对阅读和整理古籍，《说文解字》更是必须依靠的工具。这一点，清代学者在整理研究古典经籍时有非常清楚的认识，正如王鸣盛在《说文解字正义序》中说："《说文》为天下第一种书，读遍天下书，不读《说文》，犹不读也。"因此可以说，"说文学"在清代的勃兴，带动了整个清代学术的发展。其二，这个时期对古文字的研究有了很大的开拓和成就。古文字材料的辑录和古文字的汇编、考释，在宋代就已经开始。清代乾隆时据内府所藏及新出土的古铜器编成了《西清古鉴》等，对古文字的研究有极大推动作用。至阮元作《积古斋钟鼎款识》，不仅所辑材料丰富，而且把金文与经书和小学研究结合起来，影响很大。清代末年吴大澂搜集钟鼎文字及同治、光绪年间新发现的古玺、封泥、陶器、货币等文字材料，撰成《说文古籀补》，是订补《说文》的具有重要科学价值的著作。此书虽然沿用《说文解字》的体例来编次，但通过大量的古文字材料证明了古文字的价值，实际上已突破了《说文解字》的体例，开创了古文字研究的新体系。

光绪二十四年（1898），甲骨文在中国出土了，这为古文字研究开辟了新的领域，古文字学的研究也进入了新的时期。孙诒让是对甲骨文最早进行研究的学者，他写出了第一部考释性的著作《契文举例》。他学有根柢，对古籍文献熟悉，运用偏旁单体分析法考释古文字，取得了相当了不起的成就。

（一）清代"说文学"

清代文字学研究的成就，主要体现在"说文学"的方面。清代学者关于《说文解字》的著述，散见于文集笔记的零篇短论不算，仅专书即有百余种。清代中叶以后，《说文解字》几乎家置一编，人们研读《说文》蔚成风气。到了嘉庆年间，许慎在士人心目中已成为偶像，阮元在杭州西子湖畔立的诂经精舍，就设立了许慎的牌位，可见当时人们崇拜许慎、"说文学"盛行的概况了。嘉庆、道光两朝，是"说文学"最鼎盛时期，所谓"说文四大家"都出现在这个时期。

1. 段玉裁与《说文解字注》

段玉裁（1735～1815），字若膺，号茂堂，晚年又号砚北居士、长塘湖居士、侨吴老人，江苏金坛人。乾隆二十五年（1760）举人，历任贵州玉屏、四川巫山等县知县，四十六岁时以父老告归，卜居苏州。师事戴震，并结识钱大昕、邵晋涵、姚鼐、卢文弨、刘台拱、汪中、金榜、王念孙、王引之等学者。博览群书，著述宏富，由经学以治小学。在小学范围内，又以音韵以治文字训诂，所著除此《说文解字注》、《六书音均表》外，尚有《诗经小学》、《古文尚书撰异》、《周礼汉读考》、《仪礼汉读考》、《汲古阁说文订》以及《经韵楼集》等，是清代著名经学家、文字音韵训诂学家。

《说文解字注》成书于嘉庆十二年（1807）。凡三十一卷，附《六书音均表》五章。卷次基本如大徐本，因十一篇上卷注文较多，又折而为二，故比大徐本多出一卷。段玉裁注释《说文解字》，系从校勘入手，最早是以几种宋刊本校刊明末汲古阁翻刻宋本，写成《汲古阁说文订》一卷。继而又据《说文解字》体例和《玉篇》、《集韵》对字义的解释，及古书注解中所引《说文》字句，校订大小徐本是非，纂《说文解字读》长编。最后加工提炼，方成此书。卢文弨评述说，段玉裁"于周秦两汉之书，无所不读；于诸家小学之书，靡不博览，而别择其是非。于是积数十年之精力，专说《说文》"。段玉裁在《说文后序注》中自述说："始为《说文解字读》五百四十卷，既乃檃括之成此注，发轫于乾隆丙申（1776），落成于嘉庆丁卯（1807）。"先后达三十一年之久。

段玉裁对许书作了细密全面的校勘整理和阐发诠解，并通过注释，提出并初步解决了一系列有关汉语音韵学、文字学、词汇学、训诂学的重大问题，且能运用历史发展的观点和一些科学的方法来研究语言现象。段氏的《说文解字注》列于"说文四大家"之首，此书的贡献是多方面的，成就是巨大的。

其一，校勘考订《说文》，使《说文》成为可读之书。

《说文解字》一书，历代流传互有讹误。不仅二徐本互有不同，即使是汲古阁本大徐本与宋刻本又有不同，段玉裁认为校书"必先是其底本之是非，而后可断其立说之是非"。所以段氏在做注之前，首先要确定整理一个可以信赖的底本，这是做注的前期工作和基础前提。他先用几种宋刻大徐本互校，然后又用大徐本与小徐本对校。此外，又据《经典释文》、《五经正义》、《史记注》、前后《汉书》注、《文选注》、《一切经音义》，以及隋唐以来类书、字书、韵书等所引《说文》以刊正二徐本之误；同时又斟酌《说文》通例，以许证许，以决定增删去取。《说文解字注》全书改动篆文九十字，增加篆文二十四字，删去篆文二十一字，修正说解若干处。后人以莫友之所得唐写本《说文》木部对勘，与段氏所校颇多暗合。特别令人钦佩的是，段氏虽未精研金石文字，更不可能见到甲骨文，但他的许多见解却能与甲骨文、金文相契。可见段氏的校勘整理《说文解字》相当精审可信。

其二，阐发许氏义例，对《说文》做总体研究。

《说文》自有义例，但许慎并未将义例一一明示，这是古人著书体例使然。但读书如不了解义例，将会使对古书的理解产生障碍。《说文》义例后人续有发现，但皆未能尽得。在段氏之前，只有徐铉通注过《说文》，但对许氏义例也发明很少。而段氏能从总体上对许书做全面而深入的研究。他对许书义例，融会贯通，发明良多，内容十分丰富。如：关于分部例，"凡云'某之属皆从某'者，自序所谓'分别部居，不相杂厕'也"（见"一"部"凡一之属皆从一"注）。关于列字次第例，"凡部之先后，以形之相近为次，凡每部中字之先后，以义之相引为次，《颜氏家训》所谓櫽括有条例也"（见"一"部文五，"重一"注）。关于说解例，"凡言'从某，某声'者，谓于六书为形声也。凡文字有义、有形、有音。《尔雅》已下，义书也；《声类》已下，音书也；《说文》，形书也。凡篆一字，先训其义，若'始也'、'颠也'是；次释其形，若'从某，某声'是；次释其音，若'某声'及'读若某'是。合三者以完一篆，故曰形书也"（见"一"部"元，始也。从一，兀声"注）。段氏对许书中有关术语的内涵也尽量给以解释。如在"始"字下注曰："凡言之者，皆分别之词。"在"玫"字下注云:"凡言'某属'者,谓某之类。"全书这样阐发义例之处有近二百处之多,这对于人们读《说文》时深入理解原书精蕴很有帮助。段氏认识到他做这种工作的重要性,他说:"通乎《说文》之条理次第,斯可以治小学。"(见《说文解字注·玉部末注》)又说:"自有《说文》以来,世世不废,而不融会其全书者,仅同耳食,强为注解者,往往眯目而道白黑。"(《说文解字注·叙》)王筠对段氏的这项工作极为推崇,他说:"段氏书体大思精,所谓通例,又前人所未知。"自从段氏说明许书体例义例,也就使《说文解字》成为了可读之书。

其三,贯通经史子集,详注许书。

段氏对许书详加注释和发挥,引据经传古籍,推求许说所本,补充许书所未备。许慎作《说文》,虽是一部字典,实际也是一部词典。许氏贯通群经,大量引用古籍经书来证明字的形、音、义。段氏做注,博稽群书,上自先秦,下至唐宋,所引典籍多达二百二十六种,并在许氏就字形说其本义的基础上,进而推衍其引申义,辨别其假借义。段玉裁说:"许以形为主,因形以说音说义。其所说义与他书绝不同者,他书多假借,则字多非本义,许惟就字说其本义。知何者为本义,乃知何者为假借,则本义假借之权衡也。"(许慎《说文解字·叙》"庶有达者理而董之"注)段氏的研究不仅仅是一种文字形体的笔划繁复与增减的研究,而是通过字形,接触到真正语言学的词汇系统的研究。许慎《说文》只就字形说字义,大多是造字的本义。而段氏则就字形说词,从词义系统的角度来谈词义,就将《说文》中字(词)义激活了。单个的字(词)义只有在经籍言语环境中才能得到说明,这也使得古代的小学研究逐渐地摆脱了经学附庸的地位而独立起来。

其四,以《说文》为中心,对古代汉语词汇系统进行整体研究。

段氏把对《说文》的注释与古书词义研究结合起来，许多地方已然是现代语言学意义上的词汇研究了。段氏在注解中精细地辨析同义词，如目部："眷，顾也。"段氏注曰："顾者还视也，眷者顾之深也；顾止于侧而已，眷则至于反。"又见部："祝，瞻也。"段氏注曰："目部曰：'瞻，临视也。'视不必皆临，则'瞻'与'视'小别矣。"玉部"琱"、"琢"、"理"都训为"治玉"，段氏注曰："琱、琢谓镌錾之事，理谓分析之事。"在牙部"牙"字下注曰："壮齿者，齿之大者也。统言之皆称齿、称牙，析言之则前当唇者称齿，后在辅车者称牙。牙较大于齿，非有牝牡也。"段氏还能指出古今词义的变迁，在"履"字和"屦"下注曰："古曰屦，今曰履；古曰履，今曰鞋。名之随时不同者也。"又引申别人说法曰："今时所谓履者，自汉以前皆名屦。""《易》、《诗》、《三礼》、《春秋传》、《孟子》皆言屦，不言履。周末诸子、汉人书乃言履，《诗》、《易》凡三履，皆谓践也。然则履本训践，后以为屦名，古今语异耳。许以今释古，故云古之屦即今之履也。《周礼·屦人》：'掌为舄屦。'郑云：'复下曰舄，禅下曰屦。'古人言屦以通于复，今世言屦以通于禅。"此处从历史发展的角度，将词语的历史变化说得异常清楚明白。又《说文》："堂，殿也"下注云："许以'殿'释'堂'者，以今释古也。古曰堂，汉以后曰殿，古上下皆称堂，汉上下皆称殿。至唐以后，人臣无有称殿者矣。"段氏在辨析词义的同时，能进一步用历史发展的观点研究词义的演变，这是以往的《说文》学者不曾做到的。段氏在注解中还能讲清引申义和假借义，如《说文》："眚，目病生翳也。"段注曰："眚引申为'过误'，如'眚灾肆赦'、'不以一眚掩大德'是也；又为'灾眚'，李奇曰：'内妖曰眚，外妖曰祥'是也；又假为'减省'之'省'，《周礼》：'冯弱犯寡则眚之。'"又如《说文》："特，特牛也。"段注曰："特本训牡。阳数奇，引申之凡单独之称。"《说文》："穅，谷之皮也。"段注云："云谷者，赅黍、稷、稻、粱、麦而言，谷犹粟也。今人谓已脱于米者为糠，古人不尔。稷之言空也，空其中以含米也。凡康宁、康乐皆本义空中之引申。今字分别，乃以本义从禾，引申义不从禾。"段氏贯通本义与引申义，又从历史的角度考其源流，观其会通，从词义系统上把握字义训诂，对词义训释从同义辨析、历时共时等几个角度做立体式的说解。

其五，结合形音义做综合式研究。

形音义是汉字的三要素，其中字形是记录语言的形体，音与义的关系最为密切。段玉裁于此有清楚的认识，他在《说文解字·叙》注中说："许君以为音生于义，义著于形。圣人之造字，有义以有音，有音以有形；学者之识字，必审形以知音，审音以知义。"段氏指出义、音、形的产生过程和形、音、义的表达的认识过程。他在为王念孙的《广雅疏证》所作的序言中说："小学有形有音有义，三者互相求，举一可得其二。有古形有今形，有古音有今音，有古义有今义，六者互相求，举一可得其五。"这就是段氏提出的形、音、义互相推求的著名的训诂学原则。段氏特别重视音与义的关系，常根据谐声声旁说明音义相通之理。段氏认为"义存乎音"，他把"以声求义"的原则贯穿于全书之中，并且具有历史发展的观点，提出"音韵随时代迁移"的观点。段氏决不是仅仅琢磨许书文字笔划繁简多少的文字形体学家，他是融音韵、文字、训诂为一身的语言奇才。他在《说文解字注》后附上《六书音均表》，以此作为自己进行综合研究《说文》的根据。王念孙在《说文解字注》序中说："段氏若膺于古音之条理，察之精，剖之密，尝为《六书音均表》，立十七部以综核之，因是为《说文注》。形声、读若一以十七部之远近分合求之，而声音之道大明。于许氏之说，正义借义，知其典要，观其会通。……训诂声音明而小学明，小学明而经学明，盖千七百年来，无此作矣。"这段话不仅说明了《六书音均表》与《说文注》的关系，而且也说明了古音学的建立才使《说文注》成为前无古人的杰作。

第一，以音求义。

《说文·人部》："偦，小皃。从人，光声。《国语》曰：'偦饭不及壶飧。'"段氏曰："小当作大，字之误也。""凡光声之字，多训光大，无训小者。"《说文·糸部》："绣，急也。"段氏曰："《毛诗》传曰：'绣，急也。'《左传》杜注从之，后儒好异，乃以缓释绣，字义于字音不洽矣。"

第二，形音义互相推求。

《说文·石部》："硞，石声，从石，告声。"段氏曰："四觉韵字多从屋韵转入，如四江韵字多从东韵转入，告声在古音三部屋韵，是以硞转入觉韵。据陆氏反切，则知陆本作硞，不作硞。""且硞之与巩音切近，以尤韵与东韵切近，而硞与巩不相关也。硞断无苦学之音，硞断无苦八之音，此一定之音理。学者不知古音，不可与读古者此也。"

第三，以声为义，接触到了同源词的归纳和整理问题。

段玉裁在《说文·示部》"祺"字下注曰："声与义同原，故龤声之偏旁多与字义相近，此会意形声两兼之字致多也。《说文》或称其会意略其形声，或称其形声略其会意，虽则省文，实欲互见，不知则声与义隔，又或如宋人《字说》，只有会意别无形声，其失均诬矣。"段氏对于音义关系看得清楚，在把握上也有尺度，既要看到音义联系的一面，也要避免宋人乱说音义的弊病。由于音与义之间的密切关系，因此即声求义、以声为义便形成为训诂学中的一条重要法则。在《说文注》中，段氏常常结合音义关系做出总结性的论说：

于有大义，故从于之字多训大（吁字注）

凡叚字皆有赤色（蝦字注）

凡农声字皆训厚（浓字注）

凡从辰之字皆有动义（娠字注）

凡圭声字义略相似（娃字注）

以上是仅就《说文段注》的主要成就来说的，段玉裁是清代的语文学家中卓然一大家，与他对中国传统小学的贡献紧密相连。此书以文字学而兼音韵、训诂之学。我们把他列在文字学中来讲解，实在是迫不得已。《说文段注》不仅是"说文学"的经典之作，而且也是音韵学、训诂学的经典之作。

第四，理论与实践相结合，总结古人著述通例，为后人指导阅读、整理古籍的方法，丰富了传统的训诂学理论。

段玉裁在长期的训诂实践中，注意总结训诂学理论，使传统的训诂方法上升到理论的高度。主要体现在《周礼汉读考》、《仪礼汉读考》及《经韵楼集》诸多文章中。段氏在《周礼汉读考·自序》中说："汉人作注，于字发疑正读，其例有三：一曰读如、读若，二曰读为、读曰，三曰当为。读如、读若者，拟其音也。古无反语，故为比方之词。读为、读曰者，易其字也。易之以音相近之字，故为变化之词。比方主乎同，音同而义可推也。变化主乎异，字异而义憭然也，文仍举经之本字，变化已易，故下文辄举所易之字。注经必兼此二者，故有读如，有读为。字书不言变化，故有读如，无读为。有言读如某、读为某而某仍本字者，'如'以别其音，'为'以别其义。当为者，定为字之误、声之误而改其字也，为校正之词。形近而讹，谓之字之误，声近而讹，谓之声之误。字误、声误而正之，皆谓之当为。凡言读为者，不以为误；凡言当为者，直斥其误。三者分，而汉注可读，而经可读。三者皆以音为用，六书之形声、假借、转注，于是焉在。汉之音，非今四声二百六韵也，则非通乎虞、夏、商、周、汉之音，不能穷其条理。玉裁昔年读《诗》及群经，确知古音十有七部。又得其联合次第自然之故，成《六书音均表》，质诸天下。今考汉儒注《诗》、《礼》及他经，及《国语》、《史记》、《汉书》、

《淮南鸿烈》、《吕览》诸书，凡言读如、读为、当为者，其音大致与十七部之云相合。因又自喜，述《汉读考》，诒同志，先成《周礼》六卷。"段氏此书总结汉儒训诂理论，已被学林共同认可。使过去读书模糊不清之处涣然冰释。阮元在序中说："此言出，学者凡读汉儒经子、汉书之注，如梦得觉，如醉得醒。"段氏既有此发现，又兼精通小学，对字之正借，声之分合剖析甚细，并且坚持引《说文》释《周礼》，所以此书中所作考证校改，大多详细精当，令人信服，孙诒让著《周礼正义》几乎全部收录。段氏于传注训诂和专书训诂都擅长，又经过长期训诂实践磨炼与体会，故能发前人所未发，所立论大都坚确不移。

段玉裁的《说文解字注》也并非无可挑剔。段氏的毛病主要在于自信过甚，因而不免武断。王筠在《说文释例序》中说："段氏书体大思精，所谓通例，又前人所未知，惟是武断支离，时或不免，则其蔽也。"例如段氏在改动原文，增删改写篆文，皆有未当之处，如对"衣"部"裔"，各本及《玉篇》、《集韵》皆作"衣裾也"，段氏则改为"衣裙也。""裾"为衣边，"裔"之"下垂"、"边远"、"久远"义皆得由此而生，自不必改"裾"为"裙"。有些地方，许氏就小篆字形解字，容有不当，段氏未能审查，反而为之弥缝，如"爪"部的"为"字，许说"母猴"，段氏则引《左传》辗转为之辩解，被后人批评。主要原因在于段氏过分相信《韵会》等后出之书，对上古典籍反倒疏于考证。

段玉裁的《说文解字注》以经韵楼原刻本最佳，上海古籍出版社1981年10月据经韵楼藏版影印出版，并对全书加以圈点断句，上海书店据经韵楼刻本拼影缩印出版，并增编了四角号码检字表。

段氏《说文解字注》一书出版后，就引起了学者们的极大注意，产生了极大的影响。正如任何一本书不能十全十美一样，此书也并非没有缺点，况且段氏此书写就时，年已七十，精力既

衰，校雠之事皆属之门下，失误在所难免。因而就有许多学者相
继出版了一些补充和驳正段书的著作。即以清代而论，其最著者
就有钮玉树的《说文段注订》八卷，王绍兰的《说文段注订补》
十四卷，冯桂芬的《说文解字段注考》十四卷，徐承庆的《说文
解字注匡谬》八卷，徐灏《说文解字注笺》二十八卷，朱骏声的
《说文段注拈误》一卷。这些著作基本上仍不失为段氏的功臣和
诤友，虽然有许多看法有以不错为错，不理解段氏著述思想之
处，但都可以作为研读《说文解字注》的参考。

　　2．桂馥的《说文解字义证》

　　桂馥（1736～1805），字冬卉，号未谷，山东曲阜人。乾隆
五十五年（1790）进士，历官长山县训导、云南永平知县。少承
家学，博览群书，精于金石篆刻、文字训诂之学。著作尚有《谬
篆分韵》、《说文谐声谱考证》、《晚学集》等。曾绘许慎以下魏江
式、唐李阳冰、南唐徐铉、徐锴兄弟、宋张有、吾丘衍之属为
《说文统图》，因题其书室为"十二篆师精舍"。《清史稿》本传
曰："馥博涉群书，尤潜心小学，精通声义。尝谓：'士不通经，
不足致用；而训诂不明，不足以通经。'故自诸生以至通籍，四
十年间，日取许氏《说文》与诸经之义相疏证，为《说文解字义
证》五十卷。力穷根柢，为一生精力所在。"《续修四库全书总目
提要》中说："（桂馥）博考诸书，作《说文解字》学，取许书与
诸经之义相疏证。《梁书·孔子祛传》：'高祖撰《五经讲疏》及
《孔子正言》，专使子祛检阅群书，以为义证。'馥为《说文》之
学，亦取证于群书，故题曰《义证》。"

　　《说文解字义证》着重训诂义理，每字必钩玄探赜，征引群
书，或数义，或十数义，同条共贯，材料极其丰富。王筠说：
"桂氏征引虽富，脉络贯通，前说未尽，则以后说补苴之；前说
有误，则以后说辨正之。凡所称引，皆有次第，取足达许说而
止，故专胪古籍，不下己意也。"（《说文释例·自序》）桂馥的

《义证》注解一般包括两部分，第一部分举例证明某字有某本义，第二部分考辨许氏的说解，或引他书的说解以正之，或引他书所引许书以参之，或引他书以补之。如果许慎已举《诗》、《书》、《左传》等书为例，桂氏则注上篇名；如果有异文，桂氏则加以引述。举一例如下：

《说文义证》卷九《目部》："目，人眼。象形。重童子也。凡目之属皆从目。莫六切。"注曰：《易·说卦》："离为目。"《礼·郊特牲》："目，气之清明者也。"《春秋·元命包》："目，肝之使也。"《韩诗外传》："目，心之符也。"以上解释"目"本义。

《广雅》："目谓之眼。"《急就篇》："头额颊頬眉目耳。"颜注："目，眼也。"《释名》："目，默也，默而内识也。"以上解释"眼"。

《释名》："瞳子，瞳，重也，肤幕相裹重也；子，小称也，主谓其精明者也。或曰：'眸子，眸，昌也，相裹冒也。'"《史记·项羽本纪》："舜目盖重童子，项羽亦重童子。"《尚书大传》："舜四童子也。"以上解释"重童子"。

从以上可以看出桂氏的《义证》对于研读《说文解字》是相当有用的一本书，桂氏在排比意义层次，罗列义项方面也下了相当大的功夫。虽然在某些地方有在历史材料方面失于粗疏之处，但大致可看到他还是相当注意到每个词语的义项不同之间的联系的。全书取材甚广，举凡经史子集等古籍材料，都在他搜集考证之列。例证对于辞书字典相当重要，如果没有例证，辞书字典就会失去依托，变得使人怀疑。而且从例证当中，也可看出词义存现消失的消息，透露出词义演变的痕迹。桂氏广博征引以证许书，使许书更加坚实可靠，是读许书不可或缺的重要参考书。王筠在《说文释例·自序》中说："凡所称引，皆有次第，取足达许说而止，故专胪古籍，不下己意。读者乃视为类书，不亦昧乎！"

　　桂氏尤难可贵的是，在注解当中，还能够参照金文，增加了科学性和说服力。如：

　　丕，大也，从一不声。《六书故》："不"，通"丕"字。《书》云："丕显哉，文王谟；丕承哉，武王烈。"《诗》云："不显不承"，又引《舅驷》，曰："《诗》中'不显'之类皆当读如丕。"秦《和钟铭》："不显皇祖"，《诅楚文》："不显大沈文湫，不显大神巫咸，不显大神亚驼"，此最可证者。馥案：《齐侯镈钟铭》："不显穆公之孙。""大"也者，《释诂》文。又《释训》："丕丕，大也。"《书·大禹谟》："嘉乃丕绩"，传云："丕，大也。"《禹贡》"三苗丕叙"，《史记·夏本纪》作"三苗大叙"。《太誓》逸篇："丕天之大律"，郑注："丕，大也。"《僖公二十八年左传》："奉扬天子之丕显休命"，杜注："丕，大也。"鲁秦商字子丕。馥谓：商亦大义。故卜商字子夏。夏，大也。（卷一）

　　以上可看出桂氏解释词义材料相当丰富，有分析，有整理，并非有人认为的那样仅仅是堆积材料。桂书除"义证"外，凡二徐本之讹舛，亦加以釐订；并注意搜补许书遗文，共一百一十九字。

　　《清史稿》本传说："馥与段玉裁生同时，同治《说文》，学者以桂、段并称，而两人两不相见，书亦未见，亦异事也。"两位学者著述的旨趣不同，段氏是"述中有作"，而桂氏则是"述而不作"。张之洞在《说文解字义证序》中对二人的比较评价很有代表性："盖段氏之书，声义兼明，而尤邃于声；桂氏之书，声亦并及，而尤博于义。段氏钩索比傅，自以为能冥合许君之旨，勇于自信，自成一家之言，故破字创义为多；桂氏专佐许说，发挥旁通，令学者引申贯注，自得其义之所归。故段书约而猝难通辟，桂书繁而寻省易了。夫语其得于心，则段胜矣；语其便于人，则段或未之先也。"两位学者当初著述旨趣有别，贡献当然也就不同。段氏是注解《说文》，桂氏是给《说文》找根据。

桂馥的《说文解字义证》缺点也是存在的，大致可说有以下几点：首先，他对许慎的说法确信不疑，以至于许慎说错了的地方，他也要千方百计地找根据为许慎打圆场，拼命牵合曲解；其次，在引经据典的过程中，对有些例句的罗列安排有些粗疏，有失于历史断限的地方，不能用唐代的语言材料证明上古的词义；最后，所引各书校对不精，所以参用此书时，还要核对原书原文方为可靠。

此书卷帙浩繁，完成以后只有稿本流传。直到咸丰元年（1851）才经许翰等详加校订，刊入《连筠簃丛书》中。上海古籍出版社 1987 年 3 月据陕西师范大学图书馆藏此本影印。同治九年（1870）张之洞提督湖北学政时由武昌局重为刊刻，此为湖北崇文书局本。1987 年中华书局据崇文书局本精心描修付诸影印，并于书前加笔画检字，书后又加四角号码检字，极方便读者。此两书极为常见易得，为最通行的版本。

3. 朱骏声的《说文通训定声》

朱骏声，字丰芑，号允倩，晚年自号石隐山人，江苏吴县人。少承父教，十三岁受许氏《说文》。十五岁为诸生，从钱大昕游。钱大昕一见奇之曰："衣钵之传，将在子矣。"就读紫阳书院三年，以通材称于时。嘉庆二十三年（1818）举乡试，七考而不第，郁郁不得志。后荐主江阴暨阳书院讲席，并历主吴江、萧山等地书院。道光间以举人选授安徽黟县训导。咸丰元年（1851）献所著《说文通训定声》等书，恩加国子监博士衔，升扬州府教授。朱氏博学，无书不读，娴习经史，擅长诗赋词章，精天文数学，对小学尤为淹通。一生著述繁富，以此书成就最大。另有《诗集传改错》、《春秋左传识小录》、《仪礼经注一隅》、《逸周书集训校释增校》、《夏小正补传》、《小尔雅约注》、《说雅》、《古今韵准》、《说文引书分录》、《大戴礼记校正》、《六书假借经证》、《经韵楼说文注商》、《古说字形谬误》、《离骚补注》、

《小学识余》等。

　　《说文通训定声》一书，表面上是因循《说文》，为《说文》服务的，实际上是一部富有创造精神的专著。此书按照古韵重新改编了《说文解字》的体例。朱氏在《进说文通训定声呈》中说："读书贵先识字，识字然后能通经，通经然后能致用。若不明六书，则字无由识；不知古韵，则六书亦无由通。专辑此书，以苴《说文》转注、假借之隐略，以稽群经、子、史用字之通融。题曰'说文'，表所宗也；曰'通训'，发明转注、假借之例也；曰'定声'，证《广韵》、今韵之非古而导其源也。先之以《柬字》，遵《康熙字典》之例，使学者便于检阅也；终之以《韵准》，就今一百六韵区分之，俾不谬于古亦不悖于今也；附之以《说雅》，明《说文》之上继《尔雅》，可资以参互考订也。"此书最大的特点是将《说文》按照韵部重新编排，他在《凡例》中说："六书，形声之字十居其九，是编就许书五百四十部舍形取声，贯穿联缀，离之为一千一百三十七母，比之为十八部，以著文字声音之原，以正六朝四声之失。"这里所说的"母"，指的是形声字的声符。书名《说文通训定声》，表示它包括三方面的内容：

　　其一，"说文"，以许书为基础加以补充并举例，旨在说明字的本训（即本义）。本训决定于字的形体结构，所以这部分要分析字的形体结构，即象形、指事、会意、形声"四体"。象形、指事谓之"文"，会意、形声谓之"字"。这里单称"说文"，也就包括"解字"在内。在此有时还讲"别义"，即关于本义的另外说法，《说文》称之为"一曰"。

　　其二，"通训"，这是朱氏此书的核心部分，最为精彩，旨在阐述转注、假借"二用"。许慎说："转注者，建类一首，同意相受，考老是也。""假借者，本无其字，依声托事，令长是也。"朱氏则说："转注者，体不改造，引意相受，令长是也。""假借者，本无其意，依声托字，朋来是也。"二人的说法显然不同。依照朱氏的字义，转注就是引申，假借则是同音通假，包括叠字（朱氏称为"重言形况字"）、连绵字（朱氏称为"连语"）与专有名词（朱氏称为"托名标帜字"）。有时还讲到"声训"，朱氏把"声训"也算为假借之类。朱氏以为《说文》和《尔雅》都没讲到转注、假借，他便"专辑此书，以苴《说文》转注、假借之隐略，以稽群经子史用字之通融"。朱氏的精力主要用在这一部分。朱氏此书虽然划归在文字学一章，实际上此书也是一部博大精深的训诂学巨著，所谓"通训"，即是通训诂。他在"通训"中，主要就是讲转注和假借。他在该书《自叙》中说："意之所通，而转注起焉，声之所比，而假借生焉。""不知假借者，不可与读古书；不明古音者，不足以识假借。此《说文通训定声》一书所为记也。""凡一意之贯注，因其可通而通之，为转注；一声之近似，非其所有而有之，为假借。就本字本训而因以展转引申为他训者，曰转注；无展转引申而别有本字本训可指名者，曰假借。依形作字，睹其体而申其义者，转注也；连缀成文，读其音而知其意者，假借也。假借不易声而役异形之字，可以悟古人之音语；转注不易字而有无形之字，可以省后世之俗书。假借，数字供一字之用而必有本字；转注，一字具数字之用而不烦造字。转者，旋也。如发轫之后，愈转而愈远。转者，还也。如轨辙之一，虽转而同归。"《说文》一书历来称为"形书"，而字形结构只能说明字的本义。但是，多数汉字都不只一种意义，而要说明字词的多种意义，就得讲解它的引申义和假借义。朱氏要借《说文》阐发自己训诂思想，此书既是一部研究《说文》的重要著作，又是一部具有很高学术价值的文字词汇学的专著。

其三，"定声"，就是把文字按古韵归纳为十八部，称为"丰升临谦颐孚小需豫随解履泰乾屯坤鼎壮"。这些名称都采自《易经》的卦名。其韵部体系，大体上遵循段玉裁和王念孙之说。这三部分实际上是分别讲字形、字义、字音的。"说文"部分主要是说明字形与字义，字音的关系，而以字形为主；"通训"部分专讲字义（确切说是词义）的引申和假借，使读者能观其会通；"定声"部分则以上古韵文的用韵来证明古音。凡同韵相押叫做"古韵"，邻韵相押叫做"转音"。全书共收一万七千二百四十字，比《说文》增加近八千字。《说文》中，字有不见于正篆而见于说解中的；有具有偏旁而没有正篆的；有只见于"小徐本"的；有别的书引《说文》的，本书都在增补之列。其有见于《方言》、《广雅》和子史传记中的也别列于每部之后，以备考索。这都是很有实用价值的。

此书材料极其丰富，利用这些丰富材料全面地分析和说解了字词的多种意义。作者广泛地采撷经史子集的语言材料来说明词语的意义。阮元主编的《经籍纂诂》是一部材料书，但它只是材料的汇集，没有经过整理，可说是一些有待鉴别的待用品，而朱氏此书在分析意义时，能说明哪是本义，哪是别义，哪是引申义，哪是假借义，哪是声训。这是一种借《说文》来进行的词汇学的词义系统研究了。

此书按古韵和形声字声符来编排文字，可以充分展示出汉语的"音近义通"的原理。朱氏按古韵十八部和形声字的声符来编排文字，这对于考察同源词，对于分析字词的音义关系，对于研究古籍中的"声训"，对于查找古书中的通假字，都是很有用处的。

此书的缺憾在于对于假借的说法过于宽泛，对于词到底是什么"义"的界限不易判断。

《说文通训定声》一书有道光三十年（1850）临啸阁刊本，同治九年（1870）临啸阁补刊本，武汉市古籍书店1983年6月据湖北省图书馆藏临啸版本影印，但没有断句。中华书局1984年也据此版本影印，全书有断句，最便阅读。

4．王筠的《说文释例》、《说文句读》

王筠，字贯山，号篆友，山东安丘人。道光元年（1821）举人，官山西乡宁知县。通经识古，尤精于小学，主要著作有《说文句读》、《说文释例》、《说文系传校录》、《说文韵谱校》、《说文新附考校正》、《文字蒙求》、《诗经双声叠韵说》、《夏小正正义》、《礼记读》、《四书说略》、《史记校补》等。

王筠所生时代，《说文》学已如日中天，著述如林，英才辈出。段玉裁的《说文解字注》通行于世，享有盛名。桂馥的书虽然未及刊行，但也为士林所知。王筠在前有大贤的情况下，欲求更树旗帜，以追前贤，诚为不易。但王筠对《说文》学情有独钟，《清史稿》本传曰："乡宁在万山中，民朴事简，讼至立判，（筠）暇则抱一编不去手。"经多年研讨，终成为段、桂之后又一《说文》功臣。《清史稿》本传称他的《说文》研究"独辟门径，折衷一是，不依傍人。论者以为许氏之功臣，桂、段之劲敌"。

《说文释例》是一部专释《说文》体例的著作，在清代众多的《说文》著作中独树一帜，足为后学之指导。他在《说文句读自序》中说："余平生孤行一意，不喜夺人之席，剿人之说，此《说文释例》之所为作也。自永元以至今日，凡千七百余年，颜黄门一家数世，皆精此业，而未有传书；二徐书虽传，多涉草略，加以李焘乱其次第，致分别部居之脉络不可推寻，故博极群书之顾亭林，只见《五音韵谱》，以其杂乱无章也，时时訾謷之。苟非段茂堂氏力辟榛芜，与许君一心相印，天下亦安知所谓《说文》哉？惟既创为通例，而体裁所拘，未能详备，余故辑为专书，与之分道扬镳，冀少明许君之奥旨，补茂堂所未备，其亦可矣。"王筠在《说文释例自序》中又说："筠少喜篆籀，不辨正俗。年近三十，读《说文》而乐之，每见一本必读一过，即俗刻《五音韵谱》亦必读也。羊枣胾炙积二十年，然后于古人制作之意，许书著作之体，千余年传写变乱之故，鼎臣以私意窜改之谬，犁然辨晰，具于胸中。爰始条分缕析，为之疏通其意，体例所拘，无由沿袭前人，为吾一家之言而已。"从以上自叙来看，王氏对《说文》下了绝大的功夫，又勇于自创，自辟蹊径，故能在《说文》学中卓然独立。

《说文释例》全书共二十卷，按内容分，可分为四个部分。

其一，卷一至卷五，主要讨论"六书"。这五卷共有十八篇：一篇，六书总说；二篇，指事；三篇，象形；四篇，形声；五篇，亦声；六篇，省声；七篇，一全一省；八篇，两借；九篇，以双声字为声；十篇，一字数音；十一篇，形声之失；十二篇，会意；十三篇，转注；十四篇，假借；十五篇，文饰；十六篇，籀文好重叠；十七篇，或体；十八篇，俗体。

其二，卷六至卷九，主要讨论收字及其编排次第问题。这四卷共十一篇：第一篇，同部重文；二篇，异部重文；三篇，分别文，累增字；四篇，叠文同异；五篇，体同音义异；六篇，互从；七篇，展转相从；八篇，母从子；九篇，《说文》与经典互异字；十篇，列文次第；十一篇，列文变例。

其三，卷十至卷十二，主要讨论释字条例及得失。共十五篇：一篇，说解正例；二篇，说解变例；三篇，一曰；四篇，非字者不出于说解；五篇，同意；六篇，阙；七篇，读若直指；八篇，读若本义；九篇，读同；十篇，读若引经；十一篇，读若引谚；十二篇，声读同字；十三篇，双声叠韵；十四篇，脱文，十五篇，衍文。

其四，卷十三至卷二十，主要讨论校勘方面的一些问题。共二十二篇：一篇，误字；二篇，补篆；三篇，删篆；四篇，移篆；五篇，改篆；六篇，观文；七篇，纠徐；八篇，抄存；九篇以后存疑十四篇，列出对《说文》的各种疑问。

《说文释例》内容相当丰富，结构颇为谨严。其中在六书条例和《说文》说解体例方面，创获良多；其中"同部重文"、"异部重文"、"分别文、累增字"等条例分别精细，确不可易，十分重要。

此书成书于道光十七年（1837），有山东自刻本，光绪九年（1883）成都御风楼重刻本，上海世界书局石印本，1983年武汉市古籍书店又据此本影印。

《说文句读》是王筠所著的一部整理总结乾隆嘉庆以来《说文》学研究成果的著作。王氏在自序中说："道光辛丑（1841），余又以《说文》传写多非其人，群书所引有可补苴，遂取茂堂及严铁桥、桂未谷三君子所辑，加之手集者，或增、或删、或改，以便初学诵习。故名之曰'句读'，不加疏解，犹初志也。三篇业将毕矣，而雪堂、颂南两陈君曰：'君所增改者，既援所出之书以证明之，又引经典发挥之，而无所增改者，但如其旧，则忽详忽略，体既不伦。且茂堂之学力思心，固能远达神旨，而性涉偏执，瑕类不免；又如桂氏之博洽，严氏之精确，以及非石钮氏，汾泉、松亭两王氏，其书皆可为羽翼者。君盍荟萃之，以省我辈目力，以为后学南针乎！'余于是本志变化，博观约取，阅月二十而毕，仍名'句读'，从其朔也。"

《说文句读》并不仅仅复述别人的成果，他是在述中有作的。在许多地方他都能发前人所未发，提出了很多独到的见解。他在《凡例》中说："此书之初辑也，第欲明其句读而已。已及三卷，而陈雪堂、陈颂南迫使通纂，乃取《说文义证》、《说文解字注》，删繁举要以成此书。其或二家说同，则多用桂氏说。以其书未行，冀少存其梗概；且分肌擘理，未谷尤长也。惟两家未合者，乃自考以说之，亦不过一千一百余事。"王氏在这一千余条中，提出自己的见解和看法，尤其值得称道的是，王筠能结合金文等古文字资料来研究文字的结构和意义，在书中发表了一些振聋发聩的见解。张穆在《说文句读序》云："（王氏）精神所到，往往轶出许君之前，本古籀以订小篆，据遗经以破新说。"吸收当时金石铭刻之学的研究成果，用古文字来推求文字之本，在《说文》四大家中，惟有桂氏、王氏能够做到。

王氏很尊崇段玉裁的《说文解字注》而又不盲从，《说文句读》一书也有订段补段的动机所在。他在自序中说："余辑此书，别有注意之端与段氏不尽同者凡五事。……五者之外，小有违意，亦必称心而出，明白洞达，不肯首施两端，使人不得其命意之所在，以为藏身之固。此则与段氏同者也。"所谓五事如下：

一曰删篆。王氏主张，无论《说文》正文抑或重文，凡有据确定其为由《字林》或他书窜入者，当为删削；二曰一贯。即要订正与许书体例不一的说解。王氏说："许君于字，必先说其义，继说其形，末说其音，而非分离自乖隔也。即如说'蒐'曰：'人血所生'，以字从鬼，故云。然引者讹为'地血'，校者即欲据改，则从鬼之说何所附丽哉！"三曰反经。即要恢复引经的原文。王氏说："《说文》所引经典，字多不同，句限亦异。固有讹误增加，而其为古本者甚多。岂可习非胜是，以屡经窜易之今本，訾汉儒授受之旧文乎！"四曰正雅。即要纠正所引《尔雅》的讹误。王氏认为，《尔雅》后世多讹误颠倒重出，郭注所据亦非善本。正可以《说文》校正《尔雅》。五曰特识。即要以经正传，破除历来的讹误。王氏说："后，身、佴、愃等字，许君之说，前无古人，是乃历考经文，并非偏执己见，不可不以经正传，破从来之误者也。"

《说文句读》的缺点与段氏相同。此书所引资料颇有讹误，又不具篇名，难以复核；又屡改原文，甚于段氏。清代李慈铭《越缦堂读书记》曰："王氏于此书剖抉极精，采证尤博，然好改原文，多所增减，至有无坚据而竟删篆者，则较金坛为甚矣。所注大概本段桂二家，兼用严氏王氏，惜尚未能最诸家之长。""此书综括谨严，而精微之论多本段氏，其勇改专辄处，则较段氏更甚。"

此书有王氏自刻本，四川尊经书局重刻本，涵芬楼影印自印本，中国书店 1983 年据尊经书局本影印本，上海古籍出版社 1983 年据清同治四年（1865）王氏刻本影印，书框上加印了正楷字头，书后附有笔画索引，最便读者使用。

（二）清代古文字学

元、明两代是古文字研究的衰落的时期。进入清代以后，金石学和小学复兴，古文字研究重新得到发展，到了乾隆以后，古铜器大量出土，金文研究出现了前所未有的兴盛局面。清人所收藏的古文字资料，在种类、数量和质量等方面都超过了前人，同时，由于古文字资料的日益丰富，也由于小学和经学等相关学科的发达，古文字研究的水平也有很大提高。

清代古文字研究的重点仍然是金文，因为直到清末民初才出现了甲骨文。这个时期的金文著作可以分为两类：一类是仿宋代吕大临的《考古图》的体例，以绘录器形为主，附以铭文和考释。以吴大澂的《恒轩所见所藏吉金录》、陈介祺的《簠斋吉金录》为代表。二类是仿宋人薛尚功的《法帖》的体例，只录铭文而不绘器形，专以考释彝器为主。这以阮元的《积古斋钟鼎彝器款识》和吴大澂的《愙斋集古录》为代表。清代金石之学盛极一时，学者和著述都很多，这里仅介绍四位有代表性的学者。

1．阮元

阮元（1764～1849），字伯元，号芸台，江苏仪征人。著名的经学家和史学家。乾隆进士，官湖广、两广、云贵总督，体仁阁大学士。曾在杭州创立"诂经精舍"。在广州创立"学海堂"，提倡朴学。罗致学者从事编书刊印工作，主编《经籍纂诂》，校刻《十三经注疏》，汇刻《皇清经解》等。又由经籍训诂，求证于古代吉金、石刻，著有《两浙金石志》、《积古斋钟鼎彝器款识》等书，对清代金石学有很大的影响。

《积古斋钟鼎彝器款识》成书于嘉庆九年（1804），共十卷。阮氏取其友人江德量、朱为弼、孙星衍、赵秉冲、翁树培、秦恩复、宋葆醇、钱坫、赵魏、何元锡、江藩、张廷济等十二家藏商周秦汉铜器拓本，以及自藏自拓本五百五十件，摹录其文字，附以释文和考证，编录而成，由朱为弼编定审释。此书所收铜器铭文，按时代分列，有商器一百七十三件，周器二百七十三件，秦器五件，汉晋器九十九件，总数超过薛尚功的《历代钟鼎彝器款识》六十七件。释文以古器时代先后为序，结合字形详加考释。此书收集金文较全，考释也称详尽。卷首附《商周铜器说》两篇：上篇论述古铜器铭文的历史价值，认为"其重与九经同之"；下篇列举周代关于铜器的记载和汉以后出土铜器的情况，论证"三代时鼎钟为最重之器"。又附《商周兵器说》一篇，论说商周兵器的发展演化等。书前有阮元自序和朱为弼后叙。

本书能结合经史研究铜器铭文，对经训文字多有辨正。但受当时金文研究水平限制，铭文的摹写和考释时有谬误，铜器的断代和分类往往漫无标准，真伪之辨也欠谨审，有时误合二铭为一，有时又误分为二。

阮氏自刻本为最佳版本。有嘉庆九年（1804）刻本，光绪五年（1879）湖北崇文书局翻刻本，光绪九年（1883）常熟鲍氏本等。阮氏所刻《皇清经解》，将本书中与经传有关涉的部分辑为二卷收入。

2. 陈介祺

陈介祺（1813～1884），字寿卿，号伯潜。山东潍县（今潍坊市）人。道光二十五年（1845）进士。官翰林院编修。陈氏治金石之学，深受阮元影响。他广为收集，精于鉴别，注重铭刻文字，是清代金石学家中收藏最富的一位。所藏铜器以毛公鼎最为著名。

陈介祺有关金石的著作有《簠斋笔记》、《簠斋尺牍》、《簠斋金石文考释》等。清代金石学家，抉择至精，收藏至富者，惟陈氏一人。惜其矜慎太过，不轻易落笔，故生平著述甚少。

《簠斋金石文考释》一卷。本书卷首无序，卷末有罗振玉跋。书中著录盂鼎、大丰敦、渔阳郡孝文庙铜钂镂、桂宫镫、阳泉使者舍薰炉等考释六篇，汉镫考记及东汉画石像石记二篇，并附刘燕庭、方伯池阳镫歌等。此书虽篇幅不大，只有少数几篇。而其考释大丰敦，辨明旧释，朕字为聘，认定此器与毛公鼎均是一人之器，都具有卓识。传本有"云窗丛刻"本。

《簠斋笔记》一卷。书中内容系陈介祺与吴云、王懿荣讨论金石的函件，由潘伯仁采辑成书。陈介祺一生矜慎，凡有著作，从不肯轻易付印。本书虽采自与吴、王二人往来函件，无段落体例可言，而其中所论，谓古器应分为酒器、食器、温器、蒸器、盥器、慰器、量器；谓金文宜编体例，金文释文宜定句读、详起结、讲文法；谓金文标目宜以作器者为主，不可书其祖若父之名以为器名，这些皆为考订彝器分类定名、释字、铨文扼要之论。他还提出，应合宋以来金文书，摹刻其失真者，附刻为一书，以存古圣之作。他还提出，应逐字分编许书各字，凡汉以来言文字学之书，都应分字附之，以证许书之义，上窥制作文字之原，下集文字学之大成。吴式芬《捃古录金文》及吴大澂《说文古籀补》已为开端。虽其书成于两吴氏，而体例实创自陈介祺。有"滂喜斋"丛书本传世。

《簠斋尺牍》不分卷，共有两种。书中所录各信，均为陈氏与同时代金石学者讨论金石问题的记录。陈氏轻于著述，他的关于金石学的一些看法，大都在与朋友的信中表达出来。陈氏在信中说，今之释古文者，书缺有间，以意为之者，其推阐不可不详，断制不可不谨，不要矜为创获，顾此失彼，释甲忘乙，自误以误人 。陈氏此说，洵为千古名言。他在致潘氏信中说，吉金文字应以义理定之，可期清真雅正；如以字测之，则易有支离芜

杂之弊。他在致吴云信中说：对于金石，释以多见为第一，考经
为第二，证许为第三；有据则断之，无据者不可徒博，以至愈引
愈远，更加不当。这些说法都是相当好的意见。此书有 1919 年
涵芬楼石印本。

3．吴大澂

吴大澂（1835～1902），字止敬，又字清卿，号恒轩。江苏
吴县人，清末金石学家、古文字学家。同治十年（1871）进士，
官至广东巡抚、河东河道总督和湖南巡抚。精于金石文字之学，
将出土实物与历史文献相参证。师事潘祖荫，与陈介祺、王懿荣
等人交往甚密。由于他获得相当丰富的商周秦汉铜器，且又擅长
书法和绘画，因而使其所珍藏的资料和研究成果，得以较好的流
传。主要著述有《说文古籀补》、《愙斋集古录》、《恒轩所见所藏
吉金录》、《愙斋藏器目》、《字说》等。

《说文古籀补》是吴氏对古文字学贡献最大的一部著作。凡
十四卷，又附录一卷。采辑历代出土彝器、钵印、陶器、货币及
古鼓文字，择其显而易明，视而可识者三千五百有余，依《说
文》体例始一终亥部首次第编排，参以训诂，附以己意，订补
《说文》所录古籀文字之伪误与未备。有不可释者，则附录书后。
所编文字皆根据墨拓原本摹写上板，未见拓本的概不采录。同一
字见于不同器物者，笔画小有不同也一一录出。均注明器名，并
于每字下略加说明。这是自宋始治鼎彝款识之学八百年来空前的
著作，所录之字多为《说文》所未收，对研究古文字学贡献颇
大。吴氏从不同的古器物铭文中体悟到《说文》中的古文实际是
周末的文字，古器物习见的字才是成周的文字。此乃发前人所未
发，对于研治《说文》颇有启发意义。裘锡圭在《古文字学简
史》中说："《古籀补》是古文字字汇，所录之字以金文为主，兼
及石刻、玺印、货币和古陶文字，释字颇有出自己见者。此书一
改《古文四声韵》以来按韵收字的体例，分别部居悉依《说文》，

不可释和疑而不能定之字入于附录。所录之字皆据拓本慎重临摹，跟过去那种辗转摹录，字形失真的古文字字汇大不相同。后来的古文字字汇，在编排的体例上大都仿照吴书。"（见《文史丛稿》，上海远东出版社 1996 年 10 月版，147 页）

此书收字有遗漏，说解形义也有舛伪。近人丁佛言撷拾吴氏所遗，并益以新出土之彝器陶钵文字，共得三千八百四十五字，撰《说文古籀补补》十四卷。其后，强开运又补吴、丁二氏所遗及新发现之彝器陶钵文字，凡三千三百零八字，撰《说文古籀三补》十四卷，均有补前书说解未详，正前书误写误释之优点。吴书有光绪七年（1881）精刊本，丁书有 1914 年石印本，强书有 1933 年石印本，三书有近年中华书局影印本。

4. 孙诒让

孙诒让（1848～1908），字仲容，号籀廎，一作籀高，浙江瑞安县人。同治六年（1867）举人。官刑部主事。五试礼部不遇，遂一意古学，精研三十年。晚年主温州师范学堂。征主礼学馆，未赴而病卒。于学无所不窥，尤多识古文奇字。孙诒让以毕生精力研究经史、金石、小学，主要著作有《契文举例》、《名原》、《古籀拾遗》、《古籀余论》、《墨子闲诂》、《札迻》、《尚书骈枝》、《周书校补》、《大戴礼记斠补》、《籀廎述补》等。下面分别谈一谈他在古文字学方面的著述。

《名原》二卷。此书取甲骨文、金文、石鼓文、贵州红岩古刻与《说文》中的古文、籀文互相勘校，找出它们的相异之处，来寻其古文大小篆的沿革，也就是对文字的起源、发展演变等进行了考证，总结文字演变的规律。全书分上卷三篇：原始数名第一，古章原象第二，象形原始第三。下卷四篇：古籀撰异第四，转注揭橥第五，奇字发微第六，说文补阙第七。本书开创以甲骨文考证古文字之先例，给后来学者以启示。此书有 1980 年齐鲁书社所刊戴家祥校点本。

《古籀拾遗》三卷。此书从薛尚功的《历代钟鼎彝器款识法帖》中选取十四器，阮元的《积古斋钟鼎彝器款识》中选取三十器，吴荣光的《筠清馆金石录》中选取二十二器，计六十六，照录各器原文，分析文字的偏旁、结构，间用字书及他刻互相斠核，并根据史实和制度加以考释，依照王念孙的《汉录拾遗》的体例发疑正读，创见颇多。初名《商周金识拾遗》。末附《宋政和礼器文字考》，对程瑶田、阮元诸说之舛驳，亦悉刊正。此书有光绪十四年（1888）自写刻本。

《古籀余论》三卷。此书从吴式芬《捃古录金文》中选取重要铜器铭文一百零五器一一加以考证，体例略同于《古籀拾遗》。校订吴录之失多处，间获新义。有民国八年（1929）燕京大学刻本，民国二十年（1931）瑞安陈氏刻本。

《契文举例》二卷。这是我国第一部研究甲骨文，对甲骨文进行考释的著作。鸦片战争后，金石学的研究承续着乾嘉以来的学风，仍然很盛行，但由于商代甲骨的出现，扩大了研究范围。1905 年《铁云藏龟》一书问世，对开展甲骨文的研究起了很大的作用。孙诒让首先利用了这些材料对甲骨文字进行综合研究，在《铁云藏龟》出版后仅仅一年的时间里，就出版了《契文举例》一书，是我国研究甲骨文的首创著作。

此书根据《铁云藏龟》的材料写成，共二卷，分为月日、贞卜、卜事、鬼神、卜人、官氏、方国、典礼、文字、杂例共十章。孙氏在叙文中引用了《诗·大雅·緜》中的"爰始爰谋，爰契我龟"句，提出龟甲文应称为"契文"。他还认为读这些龟甲文字，"恍若读古史手札"，可见他已将甲骨文字作为历史资料来研究了。在《铁云藏龟》拓本"拓墨漫漶，不易辨仞，甲片又率烂阙，文义断续"的情况下，他"辄穷两目，力校读之，以前后重缊者，参互寀绎，乃略通其文字，大致与金文相近，篆画尤简淆，形声多不具，又象形字颇多，不能尽识"。

　　孙氏在论证每一类时，首先引用古籍，来说明龟甲文字的内容，例如在"卜事"类内中说："书洪范说卜五曰雨、曰霁、曰蒙、曰驿、曰克。孔颖达疏引郑注谓五者皆卜兆之名……周礼春官大卜云：以邦事作龟八命，一曰征，二曰象，三曰与，四曰谋，五曰果，六曰至，七曰雨，八曰瘳。"在"鬼神"类内说："周礼大宗伯掌建邦之天神人鬼地示之礼。"前人多用文字学的材料进行"证经补史"，而反过来把文献资料作为工具，来证明出土的实物资料之内容，这是一项具有开创性的工作。另外，孙氏考释了甲骨文字一百八十五字，书中论断多不如后来学者允当，如误释王为立，贞为欠，往为臺，兽为获，止为正等，但为后来甲骨文分类研究创下先例，其考释方法，如以《说文解字》为证，与金文互证，从甲骨文本身归纳等，至今仍为学者所采用，对甲骨文研究有首创之功。罗振玉曾评价孙诒让的古文字研究说："孙氏将不同时代的铭文加以偏旁分析，借此种手段，用来追寻文字在演变发展之中的沿革大例——书契之初轨、省变之原或流变之迹。对古文字最大贡献，即于此。"（参见陈梦家《殷墟卜辞综述》第二章文字部分）此书完稿于光绪三十年（1904），1917年印入《吉石盦丛书》中。

第二节　清代音韵学研究

　　清代的音韵学研究得到了空前的大发展，可以大略分为古音学研究（这方面的研究成果最大，又可分为上古韵部研究和上古声母研究），再一方面即是今音学的研究，最后一方面则是等韵学的研究。

　　清代的"汉学"研究，是中国传统学术的一大总结。当初"汉学"兴起，并非如后来人们所认为的那样与宋学水火不相容，而只是力矫晚明空疏无用学术的旗帜而已。清代学术的繁荣，首先应推功于音韵学的研究，由空谈心性到崇实致用，都以音韵学的大发展为前提，可以说，如果没有音韵学的空前发展，就不可能出现乾嘉时代学术的繁荣。在此之前，小学仍然是经学的附庸，它没有自己独立的学术地位，人们在谈及文字、音韵、训诂时，只是因为由于语言文字问题妨碍了读经书时才涉及到。到了清代就不同了，人们对于语言文字本身有了兴趣，人们把小学当做一个独立的学术分科来专门研究了。当时人们研究音韵学，虽然还是以通经学为目的，但已经接触到了这个学科本身。当时人们已经认识到语言文字，特别是音韵学在整个学术发展中的作用。顾炎武在《答李子德书》中说："故愚以为读九经自考文始，考文自知音始，以至诸子百家之书，亦莫不然。"以懂得古音韵方为读古代经书的前提条件，这已成为了当时学者的共识。戴震在《六书音均表序》中说："夫六经字多假借，音声失而假借之意何以得。训诂音声相与表里，训诂明六经乃可明。后儒语言文字未知，而轻凭臆解以诬圣乱经，吾惧焉。"段玉裁在《王怀祖〈广雅疏证〉序》中说："治经莫重于得义，得义莫切于得音。""小学有形、有音、有义，三者互相求，举一可得其二；有古形、有今形，有古音、有今音，有古义、有今义，六者互相求，举一可得其五。""怀祖氏能以三者互求，以六者互求，尤能以古音得经义，盖天下一人而已矣。"钱大昕在《十驾斋养新录》卷一中说："古人因文字而定声音，因声音而得训诂，其理一以贯之。"这些论述都是看到了音韵学在研治经学的重要地位和作用。由音韵学的研究而带动整个语言文字的研究，于此上通古代经学，下通方言俗语，音韵学的作用不容取代。正是由于清代学者们认识到了这一点，促使音韵学在清代得到了迅猛的发展，取得了空前的成就。

（一）古音学研究

古音学研究实际就是上古汉语语音的研究。明代古音学家陈第能够运用历史发展变化的观点来观察古音，认识到上古汉语语音与后代的语音是不同的。南北朝以后的所谓"叶韵"，实际上是人们模拟古本音，并非随意改读，辗转牵就。对"叶韵"说有了正确的认识，就使古音学的研究进入了一个崭新的阶段。

1. 顾炎武的古音学研究

顾炎武（1613～1682），初名绛，字宁人，后改名炎武，自称蒋山佣，号亭林，学者称亭林先生。昆山（今江苏昆山县）人。少年时参加"复社"反宦官权贵的斗争。清兵南下后参加抗清斗争。失败后，亡命黄河南北，所至访问风俗，搜集材料，从事学术活动。晚年卜居华阴，卒于曲沃。生平学问博洽，对国家典制、郡邑掌故、天文仪象、地理河漕、兵农经济、经史百家、金石文字、音韵训诂之学，都有深刻的研究。为学侧重考证，反对"束书不观，游谈无根"恶习，开创清代朴学风气。顾氏在音韵学上的成果都体现在《音学五书》之中。

《音学五书》是清代研究古音的一部重要的开创性的著作。其中《音论》三卷、《诗本音》十卷、《易音》三卷、《唐韵正》二十卷、《古音表》二卷。《音论》是综述音韵学源流的著作，是五书的纲领。其他四种是专论古韵的，乃是顾氏精构独造之作。五书之中，尤以《诗本音》最为重要，盖其书原本为三百篇而作。《唐韵正》乃其注释。《易音》专论《易经》用韵，《古音表》将古韵分部列出。后两种可视为附录。读其书，可先看《唐韵正》，次及《诗本音》、《易音》。

明代陈第强调"时有古今，地有南北，字有更革，音有转移"，为古音研究在理论上开辟了道路；但他对古音的分析，还仅仅是辨正某字古读某，所录亦仅《诗经》之四百四十四个韵字，还没有比类综合，探本寻源，归纳出古韵的部类分合，仍然是散漫而无系统的研究。直到顾氏《音学五书》出，才彻底清除了前人叶音之说。他细密分析归纳了《诗经》一千九百多个韵字，与《广韵》韵部比勘，分别同异，综合贯串，定古韵为十部，为清代古音学研究奠定了坚实基础。顾氏在《音学五书后叙》中说："予纂辑此书几三十年，所过山川亭鄣无日不以自随。凡五易稿而手书者三矣。"足见此书确是一部殚精竭虑的著作，很有价值。顾氏把上古语音韵部分为十部，成为后代学者进一步分部的基础。

第一部：东冬钟江

第二部：脂之微齐佳皆灰咍；支之半，尤之半（有人声）

第三部：鱼虞模侯；麻之半（有人声）

第四部：真谆臻文殷元魂痕寒桓删山先仙

第五部：萧宵肴豪幽；尤之半（有人声）

第六部：歌戈；支之半，麻之半；

第七部：阳唐，庚之半；

第八部：耕清青，庚之半；

第九部：蒸登

第十部：侵覃谈盐添咸衔严凡（有人声）

顾炎武还没有给韵部立有专门名称，只是用《广韵》平声韵目分别给各类命名。十部之中，六、七、八、九部等四个韵部被江永以后的古音学家普遍认可。其他几部虽然相当粗疏，但后人也是在其基础上再精细离析而已。顾氏上古音分部有两点具有开创性意义：

其一，在其以前研究古韵部的人，如郑庠等，都以《广韵》整韵字作为合并单位，顾氏根据《诗经》等材料，根据上古音的实际情况来离析《广韵》，重新归部，该分者分，该合者合。例如他根据上古汉语的押韵系统，将脂、之两韵归入第二部，而把支韵的一半归入第二部，一半则归入第六部。江有诰看出了顾氏的这个贡献，在《音学十书凡例》中说："昆山顾氏始能离析《唐韵》，以求古韵。"

其二，改变《广韵》的结构，让阴入相配。在《广韵》里面，入声韵的字与阳声韵相配，阴声韵不配入声韵。顾氏没有被这一旧框框所束缚，而是根据自己的归纳，就古韵谈古韵，把入声韵的字分别与阴声韵的字配合在一起。除第十部以入声韵与阴声韵相配外，都是这样处理的。这种配法是根据《诗经》中某些阴、入相押的用韵实际及《说文》形声字中某些阴入相谐的现象作出的。

顾氏的古韵分部还是相当粗疏的，对此点，江永在《古韵标准·例言》中有很好的评论："细考《音学五书》，亦多渗漏，盖过信'古人韵缓，不烦改字'之说故耳。……《古音表》分十部，离合处尚有未精，其分配入声多未当。此亦考古之功多，审音之功浅，每与东原叹惜之。"但为后代人开辟路径，其功是不容抹杀的。

2. 江永的古音学研究

江永（1681～1762），字慎修，婺源（今江西婺源县）人。江氏于仕途不得志，六十二岁始成贡生。一生专究学问，潜心著述，通《三礼》，晓乐律，治经以考据见长，开皖派之风气。著有《周礼释义举要》、《礼书纲目》、《礼记训义择言》、《四声切韵表》、《音学辨微》、《春秋地理考实》、《群经补义》、《乡党图考》、《推步法解》、《律吕阐微》等多种。休宁戴震尽传其学，也称"江戴"。

江氏的古音学著作主要为《古韵标准》，由其弟子戴震参定，共四卷。作者鉴于以往言古音者多不辨时代，往往以《诗经》、《楚辞》混同汉魏六朝唐宋等诗文韵语而相提并论，故特为研究古韵的确立标准，确定以《诗经》用韵为研究古韵的主要根据，以经传骚子为佐证，有原有委，而后可以参较异同，明其流变，故名其书曰《古韵标准》。江氏在《古韵标准·例言》云："《三百篇》者，古音之丛，亦百世用韵之准。稽其入韵之字，凡千九百有奇，同今音者十七，异今音者十三。试用治丝之法，分析其绪，比合其类，综以部居，纬以今韵，古音犁然。其间不无方语差池，临文假借，案之部分，间有出入之篇章，然亦可指数矣。以《诗》为主，经传骚子为证，《诗》未用而古今韵异者，采他书附益之。标准既定，由是可考古人韵语，别其同异；又可考屈宋辞赋、汉魏六朝唐宋诸家有韵之文，审其流变，断其是非。"

江永与顾炎武研究古音的方法有很大区别，顾氏只凭考据，江氏则兼及审音，他批评顾氏"考古之功多，审音之功浅"，又谓顾氏"天之未丧斯文，必有圣人复起，举今日之音而还之淳古者"之论是错误的。盖"古人之音虽或存方音之中，然今音通行既久，岂能以一隅者概之天下"？因此"顾氏《音学五书》与愚之《古韵标准》皆考古存古之书，非能使之复古也"。江氏的说法和认识是相当正确的，古韵学的性质从此才明确清晰起来。

江氏分古韵为十三部，与顾氏不同处主要有三。一，分真文魂与元寒仙为两部，先韵则两属之；二，分萧宵肴豪与尤侯幽为两部；三，分侵覃等九韵为两部，侵为一部，添咸衔严凡为一部，覃谈盐三部则两属之。全书按《广韵》四声排列所考诗韵韵部，每部之前先列《广韵》韵目，次列韵字。《广韵》一韵歧分两部者，称"分某韵"；韵本不通，而有个别字当收者，称"别收某韵"；四声不同者，称"别收某声某韵"。《诗经》中不曾入韵之字而有取于他书者，另列为"补考"。每部之末，又有"总论"。

顾氏对于字的归类之所以不尽妥当，原因即在于对《诗经》韵例未加详辨，以至于把非韵字误认为韵字，把换韵的看做是一韵到底的，把韵字误认为是非韵字等。江氏认识到此点，他在

《古韵标准·诗经举例》中说："韵本无例，《诗》用韵变动不居，众体不同则例生焉。不明体例将有误读韵者，故先举此以发其凡，自是而古韵可求，其非韵者亦不致强叶误读矣。"江氏把《诗经》韵例归纳为十八种，这是江氏高于顾氏之处。

江氏所定《诗经》韵字古读不取直音，而用《广韵》反切；若古韵归类不同于《广韵》，则参酌《广韵》音之韵等与声类另拟反切。胜于前人以己意推测古读，却又不顾字母清浊与韵类洪细的做法。

江氏能指斥异说，在顾氏《音学五书》的基础上确定以《诗经》用韵为主，参以文字谐声、语言学理，指明辨韵分部之法，将古韵研究引向科学的轨道，所以其书有重要价值 。江永在对于入声处理上，也与顾氏不同，他将入声韵独立出来，分成八部。他坚持把入声独立出来，原因是他认为入声韵不但与阴声韵相配，同时也与阳声韵相配，即所谓"数韵同一入"。这种说法揭示了上古韵部的关系特点，是他对古音学的重要贡献。其后来戴震、孔广森所设计的阴阳相配的格局就是从这里得到启示的。他所分的韵部也被后人证明基本上是正确的。

此书常见的本子有《贷园丛书》本，《音韵学丛书》本，《丛书集成初编》本等。1982 年中华书局据清咸丰元年（1851）沔阳陆建瀛覆刻本影印，是现今最易见到的一个本子。

3．段玉裁的古音学研究

段玉裁的古音学研究主要体现在他在《说文解字注》后附录的《六书音均表》。

《六书音均表》共五卷。包括《今韵古分十七部表》、《古十七部谐声表》、《古十七部合用类分表》、《诗经韵分十七部表》、《群经韵分十七部表》，共五种。是书初称《诗经韵谱》、《群经韵谱》，钱大昕曾为之序，后方变易体例，增加内容而取今称。每表皆首列序说，说明撰述之意颇详。表一为全书总纲，表二分列十七部字之谐声偏旁，表三辨别古韵诸部分合远近，表四为《诗经》韵谱，表五为《群经》、《国语》、《楚辞》韵谱。六书文字按音分部，故名其书曰《六书音均表》。

段氏的分部比江氏多出四部，原因是，他把顾、江的支部分为第一部（之）、第十五部（脂）和第十六部（支），由此多出两部；把江氏的第四部（真）分为第十二部（真）和第十三部（文），由此多出一部；把江氏的第十一部（尤）分为第三部（幽）和第四部（侯），由此又多出一部。

段玉裁的古音学研究不仅在于他多分出了几部而已，而在于他科学地认识到了古音韵的系统性，从理论上阐述了自己的古音学研究的成果。他是清代既有正确理论指导，又作理论阐述，又有研究成果的杰出学者。他在《今韵古分十七部表》之序说：郑庠分古韵为六部，顾炎武分古韵为十部，江永分古韵为十三部，"今既泛滥《毛诗》，理顺节解，因其自然，补三家部分之未备，厘平人相配之未确，定百六部为十七部"。段氏所建立的"之、幽、侯、真、文、脂、支"等六部以及入声"质"部均证据确凿，为后来的音韵学家所公认。钱大昕在《六书音均表·序》中说："段君复因顾江两家之说，证其违而补其未逮，定古音为十七部，若网在纲，有条不紊，穷文字之源流，辨声音之正变，洵有功于古学者已。"段氏的老师也在给他的信中说："大著辨别五支六脂七之，如清真蒸三韵之不相通，能发自唐以来讲韵者所未发，今春将古韵考订一番，断从此说为确论。"

段氏的第二个贡献是在研究古韵的材料运用上。段氏在利用《诗经》和群经押韵材料以外，更充分地利用文字的谐声系统来研究古韵的部类。他发现同从一声的字总在一起押韵，由此可以藉谐声声旁统摄同一部的字。他在《古十七部谐声表》之序中说："考周秦有韵之文，某声必在某部，至啧而不可乱。故视其偏旁以何字为声，而知其音在某部，易简而天下之理得也。""自音有变转，同一声而分散于各部各韵……要其始则同谐声者必同部也，三百篇及周秦之文备矣。辄为《十七部谐声偏旁表》，补古六艺之散逸。类列某声某声，分系于各部。以绳今韵，则本非其部之谐声而阑入者，憭然可考矣。"这是段氏在古韵研究方面的一大贡献，解决了汉字在《诗经》等典籍中没有入韵的问题，这种研究使所有的汉字都可以确立其音韵位置。从而使对汉语上古音韵系统有了全面系统的研究。这对后人掌握上古汉语音韵系统也有很大帮助，记住了谐声偏旁，则可大致记住某些从此声旁谐声的一群字，使繁难的记忆变得简单容易多了。

段氏第三点贡献在于能看到语音的系统性。他提出了"古本音"和"古合韵"的说法。他的所谓"古本音"，是指古音如此，不同于后代的《广韵》；所谓"古合韵"，也指古音不同部，而古人由于音近通押。他说："凡与今韵异部者古本音也；其于古本音有龃龉不合者，古合韵也。本音之谨严，如唐宋人守官韵；合韵之通变，如唐宋诗用通韵。不以本音蔑合韵，不以合韵惑本音，三代之韵昭昭矣。"段氏知其分，又知其合，审辨声音的远近，他所列的十七部韵表，由"之"部到"歌"部，就是按照《诗经》中合韵和平入的关系，依照声音的远近排列次第。他在《古十七部合用类分表》中把十七部按音之远近分为六类，序说云："学者诚以是求之，可以观古音分合之理，可以求今韵转移不同之故，可以综合经传假借转注之用，可以通五方言语清浊轻重之不齐。"江氏在《古韵标准》中以《广韵》韵目的先后次序排列韵部，段氏则按照自己的理解重新把上古语音系统排列出来。他在《诗经韵分十七部表》、《群经韵分十七部表》都依十七部汇辑韵字，全面而系统地列为"韵谱"，哪些字在一起押韵，哪些是本音，哪些是合韵，给人一目了然之感。《六书音均表》都附在《说文解字注》之中，可参看前面的《说文解字注》各版本，1983 年中华书局据《经韵楼丛书》本重印，周祖谟为撰写前言并订正误字，是目前最方便易得的本子。

4．戴震的古音学研究

戴震（1723～1777），字东原，号果溪，安徽休宁隆阜（今安徽屯溪市）人。年二十问学于江永，中年又与惠栋、钱大昕、王鸣盛等交游。乾隆二十七年（1762）举人，次年试礼部不第。三十八年（1773）奉诏充《四库全书》馆纂修官；四十年（1775）赐同进士出身，授翰林院庶吉士。在馆五年，病卒。生平博闻强记，于经学小学、天文历算、历史地理学等均有深入研究，尤精于小学、数学、地理，是乾嘉学派中皖派的重要学者，卓然成一代宗师。著述甚丰，著有《孟子字义疏证》、《声韵考》、《声类表》、《尔雅文字考》等。

戴氏初分古韵十三类，与江永所分大体相当，乾隆三十八年改定《声韵考》时，分七类二十部，四十年定为九类二十五部。他的韵目标名以影纽字，改为通用的标目字则可看出他与前人分法的不同。戴震同意段玉裁的支、脂、之三分说，但也不尽相同。他将段氏的"尤"、"侯"合为一部，将"真"、"文"二部合为一部，又将段氏的"物"部分为两部，这样共得十六部。段氏的入声韵共有八部，戴氏将其第五部入声（药部）分为两部，又将段氏的第十五部入声（物部）一分为二，一部分与段氏的第十二部入声（质部）并为一部，另一部分独立为一部（月部）。这样，戴氏的入声共有九部，与非入声的十六部合为二十五部。

戴氏最大贡献在于他不仅精于考古，更精于审音，他能根据语音的系统性进行判断，然后再进行分合排列。他所分的九类是按发音特点来划分的：第一到第五类的阳声韵是收［–ŋ］的，第六第七类两类是收［–n］的，第八第九两类是收［–m］的。每类中的各韵基本上是阴阳入相配的。这是发展了江永的"数韵同一入"之说而成的，这对孔广森及后人的"阴阳对转"说有直接的影响。

其二，戴氏从审音的角度出发，由于阴阳入三声鼎立，入声也就宣告独立，所以后代确立的几个入声韵部也是戴氏最先确立，如锡、质、铎、屋、药、职、合等。他根据阳声与阴声配对的整齐性，他从段玉裁的第十五部（脂）独立出"祭"部，以配元部。

最后，戴氏还用音理来说明声韵通转之法，谓正转之法有三，一为转而不出其类者，一为相配互转，一为联贯递转，谓当"以正转知其相配及次序，而不以旁转惑之。以正转之同入相配，定其分合，而不徒古人用韵为证"（见《答段若膺论韵》）。他又在《转语二十章序》中，以双声之理说明了语音的自然流转，提出"正转"、"变转"说。

戴氏研究古音的特点是精于审音，这既是长处，也有流弊，如果过于依赖宋元等韵推测周秦古音，疏于客观归纳，过分强调阴阳入的配合整齐，反而产生了一些错误。他认为歌、戈收喉，本与阳声相近，因以歌配鱼、铎，又以阳配宵、药，这都不妥当。段氏已分幽、侯为二，真、淳为二，戴氏反而不分了。这些疏失有一个很主要的原因，是戴氏过于依据今音、等韵来推定古音的面貌。戴氏的著作见于《戴东原全集》。《声韵考》、《声类表》均有民国十二年（1923）渭南严氏刊印的《音韵学丛书》本，四川人民出版社 1957 年曾出版汇刻本。

5. 孔广森的古音学研究

孔广森（1752～1786），字众仲，又字㧑约，号顨轩，曲阜（今山东曲阜县）人。乾隆三十六年（1771）进士，改翰林院庶吉士，散馆授检讨。无意仕进，遂告归，三十四岁病卒。曾受学戴震、姚鼐之门，通经史小学，尤精公羊学、礼学、音韵学。著有《诗声类》、《春秋公羊通义》、《大戴礼记补注》、《礼记卮言》、《经学卮言》等。善文学，骈体兼汉魏六朝初唐之胜，江都汪中叹为绝手。

孔氏的古音学研究成果体现在《诗声类》一书中。此书共十二卷，附《诗声分例》一卷。此书就《诗经》韵求古韵部分类，故名。上六卷为阳声九部，下六卷为阴声九部。

　　阳声　　　　　　　阴声
1. 原类（元）　　　　歌类
2. 丁类（耕）　　　　支类
3. 辰类（真文）　　　脂类
4. 阳类（阳）　　　　鱼类
5. 东类（东）　　　　侯类
6. 冬类（冬）　　　　幽类
7. 侵类（侵）　　　　宵类
8. 蒸类（蒸）　　　　之类
9. 谈类（谈）　　　　合类（缉叶）

每部先比勘《广韵》，列谐声偏旁见于《诗》者。谐声与《广韵》不一致的，专以谐声为准，而阴阳相转之韵可以互收。然后遍取《诗》韵字，依《广韵》韵目顺序编排，注以今韵韵目。分别平上去。古今韵异的，则引《诗》《骚》证其古读。韵部之间相通相转的，于部后详论。孔氏的分部与段氏的分部基本一致。不同的是从东部分出冬部，又从侵谈二部分出一个合部，这个合部当做阴声韵，而与谈对转，以侵与宵对转，这显然是不妥当的。另外，段氏已分出真谆两部，孔氏反而又合二为一，倒退了。

《诗声类》体现的孔广森的古音学成果有以下几点：

其一，孔氏把冬部从东部分离出来，使冬部独立。孔氏以前各家都是东冬合于一韵，至孔氏才使冬部独立。冬部以冬韵为主，另收东韵三等大部分字及江韵的降字。东冬分立王念孙没有接受，但受到其他学者的赞扬。段玉裁在《答江晋三论韵》中推崇备至，至今已被学者们所认同。他说："……核之《三百篇》、群经、楚辞，太无不合。以东类配侯类，以冬类配尤类，如此而后侯、尤平入各分二部者，合此而完密无间，此孔氏卓识，胜前四人处。"

其二，孔氏确立了阴声韵、阳声韵的名目，并建立了阴阳对转理论。孔氏分古韵十八部，阴声九，阳声九，两两相配而可以对转。孔氏在《诗声类》自序谓阳声九部、阴声九部"各以阴阳相配而可以对转。其用韵疏者，或耕与真通，支与脂通，蒸侵与冬通，之宵与幽通。然所谓通者，非可全部混淆，间有数字借协而已"。阴阳相配及阴阳通转之法，戴氏已经予以肯定，但戴氏仅称"旧无入之韵"、"旧有人之韵"，至孔氏才确切地称以阴声韵、阳声韵。孔氏且对阴阳对转的规律加以明确地阐述，他说"入声者，阴阳互转之枢纽"，例如"之"为平声字，转为上声字"止"，再转为去声"志"，再转为入声"职"，由入声"职"再转成阳声字"证"、"拯"、"蒸"；入声"职"是"之""蒸"阴阳对转的枢纽。孔氏所确定的对转情况有：歌元对转；支耕对转；脂真对转；鱼阳对转；侯东对转；幽冬对转；宵侵对转；之蒸对转；合谈对转。以上九组中，合谈对转不算阴阳关系，因为合（叶）类只有入声；宵侵对转不合理；幽冬关系比较模糊，其他六类都是正确的。他的这些说法对于后来人们构拟古音系统，都有很重要的参考价值。

另外，孔氏在《诗声类》后附《诗声分例》是继江永的《诗韵举例》而作的，他的分析，比江永更加细密，所列句式有一百三十多种，使《诗经》的韵例分析更加可信。由于某字是否押韵，就涉及到韵例问题，而这个问题对于归纳韵部问题又是相当重要的，孔氏的做法是很有意义的。

此书有乾隆五十七年（1792）仪郑堂刊本、渭南严氏刊本，并收入《嶭轩孔氏所著书》。中华书局 1983 年曾据原刻本重印，为音韵学丛书之一，前有周祖谟写的序言，对孔氏的古音学研究做了相当中肯的分析。

6．王念孙的古音学研究

王念孙（1744～1832），字怀祖，号石臞（又作石渠），江苏高邮县人。清代著名学者，精音韵、文字、训诂之学。乾隆四十年（1775）进士，选翰林院庶吉士，入四库全书馆，任篆隶分校官。累官至永定河道。少受业于休宁戴震。撰有《广雅疏证》、《读书杂志》、《方言疏证》、《释大》《说文解字校勘记残稿》等。王氏的古音学研究成果主要体现在《古韵谱》一书中，刊入罗振玉所辑《高邮王氏遗书》，即《诗经群经楚辞韵谱》一书。

《古韵谱》共二卷，卷首列王氏《与李方伯论古韵书》、《古韵二十一部通表》，此二种原载其子王引之《经义述闻》卷三十一。正文部分按王氏所定古韵分部辑录《诗经》、《楚辞》及群经韵字，必要处并略加考校，以申其说。全书搜集宏富，条理清晰。他分古韵二十一部如下：

1．东	平上去	2．蒸	平上去
3．侵	来上去	4．谈	平上去
5．阳	平上去	6．耕	平上去
7．真	平上去	8．谆	平上去
9．元	平上去	10．歌	平上去
11．支	平上去入	12．至	去入
13．脂	平上去入	14．祭	去入
15．盍	入	16．缉	入
17．之	平上去入	18．鱼	平上去入
19．侯	平上去入	20．幽	平上去入
21．宵	平上去入		

王氏考定古韵之初仅见顾炎武、江永之书，而所分多与段玉裁、江有诰、戴震不谋而合。可见，如果材料相同，方法对头，结论就不会有区别的。王氏的古韵分部有五个特点：

其一，至部独立。王氏认为此部既非脂部的入声，也非真部的入声，应当独立为一部。此说江有诰没有接受，其他人是赞同的。

其二，祭部独立。王氏把去声祭泰夬废与入声月曷等韵合为祭部，独立为一韵。

其三，缉部独立。

其四，盍部独立。王氏把缉部从侵部析出，盍（叶）部从谈部析出，独立为两部。

其五，侯部有入声。段玉裁《六书音均表》"侯"部不配入声是错误的，王氏改配以入声。王氏晚年改定《古韵谱》时，接受孔广森"冬"部独立之说，分韵为二十二部。

王氏把支、脂、之分为三部，把江氏第四部分为真、谆（文）二部以及把江氏的第十一部分为侯、幽二部都与段氏不谋而合。此外，王氏使至（质）、祭（月）部独立，给侯部配上入声，这无疑加深了人们对这几部的认识，并使物部显现出来。

此书罗振玉于民国十四年（1925）刊入《高邮王氏遗书》。严式海辑入《音韵学丛书》，民国二十二年（1933）刊。1957年四川人民出版社有《音韵学丛书》汇印本。

7．朱骏声的古音学研究

朱骏声的古音学研究主要体现在《说文通训定声》一书。此书共分古韵十八部，以《易》卦为目：

一丰（东）；二升（蒸）；三临（侵）；四谦（覃）；五颐（之）；六孚（幽）；七小（宵）；八需（侯）；九豫（鱼）；十随（歌）；十一解（支）；十二履（脂）；十三泰（祭）；十四乾（元）；十五屯（文）；十六坤（真）；十七鼎（耕）；十八壮（阳）。入声附于阴声。（惟临、谦二部也有入声）

朱氏古韵部分合基本依据段玉裁十七部，而从段氏第十五部分祭泰夬废月曷未镈薛为其泰部，第十二部分质栉屑合第十五部为其履部，第三部分屋烛合第四部为其需部，这又是兼采戴震、王念孙诸家说。十八部之间，依次递转，终而复始。如丰转升、临，升部转临、谦……壮部转丰、升。朱氏既以入声为阴声的分部，同时又认为阳声的分部跟相对转的阴声同，如升部"分部同颐"。这是承段氏的"异平同入"说而有所改造。朱氏又有"转音"说，即当时所谓"双声"，如"东"字转音如"当"。他在《说文通训定声自叙》中说："以字之体定一声，以经之韵定众声，以通转之理定正声、变声。"这可以说是朱氏古音研究方法的概括。朱氏的特点是，古音研究与以《说文》为宗的文字训诂研究相互联系，他的古音学的内容很大部分融入其所著《说文通训定声》中，可据该书考求其古音理论和观点。

8．江有诰的古音学研究

江有诰（？～1851），字晋三，号古愚，安徽歙县人。年二十二为学官弟子，无意举业，遂专志古学，杜门著述。著有《音学十书》、《说文六书录》、《说文分韵谱》、《古韵总论》、《音学辨讹》、《江氏字学叙录》等。

江氏幼从塾师读书，举动不苟。后壹志古学，关门著述，无论是寒暑从不间断。他感叹周秦以后古音亡失，得顾炎武《音学五书》、江永《古韵标准》，沉潜钻研推究，达到废寝忘食的程度。后又见段玉裁《六书音均表》及孔广森《诗声类》，遂分古音为二十一部。江氏著述古韵部分时，未尝见到戴震、王念孙的音韵学著作，然其研究结果与王念孙的研究结果如趋一轨。他著述甚丰，丙午（1846）年间正月，家里遭受到了火灾，所镌刻的书板及未刻书稿皆成灰烬，当时江氏已经目盲，不再能著书，时时仰天嗟叹。于是将自己学问所得口授其长子江锡善，后江锡善以先生已印之书重加校刊，并补辑若干篇。他的古音学著作大都辑集在《音学十书》中。

江氏以顾炎武、江永、段玉裁之书为宗，初分古韵二十部。

后见孔广森书，从其书东冬分立之说，又分古韵部为二十一部：一之；二幽；三宵；四侯；五鱼；六歌；七支；八脂；九祭；十元；十一文；十二真；十三耕；十四阳；十五东；十六冬；十七蒸；十八侵；十九谈；二十叶；二十一辑。入声配阴声。跟段氏比较，江氏古韵分部独见有：

其一，江氏把去声"祭泰夬废"与入声"月曷末鎋薛黠"（段氏属脂部）独立为祭部。

其二，从孔广森之说将东部分为东、冬二部（段氏合为一部）。

其三，将"叶帖业狎乏盍半洽半"（段氏分属于侵、谈部入声）独立为叶部。

其四，将"缉合盍半洽半"（段氏属于侵、谈部入声）独立为缉部。江氏将祭部、叶部、缉部独立，都与王念孙合，也与戴震合。江氏主张宵部、侯部有入声，也都与王念孙合。对入声与平上去三声的相配，江氏一以谐声偏旁及《诗》、《骚》平入同用之章为据，凡古人独用的去入韵，则别立，完全脱离《广韵》之窠臼。

江氏的二十一部之分，创获颇多。他"自奋于穷乡孤学"（王国维语），著书时不知其他古音学者的著述却结论大致相同。他对"缉"、"叶"二部的建立有自己的创见，他的分部对顾、江、段、戴、孔五家有证实、匡补之功。段玉裁在《江氏音学十书序》称其研究"精深邃密"，"集音学之成，于前此五家皆有匡补之功"。王力先生在《清代古音学》中称江氏为清代古音学的巨星。

江有诰是清代古音学研究的殿军，江氏的古音韵部二十一部，是清代古音学研究成果的集大成者。至此，古韵分部的格局已基本定型了。

清代的古音学，以古韵分部的成就最大。王国维在《周代金石文韵读序》中对清代古音学给予了很好的总结，他说："古韵之学，自昆山顾氏而婺源江氏，而休宁戴氏，而金坛段氏，而曲阜孔氏，而高邮王氏，而歙县江氏，作者不过七人，然古音廿二部之目，遂令后世无可增损。故训故名物文字之学，有待于将来者甚多，至古韵之学，谓之前无古人后无来者可也。原斯学所以能完密至此者，以其材料不过群经诸子及汉魏有韵之文，其方法则皆因乎古人用韵之自然，而不容以后说私意参乎其间。其事至简，而其事有涯，以至简入有涯，故不数传而遂臻其极也。"王氏的说法是有道理的，在其后黄侃主张阴、阳、入三分，黄氏在《音略》中说自己韵部划分"皆本昔人，未曾以臆见加入"。其后黄永镇、钱玄同由黄侃萧部分出觉部，现代学者王力又主张脂微分部。至此，古韵三十部就成型了。传统古韵研究的缺点，在于未能进一步研究每一古韵部所包含的韵类的不同特点，对于古韵的音值，有一些假定的读法，但由于缺乏描写工具和科学研究方法，未能开展音值构拟的研究工作。

　　在汉语音韵学研究历史中，声母的研究一直受不到重视，成果也不多。这主要是因为研究韵部时，还有个韵文押韵系统作为主要研究对象。而声母在韵文当中是不能凸现出它的性质的，所以，上古汉语声母研究的落后状况，并非是由于学者们漠视它，而实在是由于研究资料所限。

　　清代学者在研究古声母方面，首先要提到钱大昕。钱大昕（1728～1804），字晓徵，一字及之，号辛楣，又号竹汀居士，嘉定（今属江苏）人。乾隆十九年（1754）进士，历任内阁中书、翰林院编修、侍讲学士、詹事府少詹事，提督广东学政等。曾参与修撰《音学述微》、《续文献通考》、《续通志》、《一统志》等书。乾隆四十年（1775）丁忧归里，不再出仕，专门从事著述和讲学。乾隆四十三年（1778）任钟山书院院长，讲论古学，崇尚汉儒旧义，以通经读史为先。乾隆五十四年（1789）主讲紫阳书院。钱大昕在学术上涉猎的领域相当广泛。与语言文字学有关的著述主要有《唐石经考异》、《经典文字考异》、《声类》、《潜研堂金石文字目录》、《潜研堂金石文跋尾》、《十驾斋养新录》、《潜研堂文集》。其中关于古声母的研究成果在《十驾斋养新录》的第四、第五卷中。其主要结论如下：

其一，古无轻唇音。大意是说上古汉语中没有轻唇音声纽，这是钱大昕首先系统论证出来的。中古唇音后来逐渐分为两类，通常叫重唇和轻唇。重唇是双唇塞音，以及同部位的鼻音，即三十六字母的帮、滂、并、明；轻唇是双唇塞音变来的塞擦音，以及从双唇鼻音分化出来的唇齿鼻音，即三十六字母中的非、敷、奉、微、古无轻唇即中古后期的轻唇音在上古一律都读重唇音。

关于古音重唇、轻唇无别的现象，方以智已朦胧地认识到了"唇缝常溷"的现象。他在《通雅·论古音皆和说》中说："详考经、传、《史》、《汉》、注、疏、沈、孙以至藏释，皆属音和，但于粗细不审，而舌齿常借，唇缝常溷耳。"所谓"唇缝常溷"，"唇"指重唇音，"缝"指轻唇音。有时也称为重唇、轻唇，如《通雅》卷六《释诂》"重俯伏之音为匍匐……"条："'俯伏'轻唇，'匍匐'重唇，故古人之字通转。"这种看法已接近古无轻唇音的事实。通过切实的考证，首先明确提出古无轻唇音，轻唇音一律读重唇的结论，则是钱大昕的功劳。这种观点散见于他的《文集》及《十驾斋养新录》中多处。《养新录》卷五"古无轻唇音"一条论证最为集中。如："文"古读如"门"，《水经注·汉水篇》："文水即门水也。"汶山即岷山。佛读如弼；佛读如勃。按《说文》："聿，所以书也。楚谓之聿，吴谓之不律，燕谓之弗。"段注："《尔雅·释器》：不律谓之笔。郭云：蜀人呼笔为不律也。语之变转。弗同拂拭之拂。"繁古读如婆，又读如擎，《汉书·百官公卿表》："李延寿为御史大夫，一姓繁。"师古曰："繁音蒲元反。"又："右内史番系。"师古曰："番音普安反。"汾古读如盆，

《庄子·逍遥游》："汾水之阳。""汾水"，司马彪、崔谟本皆作"盆水"。敷古读如布，《商颂·长发》："敷政优优。"《左传·成公二年》引作："布政优优。"方古读如防、旁。按《说文》"方"字下段注曰："《秦风》：百夫之防。毛曰：防，比也。谓'防'即方之假借也。又假借为'旁'，凡今文《尚书》作'旁'者，古文《尚书》作'方'。"逢古音蓬，封古读如窆等。钱氏充分地利用了经籍异文、异读的文字材料证明了"古无轻唇音"的结论。根据这些语言材料，说重唇、轻唇不分，那是证据确凿的。但是，仅仅从这些材料来看，既可以说明古无轻唇，也可以说古无重唇。钱氏的结论认为轻唇是后起的，是从古代的重唇音分化出来的，这个推断是有等韵图表里轻重唇音的配置得到证明的。从音韵事实来看，不但在上古时期，一直到《切韵》时代，还是不分轻重唇音的。另外，参证方言也可得到证明。在闽方言、吴方言里，普通话的轻唇音字大多数仍然读重唇，而普通话的重唇却没有读轻唇的。钱大昕的这个结论已被学界所普遍接受。

其二，古无舌上音。钱大昕的论述也很多，《养新录》卷五"舌音类隔之说不可信"条为专论之篇。大意是说上古没有舌上音声纽。中古舌音声纽分为两类，通常叫做舌头音和舌上音。舌头音指舌尖与上齿的塞音，以及同部位鼻音，即三十六字母中的端透定泥。舌上音即知、彻、澄、娘四母。钱大昕认为古无舌上音，是说上古没有知、彻、澄三纽，这三纽分别归属于端、透、泥三纽。他在《养新录》卷五的"舌音类隔之说不可信"一文专论此说。如说："古无舌头舌上之分。知、彻、澄三母，以今音读之，与照、穿、床无别也，求之古音，则与端、透、定无异。《说文》：冲读若动。《书》：'惟予冲人。'《释文》：'直忠切。'古读直如特，冲子犹童子也。字母家不识古音，读冲为虫，不知古读虫亦如同也。……古人多舌音，后代多变为齿音，不独知、彻、澄之母为然也。"钱大昕从异文、谐声偏旁、旧音等方面收集大量例子证明其说，证据确凿，结论可以信从。上古的舌上音与舌头音不分，为什么认为古无舌上音，而不认为古无舌头音呢？这也是从两个方面来证明的，在古韵书中，端系和知系在六朝的反切里也还没有分清，也就是还没有分化完毕。从汉语方言的历史和现状看，处处都有舌头音，而闽方言白读几乎没有舌上音，赣方言也近似，因此认为古无舌上音的说法是可信的。根据中古舌上音声纽都是二三等字的事实，可以推知上古的舌头音后来分化出舌上音，是以韵属二三等为条件的。

此外，钱大昕还提出古人多舌音和上古影、喻、晓、匣双声的看法。前者说正齿音照系三等在上古读舌头音，这个观点被后来黄侃发展为"照系三等归端系"；后者说喉音影、喻、晓、匣四纽在上古是同一类声纽。这种说法也有一定道理。

在清代学者中，还有一位研究古声母的学者邹汉勋，字叔绩，一作叔勣，号叔子。少秉庭训，年十五即通《左传》义。初久困童子试，道光十七年（1827）方拔补郡学生。咸丰元年（1851）举人，试礼部报罢。后佐清政府镇压农民起义军，被起义军所杀。著述甚丰，后人辑有《邹叔子遗书》。有关音韵学的研究成果，有《说文谐声谱》、《五韵论》、《广韵表》等。他关于上古音声母的结论在《五韵论》一书中，原书散佚不传，只提出一些结论，有录无文。其中有：

23论：类隔知、端六声本为三声。本钱晓徵说。

24论：照、穿、床、审当析为照、穿、神、审、甾、初、床、所。

25论：照之照属古读同端、知。本钱说。

26论：穿之穿属当并彻、透。

27论：禅当并徵（澄）定。

28论：泥、娘、日一声。

31论：喻当并匣。

33 论：帮非八纽当并为四。

这些论断，都与他同时代学者陈澧的《切韵考》，近现代学者章太炎、黄侃、曾运乾诸家所研究和考证的古声母不谋而合。曾运乾提出"喻三归匣"、"喻四归定"，章太炎提出"娘日归泥"等，都可以看出邹氏的远见卓识，可惜他具体的证据和论证过程我们今天看不到了。

清代学者对上古汉语声调的研究成就也不大，原因与研究声母的情况是一样的，基本材料也是看《诗经》用韵和文字谐声。

最早意识到声调问题的是明末的陈第，他在《毛诗古音考》中说："四声之辨，古人未有。""四声之说，起于后世。古人之诗，取其可歌可咏，岂屑屑毫厘，若经生耶？"他这种说法显然有问题。声调是汉语语音的主要特征之一，汉语靠声调来区别意义，作为调类它应当是在上古也是存在的。但是人们起先并没有注意到它的作用，也没有引起注意，直到六朝时期才有人发现它。但不能说只到这个时代才有声调存在。

清代的古音学家都承认上古汉语有声调存在，但在具体论说时差别很大。

清初顾炎武提倡四声一贯说，他认为古有四声，但是在韵文里，同一字可以转为不同的声调。他在《音学五书·音论》的"古人四声一贯"条中说："四声之论虽起于江左，然古人之诗已自有迟疾轻重之分，故平多韵平，仄多韵仄。亦有不尽然者，而上或转为平，去或转为平上，入或转为平上去，则在歌者之抑扬高下而已，故四声可以并用。"顾氏的立论根据也是韵文必须同调相押。他否认异调通押的现象，认为一字押了另一调的字，就是歌者已把这一字转读为另一调，所以他说"一字之中，自有平上去入"。这是承认除平声字外，其余的字没有固定的声调。既然如此，古有四声之说，就没有意义了。他的错误在于没有看到声调有区别意义的作用，否定了语言的社会性。

　　江永的看法也与顾氏相似，他认为上古声调原则上可以分为平、上、去、入四种调类，但在具体韵文里，可以变通而相互押韵。江永在《古音标准·例言》中说："平自韵平，上、去、入自韵上、去、入者，恒也。亦有一章两声或三四声，随其韵讽诵歌咏，亦有谐适，不必皆出一声。"其错处也与顾氏相同。

　　段玉裁提出了古无去声的主张，他对上古声调的意见有相当大的影响。他在《六书音均表一·古四声说》中说："古四声不同今韵，犹古本音不同今韵也。考周秦汉初之文，有平上入而无去。泊乎魏晋，上入声多转而为去声，平声多转为仄声。于是乎四声大备，而与古不侔。""古平上为一类，去入为一类，上与平一也，去与入一也。上声备于三百篇，去声备于魏晋。"段玉裁能认识到这些，是由于他真正懂得古今语音不同，能就古音来谈古音，不受后代读音的限制。他看到后代的去声字在魏晋以前跟平上声或入声字关系密切，断定应由这几个调变来。于是凡跟入声相通的去声字，认为上古必读入声；跟平上声相通的，认为必平上声。这些看法基本是正确的。

　　段玉裁所依据的资料，主要还是《诗经》等古籍用韵情况和文字谐声系统。由于段氏有了语音发展的观点，故在论证古声调时，也能结合汉魏以后语音的流向来判断上古汉语的声调。如他判断说"法言定韵之前，无去不可入"。他在《六书音均表·古谐声说》中说："一声可谐万字，万字而必同部，同声必同部。明乎此，而部分、音变、平入之相配、四声之今古不同，皆可得矣。"这是他以谐声系统来考证上古声调的依据。但在具体判断时，段氏也有很多不尽如人意之处。段氏与顾炎武一样，认为上古韵文必同调相押，结果，同一个字押了不同的调，就认为已读为不同的音了。段氏在处理韵部时有变通的做法，如他在考求古韵分部时，承认古有合韵的情况。但是在论述声调时，就一定要认定不同调的字不能互相押韵，这就导致了他在具体论述时有不尽如人意之处。

　　孔广森则提出了古无入声的说法，他在《诗声类》卷八支部后的按语说："周京之初，陈风制雅，吴越方言未入于中国，其音皆江北人唇吻，略与《中原音韵》相似。故《诗》有三声而无入声，今之入声，于古皆去声也。"上古汉语中去声和入声关系密切，这是人们都看到的，但怎么解释这种现象，是一类还是两类，人们的看法就不一致了。孔氏所依据的材料与段玉裁一样，也是用韵系统和谐声系统，但段氏认为去声从入声来，孔氏认为是入声从去声来。他在卷一中说："盖入声创自江左，非中原旧读。其在《诗》曰：'参差荇菜，左右芼之；窈窕淑女，钟鼓乐之。'初不知哀乐之乐当入声也。"他认为入声是南朝以后由去声分立出来的。他在卷十二中说："夫六朝审音者于古去声之中别出入声，亦犹元北曲韵于平声之中又分阴平、阳平耳。"这种说法没有人相信，因为语音发展的理论中，如果没有限制条件，一个音不能分裂成两个音。如果古无入声，无法说明后代那么整齐的入声韵系统的来源。孔氏的说法，是囿于他方言中没有入声的缘故。

　　王念孙、江有诰二人都主张上古有平上去入四声，并认为每一个字的声调古今可能不相同，这也是一种历史发展的观点。王念孙曾一度信从段玉裁的古无去声的说法，但晚年改定《古韵谱》时认定古有四声。江有诰起初也认为古无四声，后经反复研究，断定古实有四声。他在《音学十书·唐韵四声正》中的附录《再寄王石臞先生书》中说："古韵一事，至今日几如日丽中天矣；然四声一说，尚无定论。……有诰初见亦谓古无四声，说载初刻《凡例》（指《古音凡例》），至今反复绅绎，始知古人实有四声，特古人所读之声与后人不同，陆氏编韵时不能审明古训，特就当时之声误为分析。"江氏认为古四声是存在的，只不过不同于今之四声而已。他认为《切韵》中有些上声字在上古读作平声，如"享、饗、逞、颡"等；《切韵》的有些去声字上古读作平声，如"讼、化、震、患"等；《切韵》的有些平声字上古读作上声，如"偕"字；《切韵》的有些去声字上古读作上声，如"狩"字，等等，这些都是相当正确的说法。

王念孙的看法与江有诰一致，也认为上古实际也有四声。他在给江有诰的信中说："接奉手札，谓'古人实有四声，特与后人不同，陆氏依当时之声误为分析，特撰《唐韵四声正》一书'，与鄙见几如桴鼓相应，益不觉狂喜。顾氏'四声一贯'之说，念孙向不以为然，故所编古韵，如札内所举颡、饗、化、信等字皆在平声，偕、茂等字皆在上声，馆字亦在去声，其他指不胜屈，大约皆与尊见相符。"

江有诰和王念孙的说法在现代也还有相当大的影响，如周祖谟先生写有《古音有无上去二声辨》一文，专门论证了上古不但有平入声，而且也有上去声。

（二）今音学研究

今音是指南北朝到唐宋的语音系统。这个时期的语音系统一般以《切韵》音系为代表。传统音韵学也就把研究《切韵》音系的学科称为今音学。

清朝初年，人们对于今音学几乎没有什么研究，当时人们甚至对于《切韵》系韵书的基本情况也不清楚，更提不到系统地研究了。到了乾嘉时期，音韵学家们在古音学方面倾注了极大的热情，相对来说，今音学的研究就差多了，比较有影响的只有江永、戴震和清代末年的陈澧，尤其是陈氏的研究对后代影响极大。

1. 江永的今音学研究

江永的今音学研究著作主要是《四声切韵表》。此书作于康熙年间，成书于乾隆二十四年（1759）之前。《四库全书》收入"小学类存目"中。这是一部从古音研究角度分析和表现《广韵》

音系的韵图。

　　江氏对明清时代表现"时音"的韵图表示不满，认为应当遵照中古韵书、韵图体制制作韵图。他说："此《表》为音学设，凡有字之音，悉备于此。审音定位，分类辨等。""此《表》依古二百六韵，条分缕析，四声相从，各统以母，别其音呼等列，字之切即注本字下，开卷了然，学者由此研思，音学庶无差舛。"

　　本书前列凡例六十二条，备论其分析考定之意，而列表于后。韵图用三十六字母代表声类，韵类分为一百零四个大类，一类之中再按等呼的不同分列为小类。声调仍分平上去入四类。列图格式是将同韵同等同呼的字列为一栏，各类字音依类相从。每栏纵列四声相应的各个韵部，横列三十六字母。纵横交合处列字，各字下注明《广韵》反切，有些切语江氏曾加以改作。韵图形式与《切韵指掌图》及《四声等子》接近，只是没有分为独立的图而已。该书兼有审音、述古两方面的意图，即意在分辨今音条理，又透露古音信息。江氏审定字音呼等，精微明晰，开卷了然。对古音则寻其支派脉络。

　　该书中将入声兼配阴阳二字。这是既参考今韵相配，又据古人用韵、谐声、文字异读等材料而定的。对于所要表现的《广韵》音系，这样处理与一贯的以入声配阳声的做法不同，引起了一些人的非议，但对研究古音的人启发很大。江氏于古音上主张"数韵同一入"，即见于此。

　　此书刊行以后，有褒有贬。从整体上来说，此书用中古语音为审音对象，却参用上古语音分类的方法，以此来顾及所谓古今流变，这终究是有所弊端的。然而江氏是古音学大师，而且精于审音，对等韵学也有精深的造诣，所以此书对于音韵学研究仍有重要参考价值。

　　此书有《粤雅堂丛书》本；《丛书集成初编》本；北平影印云堂本，附夏燮校正；夏氏校本还有《音韵学丛书》本、《安徽丛书》本。

2. 戴震的今音学研究

戴震关于今音学著作是《声韵考》卷二的《考定广韵独用同用四声表》。此表用列表的形式把二百零六韵依四声排定，便于人们掌握《广韵》四声相承的全面情况。人们可以从表上很清楚地了解到哪些韵有入声，哪些韵没有入声，哪些韵没有平上声，哪些字少的韵没有韵目而附入了其他韵。柯劭忞在《续修四库全书总目提要》该书条下曰："《考定广韵独用同用四声表》颇为精密。《广韵》上声二腫湩字下注云：'此是冬字上声。'戴谓锺韵兼三等四等，腫韵之三等四等为锺之上声。惟湩鹎二字属一等，为冬之上声。以字少不别立部目。……则戴说甚是，此可见其审音之功矣。"戴氏还对《广韵》上去二声最后几个韵目排列次序有误之处作了订正。他认为《广韵》中本来就含有等韵学的分析方法，后人没有认识到罢了，他说："（等韵学）其说虽后人新立，而二百六韵之谱，实以此审定部分，然则呼等亦隋唐旧法，后人窃其意以名专学耳。"他认为韵分四等，各等又分开合，他根据这一认识对《广韵》的等呼情况进行了系统的考察，创获良多。

3. 陈澧的今音学研究

陈澧（1810～1882），字兰甫，号东塾，学者称东塾先生。广东番禺（今广州市番禺县）人。道光十二年（1832）举人，官河源县训导，后为广州学海堂学长数十年，晚年主讲菊坡精舍，从学者甚众。学识渊博，尤精文字音韵之学。著有《说文声表》、《声律通考》、《汉儒通义》、《东塾读书记》等多种。

《切韵考》是研究《切韵》音系的一部重要著作，影响很大。《内篇》六卷：卷一《序录》；卷二《声类考》，考证《切韵》声类；卷三《韵类考》，考证《切韵》韵类；卷四《表上》、卷五《表下》，把所考《切韵》韵类列成韵表；卷六《通论》，论列理论问题。《外篇》三卷：卷一《切语上字分并为三十六类考》，论列三十六类；卷二《二百六韵分并为四等开合图摄考》，是一部韵图；卷三《后论》类似《内篇》第六卷。

陈氏认为"陆氏《切韵》之书已佚，唐孙愐增为《唐韵》亦已佚。宋陈彭年等纂诸家增字为《重修广韵》，犹题曰陆法言撰本。今据《广韵》以考陆氏《切韵》，庶可得其大略也。"陈氏通过《广韵》反切，对《广韵》的声韵系统进行了全面研究。根据反切上字取声母，下字取韵母声调的基本原理，创造了研究反切的著名的系联法。本书卷首《条例》详细叙述了这种方法，概括起来有下列几点：

其一，反切上字或下字同用的，被切字的声母或韵母必须同类；

其二，反切上字或下字互用的，被切字的声母或韵母必然同类；

其三，反切上字或下字递用的，被切字的声母或韵母必然同类；

其四，《广韵》同音的字不会设立两个不同的反切，因而两个反切下字同类的，上字必不同类；上字同类的，下字必不同类；

其五，反切上字有时两两互用，因而有实同类而不能系联的现象。《广韵》一字两音往往互注反切，互注的反切既然同音，它们的反切上字当然同类，如平声东韵"东，德红切，又都贡切"，去声送韵"冻，多贡切。"这里又音"都贡切"指的就是"多贡切"。既然"都贡"、"多贡"同一音，"都"、"多"当然同类。凡上字实同类而不能系联的，可据此以求。

其六，反切下字有时也两两互用，因而也有实同类而不能系联的。《广韵》平上去入四声相承的韵，它们的分类也大多相承。凡反切下字不系联，而相承的韵又分两类的，就据以定其分类，否则虽不系联也定为同类。

陈氏利用《广韵》的反切而采用系联法来考求《广韵》的声韵系统基本上是成功的。他考求出声类共四十类，韵类共三百一十一类。陈氏将照二照三分为两类，喻母分为两类，比三十六字母多出了五类，又将明微二母合而为一，所以他所分的声类实际只有四十类。

此书于《广韵》声韵系统的研究有极其重要的价值。而其对声类的研究，更以此书为创始。其反切系联法虽说前有所承，但是陈氏是第一个全面系统地运用反切系联法来考求《广韵》声韵系统的人，他所创立的系联法很有科学价值，所以被后人们沿袭。陈氏对于古今韵书及等韵学亦有精深的研究，在卷六中论述音韵源流也多能得其纪绪。但反切法之创立，本为字的注音，而并非要反映语音系统，如果仅仅据此系联，这是有局限的。陈氏所据的材料并不都是可靠的，许多材料在当时他看不到，这也妨碍了他的研究的正确性。

此书有成都书局 1929 年本，有光绪八年（1882）刊本，有《音韵学丛书》本等。1984 年北京中国书店据成都书局本影印，流传更广。

（三）等韵学研究

等韵学作为系统分析汉语语音结构的学科，在清代也获得了超越前代的发展。虽然在使用术语方面有许多混乱的地方，但对于汉语语音结构的各个地方都涉及到了。

1．潘耒的等韵学研究

潘耒（1646～1708），字次耕，号稼堂，晚年自号止止居士，吴江（今江苏吴江县）人。康熙十七年（1679）召试博学鸿词，授翰林院检讨，与修《明史》。在翰林院五年，因耿直见忌，遂归里不复仕。曾从顾炎武学于汾州，学风受炎武影响，生平博涉经史、历算、音韵、训诂之学；能诗，善属文。著有《类音》、《遂初堂集》等。

潘耒的等韵学研究成果主要体现在《类音》一书中。《类音》成于康熙壬辰年（1712），是一部囊括古今各地各类之音的一部大规模的音学论著。全书共八卷。第一卷为《音论》，包括《声音元本论》、《南北音论》、《古今音论》、《全分音论》、《反切音论》等部分。第二卷为《图说》，有《五十母图说》、《平声转入图说》、《二十四类图说》、《一百四十七韵图说》、《四呼图说》、《等韵辨淆图说》等。第三卷为《切音》，包括平、上、去声各二十四类，入声十类等项，表明其新定切语。第四卷以下是韵谱。

潘氏撰作此书是"欲使五方之人去其偏滞，观其会通，化异即同，归于大中至止"。此书所以称为"类音"，是要"依类定音"。潘氏此书由于参酌古今南北之音，增删三十六字母为五十声类，且各以阴阳相配，又分五音辖之，喉舌颚齿唇各有其十。调整韵类为开合齐撮四呼，又别以全音（敛）、分音（侈）两类，统领二十四类韵母，分韵则为一百四十有七。调仍旧贯，分平上去入。又用韵图来演示其音韵系统，其图设制：先按平上去入分四大类，次以一调括二十四韵类，再次一图容纳其六，故一调之字分列四图，入声则两图，共十四图。每图之内，横列五十声类，纵分六栏；每栏置一韵类，每类标明开齐合撮四呼；图末附注旧韵部与新定韵目。

潘氏认为声韵调整之数皆有一定，合于自然之理，所谓"字造乎人而音出乎天"。他的书要"依类定音"，"对旧谱之复者芟之，缺者补之，未安者改之，务使阴阳清浊各具其音，相耦相从而不违其序"。潘氏深受邵雍天声地音各有定数观点影响，所确定的语音系统是参酌古今南北的一种理想化的"人人本有之音"。此书按所谓天然存在的音类来分音定韵，以音之定数来安排韵图，难免有削足适履之处。此书改良旧有的反切，上字必用本呼，开齐合撮，各以其类；必以同转仄音切平，平音切仄，全音切全，分音切分。下字必用影喻二母切音，阴以影切，阳以喻切；影喻无字，则用晓匣之字；又无字，用见溪群疑之字。其法与《交泰韵》、《音韵阐微》甚似。

此书内容丰富复杂，瑕瑜互见。问世之后，颇为世人诟病，如李先地《榕村语录》斥为"以自己土音影响揣测"；《四库全书提要》讥其"于古不必合，于今不必可施用"。然其调整四呼，斩绝零碎，功不可没；审音细密，辩论周详，亦足供音韵学研究参考。此书有遂初堂刊本。

2．江永的等韵学研究

江永的等韵学著作为《音学辨微》。此书成于乾隆二十四年（1759），一卷。此书为江氏晚年撰写的一本研究宋元等韵学原理的普及读物。

作者鉴于当时有些学者囿于方隅，溺于习俗，言音学如雾里看花，而又不肯循其故常，而妄议是非，于是写作此书，大略例举辨析音声的方法，为有志于审音的学者导一简捷的途径。此书也可说是一部说明等韵学名词及原理的著作。书中共有十一辨，并附以一论。可归纳说明如下：

其一，辨平仄。平声为平，上去入为仄。平声长，仄声短。平声空，仄声实。平声如击钟鼓，仄声如击土木石。

其二，辨四声。前人以"宫商角徵羽"五字状五音之大小高下，后人以"平上去入"状四声之阴阳流转，皆随类偶举一字。知其意者，易以他字各依四声之次，未尝不可。梁武帝问周舍曰："何为平上去入？"对曰："天子圣哲是也。"可谓敏捷而切当矣。"天子圣哲"又可曰"王道正直"，学者从此隅反。

其三，辨字母。三十六字母各有定位，为反切之总持，不可增，不可减，不可移动。

其四，辨七音。见溪群疑，牙音，气触牡牙。端透定泥，舌头音，舌端击腭。知彻澄娘，舌上音，舌上抵腭。帮滂并明，重唇音，两唇相搏。非敷奉微，轻唇音，音穿唇缝。精清从心邪，齿头音，音在齿尖。照穿床审禅，正齿音，音在齿上。晓匣影喻，喉音，音出中宫。来（泥之余），半舌音，舌稍击腭。日（禅之余），半齿音，齿上轻微。江氏分三十六字母为"发声"、"送气"、"收声"三类。"发声"就是不吐气；"送气"就是吐气和摩擦；"收声"就是鼻音或边音。

其五，辨清浊。

其六，辨疑似。

其七，辨开口合口。音呼有开口合口：合口者吻聚，开口者吻不聚也。凡韵有全合无开者，有全开无合者，有两韵一开一合者，此外一韵之中，率有开合二类。又有一韵中开合相间者。开口至三等则为齐齿，合口至三等则为撮口。

其八，辨等列。一等洪大，二等次大，三四皆细，而四尤细。辨等之法，须于字母辨之，四等具备者：见溪疑、帮滂并明、晓影来；仅具一二四等者：匣；仅具一四等者：端透定泥、精清从心；仅具二三等者：知彻澄娘、照穿床审；仅具四等者：群、喻；仅具三等者：非敷奉微、禅、日；仅具四等者：邪。

其九，辨反切。

其十，辨无字之音。江氏认为三十六字母代表有字之音，若加上无字之音，当为五十。

其十一，辨婴童之声。江氏欲从儿童发音来探求语音发展的顺序。此说不足据。

其十二，论图书为声音之原。认为《河图》、《洛书》为声音之原。江氏此论全凭臆断，没有任何根据。

此书议论精审明确，大体都很正确，叙说明白，殊便初学，不失为一部等韵学的入门之作，对于音韵学研究亦有一定参考价值。此书版本较多，有《借月山房丛书》本，《指海》本，沔阳陆氏刻本（合《古韵标准》、《四声切韵表》），宣统间上海神州国光社影印自写本，民国五年（1916）南昌熊罗宿刻本等。

3．李汝珍等韵学研究

李汝珍（1763～1830），字松石，顺天大兴（今北京市大兴县）人。曾官河南县丞。师事凌廷堪，论文之暇兼及音韵杂艺。晚年困乏，所作《镜花缘》著称于文学界。李汝珍的等韵学研究体现在《李氏音鉴》一书。

《李氏音鉴》刊于嘉庆十五年（1810），卷首有石文煃序。全书共六卷，涉及范围广泛。首卷论列字音、五声、五音之类；卷二论列字母、反切、阴阳、精细之类；卷三释初学入门；卷四论列南北方音；卷五释空谷传声；卷六列韵图《字母五声图》。

李氏把声母分为三十三类，但其中包含了粗、细音的分别。他说："母中所收各音，以翻切论之，其中精、细最宜区别。"这是因为李氏试图兼包南北方音，他说："此编悉以南北方音兼列，惟素喻南北音者，观之始能了然。否则必谓字母及同母（案指韵类）俱多重复矣。"因此他要把声类和韵类分得细一些。在声母方面，南北方音的分合与否，往往表现在粗细音上，所以他把声母分为粗细两类。他说："今将《五声图》所列平音，除无字空声，余皆各别粗细，备录于后。其上去入粗细之分，亦皆仿此。此以北音而言，若以南音论之，杭州读毡为庄渊切，苏州读猪为真诗切，皆与北异。惟江宁淮扬徐海等处，于粗细之分，其音略近于北。盖南北亦多未同耳。"他所分的粗音，实际是指与开口、合口相拼的声母；细音是指与齐齿、撮口相拼的声母，许多字母兼有粗细音，他这样区分是不科学的。他这是把声母与介音混为一谈了。李氏用一首"行香子词"作声母代表字，凡三十三字，代表三十三声类。加以归纳，实际只有十九个声母。

韵母方面，李氏分为二十二个同母（韵类）。每一韵中，包含一个或两个具体韵母。为了兼备南北方音，此书"于字母及同母俱南北双列"。加以归纳，有十八个韵因粗细对立而分，如果合并，就只有九个韵，另有三韵有细无粗，一个韵有粗无细。如此一清理，则只有十三个韵了。

声调方面，他分为阴平、阳平、上、去、入五类。李氏韵图，以三十三个字母为纲，每母列为一图，纵列五种声调，横列二十二韵之字。声母为粗音者，所列之韵就是粗音（开口、合口呼字），声母为细音者，所列之韵就是细音（齐齿、撮口呼字）。有字者于字下注明反切（反切均为李氏自制）及"射字打马式"（用号码代表声韵调，三码而成一音，即所谓"射字法"），无字者仅注明反切及射字之号码。

李氏韵图以声为纲，而不是以韵为纲，与一般韵图有别。此书文辞浩繁，然多敷衍依委之词，引书达四百多种，许多引文与作者意旨根本没有关系。他试图兼表"南北是非、古今通塞"，实际上只是以清代大兴语音为根据而作，兼采南方方音的某些特点而已。书中记录的语音，对于研究北京语音的形成有参考价值。

此书有嘉庆十五年（1810）宝善堂的初刊本、同治七年（1868）本榉山房重刊本等。

4. 劳乃宣的等韵学研究

劳乃宣（1843～1921），字季瑄，号玉初，自号矩斋，又号韧叟，浙江桐乡县人。同治十年（1871）进士，先后补南皮、完县等知县。清末任京师大学堂总监督。精等韵字母之学，主张推行简字拼音，著《简字全谱》、《京音简字述略》等书，并奏请在南京设立简字学堂。1913年读书统一会制定"注音字母"时，多采其说。等韵学著作为《等韵一得》。

《等韵一得》共三卷，分内外两篇。"内篇"专列各谱，其目录为：《字母谱》第一，《字母简谱》第二，《字母分配古母谱》第三，《韵摄谱》第四，《韵摄简谱》第五，《韵摄分配韵部谱》

第六,《母韵合谱》第七,《四声谱》第八,《四声分配韵部谱》第九,《四声清浊举隅谱》第十。"外篇"则论述等韵源流及音理等问题,其目录为《字母》、《韵谱》、《四声》、《双声叠韵》、《反切》、《射字》、《读法》、《杂论》。

关于声母,劳氏按发音方法将它分为四类,戛音(即不送气塞音和塞擦音)、轹音(即擦音和边音)、捺音(即鼻音),又按清浊分为两大类,各二十九母,共五十八个声母。

关于韵母,按韵尾的不同分韵母为六部:以主元音收尾的称为喉音一部,以韵尾 [- i] 收尾的称为喉音二部,收韵尾 [- u] 的称为喉音三部,收 [- ŋ] 尾的称为鼻音部,收 [- n] 尾的称为舌齿音部,收 [- m] 尾的称为唇音部;又以主元音的不同分为三声,主元音为 [ɑ] 的称为阳声,主元音为 [e]、[ə]、[o] 的称为阴声,以单元音 [i] [u] [y] 为韵母的称为下声。六部都有阴阳声,下声只有喉音一部才有。这样韵母共分为十三大类,每类又分开齐合摄四呼,共五十二韵摄。

关于四声,劳氏认为收 [- ŋ]、[- n]、[- m] 的三部虽无入声韵,却"实有四声"。喉音一部阴阳声的入声与鼻音的入声相同,喉音二、三部的入声分别与舌齿音和唇音的入声相同。只是喉音一部下声的入声读为其本音的短音,与其他各部入声都不同。

此书条理分明,审音精细,对音理的分析有不少超越前人之处,对声类韵类的划分,字音的处置,比较符合清代的语音实际。但也有守旧的倾向,比如保留 [- m] 尾,平声不明显分属阴阳、保存入声等,与实际语音就未必符合了。

此书有光绪间刊本,民国重刊本。

第三节　清代训诂学研究

　　清代训诂学是中国传统训诂学的极盛时期，在这二百多年间，现今语言学所分类的诸如词源学、语义学、辞书编辑学、俗语学等，都取得了超拔千古的赫赫成果。在各个门类，都涌现出了许多著名的学者，而且还有彪炳千古的学贯文史哲的大师级学者出现。这时期的训诂学，上追汉唐，全面系统地总结了历史经验，阐发了训诂的原理、条例、方法，并以辉煌的著述使各种专门之学得以成立。它开辟了语义、语源研究的新境界，为语言文字学的完全独立，为近代语言学革命准备了条件。

　　清代学者在训诂学方面取得巨大成绩，是因为当时学者对语言与文字的关系有了正确的理解和认识。汉字是一种意音形式的文字，文字的点划构造本身仿佛有意义存在，这很容易使古人误认为文字本身能表达意义。实际上，语言是一个音义结合的符号系统，语言的要素只有音与义两方面，文字的所谓意义只是因为它记载了语言中的声音罢了，声音负载了意义。清代学者能够认清语言与文字的关系，就非常注意通过了解文字的声音，由声音来了解词语的意义，进行达到真正科学意义的训诂学的研究。戴震在《六书音均表序》中说："训诂音声相为表里。"王念孙在《广雅疏证自序》中说："窃以训诂之旨，本于声音。故有声同字异，声近义同，虽或类聚群分，实亦同条共贯。"段玉裁为王念孙《广雅疏证》作的序中说："文字有义而后有音，有音而后有形。学者之考字，因形以得其音，因音以得其义。治经莫重于得义，得义莫切于得音。"类似这样的论述和说法很多。学者们在这样的正确思想指导下，经过刻苦卓绝的大量训诂实践，逐渐建立起了许多训诂学的理论和方法。这种对古音在训诂学中的作用的认识，又促进了古音学的发展，相反，古音学研究的成果，又保证了训诂学研究的质量。我们认为，这是训诂学在清代得到如此高度发展，取得如此辉煌成绩的最根本的原因。从此，中国训诂学的发展才真正走上了康庄坦途。现今的训诂学研究，只是在总结清代学者的训诂学理论方面或许有些进步，在训诂学实践方面，是大大地落后于清代学者的。翻开《清经解》、《续清经解》，看到我们先辈所取得的巨大成果，令我们这些后生学者真真汗颜欲死。

（一）词源学研究

词源学是研究语言中的语源以及相关问题的学科。它以文字形体和文字声韵为线索，以语词的音义联系为关节点，分析文字标志词语的理据，追溯语词的意义由来，探讨语词与语词之间的同源关系。词源学在清代也得到空前的发展，代表人物都是训诂学大师。

1. 戴震

戴震有关训诂学的著作虽然不多，但他有关论述训诂理论方法的只言片语，足以启迪后学。他在早年撰写的《转语二十章序》即属此类，集中地表述了他关于词源学的理论。

乾隆十二年（1747），戴震作《转语二十章序》，厥后临终前始成《声类表》，今人郭晋稀在《声类疏证》，漆永祥在《乾嘉考据学研究》中都认为《转语》与《声类表》为一书。曾广源《戴东原〈转语〉释补》也如是认为。

"转语"是指因时、地变化发生音转而形成的词，书写时改用另形表示。多以双声、叠韵为其变化轨迹。"转语"一词，始见于《方言》。《方言》卷三："庸谓之俗，转语也。"卷十："煤，火也，楚转语也。"书中此类说法很多，郭璞在注《方言》时也多用语转来解释。戴震著有《方言疏证》，因研治《方言》而借用此语来说明词语的同源关系。戴氏论其著述目的时说："昔人既作《尔雅》、《方言》、《释名》，余谓犹缺一卷书，创为是篇，用补其阙。俾疑于义者，以声求之；疑于声音，以义正之。"

《转语二十章序》是为明《转语》的体例而作的，起着凡例的作用。他将三十六字母分为二十章，又分大限五（大类），每大限下设小限（小类）各四。他在《转语二十章序》中说："人口始喉，下底唇末，按位以谱之，其为声之大限五，小限各四，于是互相参伍，而声之用盖备矣。参伍之法：台、余、予、阳，自称之词，在次三章；吾、卬、言、我，亦自称之词，在次十有五章。截四章为一类，类有四位，三与十有五，数其位，皆至三而得之，位同也。凡同位为正转，位同为变转。……凡位同则同声，同声则可以通乎其义；位同则声变而同，声变而同则其义比之而通。"戴氏认为"音之流变有古今，而声类大限无古今。"（《书〈广韵目录〉后一》）所谓大限，即喉、吻、舌、齿、唇五类；小限即又在每一类中按发、送、收（内收、外收）分为四小类，故五大类共二十小类组成二十章。同一大类中大限相同，故得相转称同位正转；大类不同但章次之位置相同称位同，位同则声变而通，故得相转称位同变转。如戴氏所举例中，"台、余、予、阳"在第一类第三章，属喻母，皆为第三位为位同，故声义并通。如下表：

大限五 小限四　清浊	一、喉类		二、舌类		三、腭类		四、齿类		五、唇类	
	清	浊	清	浊	清	浊	清	浊	清	浊
第一位	见		端		知照		精		帮	
第二位	溪	群	透	定	彻穿	澄床	清	从	滂	并
第三位	影	喻		泥		娘日		疑		明微
第四位	晓	匣		来	审	禅	心	邪	非敷	奉

《转语》攀古括今，倡导因声求义、声义互求，总结转语公

式，领起清代训诂学的革命，对训诂、方言、音韵、文字研究均产生深远的影响。

《转语》载《戴震文集》，有中华书局1980年版，最便研读。上海古籍出版社于1993年7月出版了郭晋稀的《声类疏证》，于戴氏《转语》及与钱大昕的《声类》关系论述颇详，可以参看。

2. 程瑶田的《果蠃转语记》

程瑶田（1725～1814），初名易，字瑶田，以字行；后更名易田，又字易畤，号让堂。乾隆三十五年（1770）举人，选授太仓州学正。从师方粹然，又与戴震、金榜同学于江永。为学长于旁搜曲证，对古名物多所考订。著有《仪礼丧服文足征记》、《九谷考》、《释宫小记》等十多种。程氏《通艺录》载《果蠃转语考》之目而无书。尹石公得稿本于北京，经陈慎登、方景略校勘，洪泽复校，收入《安徽丛书》第二集。

程氏在《果蠃转语记》中指出："双声叠韵之不可为典要，而唯变所适也。声随形命，字依声立，屡变其物而不易其名，屡易其文而弗离其声。物不相类也，而名或不得不类；形不相似，而天下之人皆得以是声形之，亦遂靡或弗似也。姑以所云'果蠃'者推广言之。"程氏认为双声叠韵是经常变动的，其字形与字义也不是固定不变的。物的命名，往往与物的形状有关，物虽不同，只要形状相同相似，其名称往往相同，出现"物不相类也，而名或不得不类"现象，而"声随形命，字依声立"，于是"屡变其物而不易其名，屡易其文而弗离其声"。

程氏在这种语言思想指导下，对"果蠃"一词转语辗转相证。他从语音形式出发，以"圆转"义为深层蕴含义，系联古今异语方言中草木虫鱼兽及人事之名二百余个，如细腰蜂名"蠮蠃"，鸟名"果蠃"，温器名"锅蠃"，"瓜"之缓读"栝楼"，转语"瓟瓜"，蛙名"蝼蝈"，舟名"舽艭"，曲背名"痀偻"等。程氏的说法大都言之有据，比如瓜果之类叫做"果蠃"，《诗·豳风·东山》:"果蠃之实,亦施于字。"字亦作"果蓏"、"苦楼"、"括楼";与瓜果形状相似的细腰蜂也叫"果蠃",《尔雅·释虫》:"果蠃,蒲卢。"注:"即细腰蜂也。"《诗·小雅·小宛》作"螺蠃"。"果蠃"字又变为"咕蝼"、"蝼蛄"、"蒲卢"等。程氏是要借"果蠃"这个词来阐发音义通转的道理和事物命名的规律。所举例阐发虽不能全都正确,但他所谈的现象是客观存在的,对这类词的归纳和阐发,对于探求事物称名的根据,以及说明某些词语之间的关系还是深有启发的。此书围绕着"果蠃"一词相系联的二百多词,用音义通转理论,阐发他们之间的关系,凡是草木鸟兽虫鱼的名称,绝代别国的异语方言,从古代书面典籍所载,以至民间俚语俗言,如果确实可以作为双声叠韵之转语的,无一不触类旁通,阐发它们的音义联系。程氏能观其会通,穷其变化,揭示音义通转规律适用于双声、叠韵词及单音词的训诂,使读者能触类旁通。王念孙在此书跋语中称此书"为训诂家未尝有之书,亦不可无之书也"。可谓推崇至矣。

3. 王念孙的《广雅疏证》、《释大》

王念孙的《广雅疏证》是他的代表作。他在此书中,将文字、音韵、训诂熔为一炉,淋漓尽致地发挥了他在语言研究方面的卓越才华,也相当充分地显示了他同源词研究的成果。

首先,王氏对语言的音义关系有相当深刻科学的认识,这是他取得巨大研究成果的理论前提和保证,也对后来人们研究词源学起到了理论指导作用。他在《广雅疏证自序》中说:"窃以训诂之旨,本于声音。故有声同字异、声近义同,虽或类聚群分,实亦同条共贯。譬如振裘必提其领,举纲必挈其纲。故曰本立而道生,知天下之至啧而不可乱也。此之不寤,则有字别为音,音别为义,或望文虚造而违古义,或墨守成训而鲜会通。易简之理既失,而大道多歧矣。今则就古音以求古义,引申触类,不限形体,苟可以发明前训,斯凌杂之讥,亦所不辞。其或张君误采,博考以证其失；先儒误说，参酌而寤其非。"王氏提倡的这种方法，完全突破了字形的限制，从声音和意义的结合出发，追溯词语的同源关系。

其次，王氏能比类声符，探求语源意义。他认识到"声中有义"的特征，以声音为纲，利用汉字的谐声旁系联同源词，对一系列声旁进行排比归类，破形执声，努力发掘其语源意义，取得了很大的成绩。如《释宫》卷七上："楣、檐，梠也。"疏证："《说文》：梠，楣也。……《释名》云：梠，旅也，连旅之也。……凡言吕者，皆相连之意。众谓之旅，纵衣谓之绲，脊骨谓之吕，桷端榜联谓之梠。其义一也。"

最后，王氏提出的几个命题对词源学研究指明了方向，具体说明了同源词产生的途径。他特别说明了"义类"的作用。他在《释训》卷六上"八疾"条疏证中说："凡事理之相近者，其名即相同。"又在《释器》卷七下"铫谓之锐"条疏证中说："凡物之异类而同名者，其命名之意皆相近。"这些说法都是相当精辟的。

王氏又有《释大》二十三篇，收集《尔雅》、《小尔雅》、《广雅》、《毛诗传义类》、《拾雅》中有大义的词一百七十六个，以二十三个声纽为纲，每个声纽一篇，声纽相同的归在一起，阐释其大义。此书没有写完，现存稿八篇。此篇论述较严谨，虽不能说都正确，但多数条目都是可信的。现收入王国维《观堂集林·高邮王怀祖先生训诂音韵书稿叙录》中。

4．段玉裁的《说文解字注》

段氏对《说文》的研究前已有论述。段玉裁在《说文解字注》中有许多词源学的论述。他认识到形声字是尚声文字，形声字所表语词本义的构成与声符有关。《说文》据形系联文字，故将声符相同、语源相同的语词分编在各形符所属的部居中。段氏在注解《说文》的过程中，"以声为义"，不为声符字的形体所拘，并努力揭示不同部居中声符相同的形声字所表语词的同源关系。如《土部》:"坅,增也。"段注:"此与《会部》酇、《衣部》裨音义皆同。凡从曾之字皆取加高之意……凡从卑之字皆取自卑加高之意。"据沈兼士《右文说在训诂学上之沿革及其推阐》一文所作的统计,《说文》段注"以声为义"者凡六十八条,所涉声符五十五个,实际上是五十多个同源词组的考释。总结起来,可分为六类:形声字皆兼会意;同声之义必相近;形声字有此义者,由于声母之有此义;从某声音皆有相类之义而不推本其是否出于声母之义;表示某义之形声字大抵从某声,逆言之也;凡同声多同义。

5. 朱骏声的《说文通训定声》

朱骏声的《说文》学研究,前文已有说明。朱氏对词源学也有很多创获。《说文通训定声·凡例》中说:"六书形声之字,十居其九。是编就许书五百四十部,舍形取声,贯穿联缀,离之为一千一百三十七母,比之为十八部,以著文字声音之原。""训诂之旨,与声音同条共贯。"这是朱氏研究《说文》,重视以声音训诂互相推求的指导思想。

《说文通训定声》共收字一万七千二百四十个,比《说文》多七千余字,以古韵十八部统率编排。声符相同的形声字都汇集在一起,为同源词的考释提供了方便。他要通过音义关联来分析语词的受义之由,以及一词多义的原因。"通训"一栏中,用"假借、转注、别义、声训"来说明词义理据,完全是从声音训诂、词源学角度来看词义的。他所说的"转注"是指词义引申,一个多义词的众多意义往往都是词义引申的结果,引申义项要受到语音的制约。他的"别义"即出于文字形体之外的语义,历来为训诂学家所接受。至其"声训",有时是引《释名》的,有时则引其他典籍或作者自己所作的推断。该书中亦常常有某与某"一声之转"的说法。其"假借"包括重言形况字和连语以及"托名幖识字"即专有名词。所有这些,都说明朱氏对语词音义关联的重要性具有深刻的认识，对语词的音义关系作了多方面的努力探讨。谢增在此书《跋》中说："导音韵之原，发转注之蒙，究假借之变，小学之教，斯焉大备。"

张永言在《〈说文通训定声〉简介》一文中评论说："这种声系式的编排法有助于认识词的音义之间的关系和词和词的族属关系，便于学者'因音以求义'。……它们各自构成一组同族词或同源词，而同居一族的词与词之间都具有音义上的某种关联。正因为'声系'法有它的特殊优点，所以多为中外学者所采用。例如沈兼士主编《广韵声系》，高本汉撰《汉字分析字典》、《汉字谐声谱》和《汉字谐声谱新编》，就都是用的这种编排法。"（《语文学论集》，语文出版社 1999 年 5 月版，47 页）于此也可看出朱氏的价值和影响。

6. 阮元、黄承吉的词源学

阮元也对词源学有研究，他在《研经室一集·释矢》中说："义从音生，字从音义造也。"在《释文》一文中对几组同源词作了精彩的分析，虽没有形成鸿篇巨制，也表达了很好的意见。

黄承吉写有《字义起于右旁之声说》一文，较系统地阐发了他的词源学的想法。首先，他阐述体现在谐声字上的音义关系，力陈右文说成立之由，认为"字从言制"，"从言制即是从声制"，"凡制字必以为声之字立义在前，而所加之偏旁在后"，"可见字义皆起于右旁之声也"，因此，"谐声之字，其右旁之声必兼有义"，声符"为诸字所起之纲"，形符"则即由纲之声义而分为某事某物之目"，"纲为母而目为子"。其次，局部地将右文说推衍为右声说，谓："召字，票字、勺字，以及凡从召、票、勺之字，其训义无不究竟归为末、为锐、为缴，总不离乎上指、上飞、曲出之义。"

清代虽然没有产生词源学研究的专门著作，但他们关于词源学的思想，给后人以极大的启发，当时几乎卓有成就的语言学家，都研究过词源学。因为如果要深入研究语言学的某个问题，都必然要涉及到语言的音义关系问题，这也就必然要关涉到词源学的领域了。

（二）语义学研究

按照前人对传统小学的称谓，中国传统小学似乎可以由汉字的形音义三方面来概括。所谓汉字的形方面，以研究《说文解字》为中心；所谓音方面，则以研究《广韵》为中心；所谓义方面，则以《尔雅》为中心。这几方面似乎也可以用训诂学的训释方法来说明，即在研究词义（字义）时，可以说以形说义，以音说义，以义说义，即所谓形训、声训、义训。由此可见，咱们现在所说的语义学，是现代语言学学科分类的术语，与人们所说的传统小学的分科范围并不吻合。在清代以前，所谓音韵、文字、训诂三科是互不搭界的，但到了清代以后，语言学家们能冶三者于一炉，最终造成了在清代产生了科学意义上的语言学的研究。由以前的单科深入进而达到综合性研究，我们所说的文字学、词源学、古音学研究……只是一个大致的界限而已。例如段玉裁的《说文解字注》，既是研究文字学的著作，又是音韵学的著作，更是训诂学的著作。其他人如王念孙等人的著作也是如此。我们只是取其大端而已。我们在谈到语义学研究时，就只能这样大致分类。

1. 戴震

戴震是清代乾嘉学派的杰出代表，是吴派学者们的领袖。戴氏的研究成就，取决于他最先将传统的小学三个部门的壁垒打散了，进行语言文字、音韵、训诂的综合研究；甚至将文史哲等学科的界限打散了，进行全学科的综合研究。他在《与是仲明论学书》，谈了自己治学的过程，从中可以领略到他治学的博大气象和独具的特色："求其一经，启而读之，茫茫然无觉。寻思之久，计之于心曰：经之至者，道也；所以明道者，词也；所以成词者，字也。由字以通其词，由词以通其道，必有渐。求所谓字，考诸篆书，得许氏《说文解字》，三年，知其节目，渐睹圣人制作本始。又疑许氏于故训未能尽，从友人假《十三经注疏》读之，则知一字之义当贯群经，本六书，然后为定。至若经之难明，尚有若干事：诵《尧典》数行，至'乃命羲和'，不知行星七政所以运行，则掩卷不能卒业；诵《周南》、《召南》，自《关雎》而往，不知古音，徒强以协韵，则龃龉失读；诵古《礼经》，先《士冠礼》，不知古人宫室衣服等制，则迷其方，莫辨其用；不知古今地名沿革，则《禹贡》《职方》失其处所；不知少广（开方之法）旁要（勾股），则《考工》之器不能因文而推其制；不知鸟兽虫鱼草木之状类名号，则比兴之意乖；而字学、故训、音声未始相离。声与音又经纬衡纵，宜辨。……凡经之难明，右若干事，儒者不宜忽置不讲。仆欲究其本始，为之又十年，渐于经有所会通，然后知圣人之道，如悬绳树艺，毫厘不可有差。"中国经学史上，汉儒治经侧重名物训诂，宋儒则多以阐释义理、兼谈性命为主。戴震反对宋儒此种风气，主张"由字以通其词，由词以通其道"，认为"宋儒讥训诂之学，轻语言文字，是犹渡江河而弃舟楫，欲登高而无阶梯也"。戴氏这种重视语言文字的研究，认为由此可以通圣人之道的观点，是直接继承了汉代学者的传统。这就需要在传统"小学"的范围内打通。戴氏指出，今人阅读古代经典有两大困难，其一，不懂文字、音韵、训诂；其二，不懂古代的天文地理、名物制度。涉及到文化，就要将文史哲、人文科学与自然科学贯通。在整个清代，能达到这种做大学问，涉猎面这样广的学者，大概只有戴氏一人而已。

戴氏主张"小学"只是了解经义的工具和阶梯，非常强调义理之学，主张深入探求经书的思想内容，这与斤斤计较于点画的多少，音声的乖舛，岂以千里计？他将所谓"专书训诂"和"传注训诂"打通，使古代辞典的字义解释与古代典籍结合起来，激活了字典辞书的字义，使静止的字义活起来。他在《尔雅文字考序》中说："余窃谓儒者治经，宜自《尔雅》始。取而读之，殚心于兹十年……夫援《尔雅》以释《诗》、《书》，据《诗》、《书》以证《尔雅》，由是旁及先秦以上，凡古籍之存者综核条贯，而又本之六书音声，确然于故训之原，庶几可与于是学。"戴氏《孟子字义疏证》是通过文字训诂以通义理的代表作，可惜他的这种传统，后代没有人能继承下来，连段玉裁、王念孙也不例外。戴氏有关训诂学的著作不多，但他有关训诂理论方法的只言片语，都能启迪后学，指出一条康庄大道，使后学者沿循以求，足以名世成家。清代学者汪中曾撰《国朝六儒颂》中说："古学之兴也，顾氏始开其端；河洛矫诬，至胡氏而绌；中西推步，至梅氏而精；力攻古文者，阎氏也；专言汉儒《易》者，惠氏也。凡此皆千余年不传之绝学，及戴氏出而集其成焉。"戴氏攀古括今，能集清代学术之大成。他之后的清代著名学者多出其门下，他培养了大批学各有所长的专家，这一点，也是在清代独步的。

2. 钱大昕

在清代学者中，可称得上博大精深的学者，除戴震外，可能也只有钱大昕了。戴震为皖派的代表，钱大昕则应为吴派的后期代表人物，以精博宏深著称于世。江藩在《汉学师承记》中说："先生不专治一经，而无经不通；不专攻一艺，而无艺不精。"段玉裁在《潜研堂文集序》中说："先生始以辞章鸣一时，既乃研精经史，因文见道，于注文之舛误、经义之聚讼而难决者，皆能剖析源流。凡文字、音韵、训诂之精微，地理之沿革，历代官制之体例，民族之流派，古人姓字、里居、官爵、事实、年齿之纷繁，古今石刻画篆隶可订六书、故实可裨史传者，以及九章算术，自汉迄今中西历法，无不了如指掌。至于累朝人物之贤奸、行事之是非疑似难明者，大典章制度昔人不能明断其当否者，皆确有定见。"

　　钱大昕在训诂学上取得了巨大成果，这与他治学的旨趣与指导思想有绝大关系。首先，他要力矫明末以来束书不观、游学无根的陋习，力求用汉代朴学的方法，对古代典籍做一彻底而科学的整理研究。他在《左氏传古注辑存序》中说："夫穷经者，必通训诂，训诂明而后知义理之趣。后儒不知训诂，欲以乡壁虚造之说，求义理所在。夫是以支离而失其宗。汉之经师，其训诂皆有家法，以其去圣未远。魏、晋而降，儒生好异求新，注解日多，而经益晦。辅嗣之《易》，元凯之《春秋》，皆疏于训诂，而后世盛行之，古学之不讲久矣。"（《潜研堂文集》卷二四）他特别强调汉宋学的异同，认为宋学末流对于汉唐注疏不认为俗，即以为异，这种情况到了明代末年发展到了极点。其次，在治学方法上，他与戴震的想法一致，也主张由训诂、校勘、考证以求义理，反对空谈义理。他在《与晦之论尔雅书》中说："尝病后之儒者，废训诂而谈名理，目记诵为俗生，诃多闻为丧志，其持论甚高，而实便于束书不观、游谈无根之辈。有明三百年，学者往往蹈此失。"（同上卷三三）他又在《经籍纂诂序》中说："有文字而后有诂训，有诂训而后有义理。训诂者，义理之所出，非别有义理出于训诂之外者也。"（同上卷二四）虽然顾氏早年跟从吴派大师惠栋等从学，却不像吴派流弊那样固守汉儒，凡汉儒为是的作法，从而走出佞汉的樊篱。清代乾嘉汉学，人们多认为有吴、皖两派，他们治学的路数与方法大相迥异，但到了钱大昕，却能融会二派之长。他在《戴先生传》中，高度评价戴震的学术成就，肯定其"由声音文字以求训诂，由训诂以寻义理，实事求是，不偏重一家"。说明了钱氏学术思想与戴震学术思想的统一性。惠栋和戴震作为乾嘉汉学中吴派、皖派的领袖，但他们较之钱大昕都早去世四十余年、二十余年。钱大昕学识渊博，子弟众多，惠、戴之后的汉学界只有他能成为巨擘。实际上，惠、戴之后，汉学两派的学术分野已经模糊起来，达到取长补短，互相促进而融为一体的程度。这种兼取各家所长，推陈出新的学术境界，是由钱大昕及其弟子所完成的。

3．王念孙、王引之

王念孙、王引之是父子俩。王念孙前面已有介绍。王引之（1766～1834），字伯申，号曼卿。嘉庆四年（1799）进士，授编修，擢侍讲，官至工部尚书。卒谥文简。少受庭训，精音韵、文字、训诂之学。

王国维在评论清代学术史时，有一段言简意赅的著名归纳，他说："国初之学大，乾嘉之学精，而道咸以来之学新。"（见《观堂集林》卷二三《沈乙庵先生七十寿序》）乾嘉时代，学者如林，学者们由博大转入精深，专家绝学，并时而起。在惠栋、戴震之后，最能体现这一特点和学术风貌，且以精湛为学而睥睨一世者，当属所谓"段王之学"。梁启超在《清代学术概论》中说："戴门后学，名家甚众，而最能光大其业者，莫如金坛段玉裁、高邮王念孙及念孙子引之，故世称'戴段二王'焉。"高邮王氏，是仕宦之家。王念孙父亲王安国，雍正二年（1724）进士，官至吏部尚书。王念孙则以乾隆四十年进士，历官工部主事、陕西道御史、吏科给事中。王引之一如父祖，以嘉庆四年进士，官至工部尚书。王氏祖孙三代，既以为官显赫，亦以学问名满天下。王念孙早年，随父亲宦居北京，十余岁即遍读经史，为学根柢奠立甚厚。乾隆二十年前后，戴震避仇入京，王安国聘入家塾，课督王念孙。以后王念孙父子治学，完全秉承了戴东原的治学旨趣，在专精方面更进一步。王念孙著《广雅疏证》、《读书杂志》，王引之著《经义述闻》、《经传释词》，合称"王氏四种"。《清史列传》卷六八中王念孙传中说："国朝经术，独绝千古。高邮王氏一家之学，三世相承，自长洲惠氏父子外，益鲜其匹云。"

《广雅疏证》共二十卷，前十八卷为王念孙著，后二卷署

"引之述"，盖王念孙存其子习业之说。阮元《王石臞先生墓志铭》曰："先生初从戴东原氏受声音、文字、训诂，遂通《尔雅》、《说文》，皆有撰述矣。继而余姚邵学士晋涵为《尔雅正义》，金坛段玉裁为《说文注》，先生遂不再为之，综其经学，纳入《广雅》，撰《广雅疏征》。"（《研经室续集》）王氏注《广雅》是从乾隆五十二年（1787）着手的。经过十年，稿凡三易，始得成书。嘉庆元年（1796）正月，他又写作了著名的《广雅疏证自序》，对全书进行了总结。《广雅疏证》的内容十分丰富，既有对《广雅》的证发阐释，又有超出《广雅》范围者。焦循《读书三十二赞》谓："高邮王氏，郑许之业。借张揖书，示人大路。"《广雅疏证》主要内容有以下几个方面：

其一，对《广雅》做了精审的校勘整理。校订今本文字的讹误，增补脱略，删去衍文。《广雅疏证·自序》曰："是书之讹脱久矣，今据耳目所及，旁及诸书以校此本，凡字之讹者五百八十、脱者四百九十、衍者三十九、先后错乱者百二十三、正文误入《音》内者十九、《音》内字误入正文者五十七，辄复随条补正，详举所由。"《广雅》全书三千三百四十三条，据王念孙改正，有讹脱舛误者即达七百二十二条，已占百分之三十。《广雅》在此之前，可称是一部难以卒读的书，经过王氏的精心校雠整理，使之成为有用之书。

其二，充实了也扩展了《广雅》的内容。《广雅疏证》虽然是疏证《广雅》的，但其内容远非《广雅》所能包括，阮元曰："此乃借张揖之书以纳诸说，实多张揖所未及者。"（《王石臞先生墓志铭》）王氏在疏证中，处处融会贯通，援引古籍，探求《广雅》书中义训的根据，与《尔雅》、《方言》、《说文》和群书诂训相阐发。他将《广雅》不同条之字之训释前后贯通，将《广雅》不同卷之相关训释贯通，将《广雅》与《尔雅》、《说文》、《集韵》、《众经音义》等字书、韵书相贯通，将《广雅》之训释与先秦典籍之用字相贯通，将《广雅》之训释与古人之训释相贯通，等等。

其三，揭示了《广雅》一书的部分体例。读书尤须先明体例，王氏在《疏证》中多处说明《广雅》一书的体例。如《释言》卷五上："漠，怕也。"《疏证》："《广雅》属辞之例，皆本于《尔雅》，《尔雅·释言》之文，每因一字而引申其义，有因上一字而连及之者，若爽，差也；爽，忒也。基经也；基，设也之类是也。有因下一字而连及之者，若流，覃也；覃，延也。速，徵也；徵，召也之类是也。《广雅·释言》亦用此二例，若上文羌，乃也；羌，卿也。奋，讯也；奋，振也之类，皆因上一字而连及之者也。……凡如此者，或义同而类及，或义异而别训，属辞比事，各有要归。若改其文云：'羌，乃也，卿也。莫，漠，怕也。'则是传注解经之体，非《尔雅·释言》之例矣。后仿此。"

其四，对《广雅》进行精审的疏通考证。《疏证》列举音同字异或声近义同之字，比类合谊，以互相发明。王氏在《自序》中说自己的训诂方法时说"就古音以求古义，引申触类，不限形体"。"训诂之旨，本于声音，故有声同字异，声近义同，虽或类聚群分，实亦同条共贯。譬如振裘必提其领，举网必挈其纲，……此之不寤，则有字别为音，音别为义。或望文虚造，而违古义；或墨守成训，而鲜会通。易简之理既失，而大道多歧矣。"王氏在疏通考证时，广泛搜集书证；对词义之间"相近""相通"现象加以深刻阐发；并对语词相反为义现象提出新见解，认为反训源于"相反相因"；对连语的性质有所认识，一改前代训诂学者拆骈为单的传统，从语音入手，把双音连语看做不可分割的整体，认识到一个连语往往写法多种，对这类词审音则涣然冰释，泥形则诘屈难通；对某些事物称名的理据进行探索，提出若干很有价值的说法；王氏以声音通训诂，往往破字立训，申明通假关系，解决了很多疑难问题。周祖谟在《读王念孙〈广雅疏证〉简论》中详论说："书中最大的特点也就在于不泥于前人旧注，旁征博考，参互比证，即音以求义，因文以考义，所以解说精当，往往出人意表。王氏虽在注释《广雅》，而随处都在解释先秦两汉古书的词义，与段玉裁《说文解字注》媲美。"（《周祖谟语言学论文集》525 页）段玉裁在《广雅疏证序》云："小学有形、有音、有义，三者互相求，举一可得其二；有古形、有今形、有古音、有今音、有古义、有今义，六者互相求，举一可得其五。……怀祖氏能以三者互求，尤能以古音得经义，盖天下一人而已矣。"为《广雅》作注是困难的工作，桂馥曾经指出："治《广雅》难于《尔雅》。《尔雅》主释经，多正训；《广雅》博及群书，多异义，一；《尔雅》有孙、郭诸旧说；《广雅》惟曹音，二；《尔雅》为训诂家征引，兼有陆氏《释文》；《广雅》散见者少，无善本可据，三也。此非专且久，不易可了。"（《广雅疏义序》）王氏在困难的情况下，所以取得卓越成绩，除了他个人深厚的学养外，采用科学的研究方法也是一个重要因素。

《广雅疏证》实际上是王念孙以《广雅》为基础归纳众说，编纂而成的一部博大精深的名物训诂字典。其中贯穿着因音求义的科学训诂方法，集中了丰富的假借、声训例证和古今、正俗的文字形体资料，因此，这部书综合地体现了王念孙在文字、音韵、训诂方面的成就。

此书有光绪二十四年（1898）刻本，江苏古籍出版社 1983年版等。

《读书杂志》共八十二卷，王念孙撰。此书对《逸周书》、《战国策》、《史记》、《汉书》、《管子》、《晏子春秋》、《墨子》、《荀子》、《淮南子》等九种书的文字讹误详加校勘，于音训异同及句读错乱亦一一加以辨正，并附有《汉隶拾遗》一种。《余编》上下二卷，考订《后汉书》、《老子》、《庄子》、《吕氏春秋》、《韩非子》、《法言》、《楚辞》、《文选》等。

　　此书也体现了王氏父子就古音求古义的特色。全书校勘比重较大，其次为释解词句，句读。充分运用古音、文字、训诂、语法、修辞等知识，使用本证、旁证、推理等方法，校读原文、纠弹旧注，使许多千年疑滞得以解决。注重证据，其立说多是从诸多例证中归纳总结出来的，故殊精审严谨。本书考辨精审，向为学者所尊崇。《战国策·赵策四》吴师道本作"左师触詟愿见太后"句，王氏在《读书杂志·战国策杂志》中认为"今本龙言二字误合为詟耳"。又认为"揖"乃"胥"字隶讹又加偏旁之误，当为"胥"，均被1973年马王堆三号汉墓出土的《战国纵横家书》帛书所证实。此书有道光十二年（1832）本，同治九年（1870）金陵书局重刊本，鸿文书局《王氏四种本》。1985年江苏古籍出版社据王氏家刻本影印《高邮王氏四种》，附有条目索引，极便读者。

　　《经义述闻》，王引之撰。作者累录其父王念孙庭训，又由此触类推之，取己见附于卷中，故曰"述闻"。周中孚《郑堂读书记》曰："国朝王引之撰。伯申之父怀祖著有《广雅疏证》一书，于声音文字训诂，一以贯之；而其治经也，诸说并列，则求其是；字有假借，则改其读；其所为说，俱见于《广雅疏证》中。伯申即本《疏证》所诠，及平日所闻于其父者，旁征曲喻，证明其说，日积月累，遂成此帙，故曰《经义述闻》。"王引之自序曰："引之过庭之日谨录所闻于大人者以为圭臬，日积月累，遂成卷帙。既又由大人之说，触类推之，而见古人之诂训有后人所未能发明者，亦有必当补正者，其字之假借，有必当改读者，不揆愚陋，辄取一隅之见，附于卷中，命曰《经义述闻》，以志义方之训。"

　　此书对《周易》、《尚书》、《毛诗》、《周礼》、《仪礼》、《大戴礼记》、《礼记》、《左传》、《国语》、《公羊传》、《谷梁传》、《尔雅》诸书详加考辨，驳正汉唐旧注凡一千七百六十一条。附有

《春秋名字解诂》、《太岁考》和《通说》各两卷。《通说》各条，或考辨名物源流，或申发训诂条例，或发明假借，十分精审。王氏能以声音通训诂，实事求是而不主一家，其书价值为人推崇。阮元在《经义述闻序》中说："《经义述闻》一书，凡古儒所误解者，无不旁征曲喻，而得其本义之所在。使古圣贤见之，必解颐曰：吾言故如是，数千年误解之，今得明矣。"《郑堂读书记》中说："然其为书，有《九经古义》之精核，而更加详明；有《经义杂记》之详明，而更加精核；当与《潜研堂文集》、《答问》数卷方轨并驾，未知孰先孰后矣。"此书共两千零四十五条，皆摘经句为题而解释之，或关乎校勘，或关乎训诂，或关乎制度，或关乎文例等。其书博大精深，百余年来无出其右者。然亦有微瑕，如偶有以今律古，轻言假借处。版本同上书。

《经传释词》是一部古汉语虚词词典，王引之撰。成书于嘉庆三年（1798），其自序云："引之自庚戌岁入都，侍大人质问经义，始取《尚书》二十八篇纳释之，而见其词之发问、助句者，昔人以实义释之，往往诘籀为病；窃尝私为之说，而未敢定也。"后受其父启发，由《尚书》引申旁及于他书，"自九经、三传及周、秦、西汉之书，凡助语之文，遍为搜讨，分字编次"，以成此书。凡十卷。收虚字二百五十（包括同义异形及同形异义者；自云一百六十，不包括同义异形者），按古声母喉、牙、舌、齿、唇之序编次。以研究经传中的虚字为主，以子书及其他古籍为辅。释义原则是："前人所未及者补之，误解者正之，其易晓者则略而不论。"以解释特殊用法为主。释义时，先谈用法，后引书证，对不同用法一一辨析，追本溯源。对于前人有训，而不够完备的，予以补足；对于前人已有训，而训释有误的，加以纠正；对此前无训而仍属难通的，加以训释；对于通俗易懂的，则略而不论。所训释都能持之有据，言之成理。钱熙祚认为本书体例分为六类：一、常语，二、语助，三、叹词，四、发声，五、

通用，六、别义。训释词的方法也有六种：或举同文以互证；或
两文相比较；或因互文而知其同训；或即别本以见例；或因古注
以互推；或采后人所引以相证。全书体例严密，条理明晰，说解
详备，引证详赡，多所创见。王引之为训解古注、传文以及先秦
古籍创立了一种新的认识语言文字的方法，成为研究古汉语虚词
的开创之作，对后代虚词研究影响很大，备受推重。出版后别人
又出版了许多增补之作。

　　此书缺点是收字少，取材只取上古汉语材料，范围过狭，常
见用法解释不多。偶尔也会有解释不确、对古书误解之处。除
《王氏四种》版本外，岳麓社 1984 年出版的版本收集较全，极
便阅读。

　　4. 邵晋涵和《尔雅正义》

　　邵晋涵（1743～1796），字与桐，又字二云，号江南，浙江
余姚人。乾隆三十六年（1771）进士，三十八年（1773）召修
《四库全书》，除翰林院庶吉士，次年授编修，累官至翰林院侍讲
学士，兼文渊阁直阁事。博闻强记，熟通经史，于经专宗训诂，
于史继承黄宗羲之学。

　　邵晋涵不满意邢昺的《尔雅注疏》，认为邢昺多掇拾《毛诗
正义》掩为己说，间采《尚书正义》、《礼记正义》，又复多阙略，
于是仿照唐人《正义》的体例，"绎其义蕴，彰其隐颐"，覃思极
虑，十年于兹，撰成《尔雅正义》二十卷。此书为补郭注邢疏之
作。撰作之例有义：一曰校文、二曰博义、三曰补郭、四曰证
经、五曰明声、六曰辨物。黄侃在《尔雅略说》中将邵氏书放在
学术史中进行比较评说，其说最为公允中肯："清世说《尔雅》
者如林，而规模法度，大抵不出邵氏之外。虽笃守疏不破注之
例，未能解去拘挛；然今所存《雅》注完书，推郭氏最善；坚守
郭义，不较胜于信陆佃、郑樵乎？惟书系创作，较后人百倍为
难。故其校文，于经于注多所遗漏，不如严元照《尔雅匡名》、

王树楠《尔雅郭注补正》。其博义，于诸家注义搜采不周，不如臧镛堂《尔雅汉注》。其补郭，则特为谨慎，胜于翟晴江之为。其证经、明声，略引其端，而待郝氏抽其绪。其辨物，则简略过甚，又大抵不陈今名。"胡朴安在《中国训诂学史》中评论说："邵氏《正义》，为纠正邢氏义疏而作。其援引审，一证于群籍，一考求于声韵之递转，体制亦颇矜慎。漏略沾滞之处，或不能免。"此书有《清经解》本、学海堂本、中华书局《四部备要》本。

5. 郝懿行和《尔雅义疏》

郝懿行（1757～1825），字恂九，一字兰皋，山东栖霞人。嘉庆四年（1799）进士，官至户部主事。精于名物训诂之学。著有《反语考》、《山海经笺疏》、《春秋说略》、《荀子补注》、《易说》、《春秋比》、《郑氏礼记笺》、《竹书纪年校证》、《通俗文疏证》等。

《尔雅义疏》成书于道光二年（1822），凡二十卷。郝氏认为清邵晋涵的《尔雅正义》于声音训诂鲜有发明，释草木虫鱼尤受影响，故多用力于以声音贯串训诂，据目验考释名物，并阐明《尔雅》某些重要体例，辨正郭璞注及诸家训诂违失，成就超越前人。宋翔凤在《尔雅义疏序》中说："迨嘉庆间，栖霞郝户部兰皋先生之《尔雅义疏》最后成书。其时南北学者知求于古字古言，于是通贯融会谐声、转经、假借，引端竟委，触类旁通，豁然尽见。且荟萃古今，一字之异，一文之偏，罔不搜罗；分别是非，心及根源，鲜逞胸臆。盖此书之大成，陵唐轹宋，追秦汉而明周孔者也。"黄侃《尔雅略说》曰："郝疏晚出，遂有驾邢轶邵之势。今之治《尔雅》者，殆无不以为启辟户门之书。"胡朴安在《中国训诂学史》中说："其书视邵氏之《正义》为善，足与王氏之《广雅疏证》同其精博，为治《尔雅》者必须研究之书也。"郝疏的贡献在两点，其一是对于名物训诂方面很重视，他还重视目验，他在义疏中往往有十分具体形象的描状记载，这些不经过亲身验证是无以下笔的。其二是以声音通训诂。黄侃在《声韵通例》中谈到此点：

问曰："训诂与音，束芦相依；王君疏通《广雅》，则诸经异文，诸子辞赋奇字，皆得涣解；郝君疏通《尔雅》，则古文经传义故，由以开明，采其菁华，何术之以？"

答曰："王、郝二书，用意略异。一在推本字，兼明通假，此郝君之为也；一在搜求旧训以证《广雅》，此王君之为也。然二家皆以音理贯穿义诂，其言音同、音近、音转三者，最为闳通。音同者，古本音相同，或今变音相同也；音近者，即叠韵相转，亦即旁转也；音转者，即双声相转，亦即对转、旁转也。"（《黄侃论学杂著》，162 页 ~ 163 页）

郝氏的贡献在于能以音韵通训诂，但失误也在于此。郝氏疏于音学，则其所通训诂多有违失。他于古音没有什么创见，即便是前人的研究成果，也未能贯通了解。对于《经典释文》、《广韵》也素无研究，在以声音通训诂的风气之下，或依自己乡音以作为声转的根据，或自己拟仿古音，漫然定为通假，常常都不符合实际，穿凿附会之处很多。

比较而言，在所有的《尔雅》注本中，郝氏此书收采最为宏富，注释最为详尽。对于初学者来说较为适宜，因为它疏释详尽、浅显，又吸收了旧注的优点。但与王念孙的《广雅疏证》却逊色一大截。

此书有《皇清经解》本，上海古籍出版社 1983 年据《遗书》家刻本影印。

6. 俞樾和《群经平议》、《诸子平议》

俞樾（1821 ~ 1907），字荫甫，晚年号曲园，学者称曲园老人，浙江德清人。道光三十年（1850）进士，改翰林院庶吉士，散馆授编修；咸丰五年（1855）官河南学政。因事罢职，侨居苏州，主讲苏州紫阳、上海求志各书院，而主杭州诂经精舍时间最长，凡三十余年，成就人材甚众。一生专意著述，治经、小学，宗法王念孙父子。所撰各书汇为《春在堂全书》二百五十卷，语言文字方面的著述为《群经平议》、《诸子平议》、《古书疑义举例》等。

俞樾在清末训诂之学衰微时期，能坚持壁垒，保持朴学作风，继承乾嘉大师的余诸，做出了很大的贡献。俞氏一生崇尚王氏父子的学问，《群经平议》即仿照王引之的《经义述闻》体例，所平议者为《周易》、《尚书》、《周书》、《毛诗》、《周礼》、《仪礼》、《礼记》、《大戴礼记》、《春秋公羊传》、《春秋谷梁传》、《春秋左传》、《国语》、《论语》、《孟子》、《尔雅》凡十五种。于咸丰七年（1857）免官归里后作，同治三年（1864）于天津告成，两年后全书付刊。

是书大要在考订群书讹舛，审定字义，发明通假，正其句读，于特殊文法和修辞现象亦有所阐发。俞氏继承王氏父子的传统，以古音求古义，不限形体，故是书多有精意，为学者所服膺。于王氏之所遗漏失误之处，尚能拾遗补苴，订讹辨误，钩沉索隐，曲而能中。然俞氏求新太过，往往缺少足够根据即摒弃故训创发新解，武断之处时或有之，其治学不如王氏父子谨严。李慈铭《越缦堂读书记》云："阅俞荫甫《群经平议》《易》、《书》、《诗》诸条，其书涵泳经文，务抉难词疑义，而以文从字顺求之，盖本高邮王氏家法，故不主故训，惟求达诂；亦往往失于武断，或意过其通，转涉支离。然多识古义，持论有本，证引疏通，时有利获，同时学者，未能或之先也。"

此书有《春在堂全书》本、《清经解续编》本。

《诸子平议》共三十五卷，此书仿照王念孙的《读书杂志》体例，所平议者为《管子》、《晏子春秋》、《老子》、《墨子》、《荀子》、《列子》、《庄子》、《商子》、《韩非子》、《吕氏春秋》、《春秋

繁露》、《贾子》、《淮南内篇》、《太玄》、《法言》共十五种。依照
原著顺序，摘录文句，加以考辨，大凡在于考订讹舛、审定字
义、发明通假、正其句读等。发明假借，以古音求古义，时作校
勘。每条正文下注篇名，颇便检索。其书与《群经平议》一样，
宗法高邮父子，以古音求古义，不限形体，颇多精意，为学者所
称道。唯刻意求新，武断凿空之论，时或有之，论者谓其精审远
逊于王氏父子之书。

　　此书有《春在堂全书》本，上海书店 1988 年据商务印书馆
版影印出版。

（三）辞书编撰

　　清代除一部《康熙字典》外，辞书编撰主要成就在"雅书系
列"。这个时期的学者逐渐地走出了小学为经学服务的樊篱，眼
光比以前开阔了，注意到了一些经书以外的语言现象，而且，这
时学者对以前经书中的语言材料，也做了许多梳理研究，产生了
几部值得称道的著述。

　　1.《康熙字典》

　　《康熙字典》是康熙皇帝于 1710 年命大学士张玉书（1642 ～
1711）、陈廷敬（1639 ～ 1712）与翰林院官员共三十人合撰，历
时六年，至康熙五十五年（1716）成书，原名《字典》，是我国
第一部以"字典"命名的大型楷书字典。其编纂缘起与目的，康
熙在序中叙述甚详："自《说文》以后，字书善者于梁则《玉
篇》，于唐则《广韵》，于宋则《集韵》，于金则《五音集韵》，于
元则《韵会》，于明则《洪武正韵》，皆流通当世，衣被后学。其
传而未甚显者尚数十百家，当其编辑皆自谓毫发无憾，而后推论
辄多同异。或所收之字繁省失中，或所引之书滥疏无准，或字有
数义而不详，或音有数切而不备，曾无善兼美具可奉为典常而不
易者。朕每念经传至博，音义繁赜，据一人之见，守一家之说，

未必能会通罔缺也，爰命儒臣悉取旧籍，次第排纂，切音解义，一本《说文》、《玉篇》，兼用《广韵》、《集韵》、《韵会》、《正韵》，其余字书一音一义之可采者，靡有遗逸。至诸书引证未备者，则自经史百子以及汉晋唐宋元明以来诗人文士所述，莫不旁罗博证，使有依据。然后古今形体之辨，方言声气之殊，部分班列，开卷了然，无一义之不详，一音之不备矣。凡五阅岁而其书始成，命曰《字典》，于以昭同文之治，俾承学稽古者得以备知文字之源流，而官府吏民亦有所遵守焉。"

《康熙字典》在梅膺祚《字汇》和张自烈《正字通》二书基础上增订而成。共收字四万七千三十五字。编排仿《字汇》、《正字通》体例，沿用二百一十四部首，依十二地支分十二集，每集分上、中、下三卷。首列总目，等韵、检字、辨似，末附补遗、备考。部首及部中字均以笔划多少为序。收释各字的体例为：(1) 以其正体为字头，如有古体则列于其后；(2) 以历代韵书的反切和直音注音；(3) 以《说文》、《尔雅》之类与古注释义，并以古书文句为证；(4) 如有别音别义，也要一一加以注释；(5) 如该字有别体、重文，也要列出。这些做法，对于查阅古体古音古义，都十分方便。

此字典收字较多，音切字义广为罗列，引书广博，且注意书证的最早出处。不但是阅读古书的重要工具书，亦为研究文字、音韵、训诂之宝贵资料。对于《康熙字典》人们毁誉不一，张泽华在《论〈康熙字典〉》一文中对此做了相当全面客观的评论，他说："清初小学尚未大明，《康熙字典》成书之时，小学大师如戴（震）、段（玉裁）、二王（念孙、引之）及钱大昕等都还未出，纂修诸人大都是文士，没有一个是专精语言文字的；书成于众手，体例难于划一；纂修的时间只有五年多，也不算很长……正是由于这些原因，《康熙字典》不能达到更高的水平，不能使人满意，特别是不能适应今天读者的需要，这是不足为奇的。

……不过，如果用历史的眼光来看，我们也不难看出：《康熙字典》吸收了历代字书中很多的有益成分，融会综合，并加以发展，在收字、辨形、注音、释义、引例等方面都比以前的字书完备些、细密些、合用些；编排上采用《字汇》、《正字通》的成法，检查较为便捷；附件也比较多。集此众长，仍不失为封建时代字书发展的最高峰，对二百多年来的无数读者起过一定的指导作用。"(《张泽华语文论集》61页)以后针对《康熙字典》错误，有王引之的《字典考证》，仅引书错误，即校正二千五百八十八条。王力著《康熙字典音读订误》，以补王引之《考证》。

此字典有康熙年间内府刊本，道光七年（1875）内府刊本。中华书局曾以同文书局影印本为底本制成锌版，1958年利用存版重印，并附王引之《字典考证》于书后。此版本1981年又第四次印刷，最为简便易得。

2. 吴玉搢的《别雅》

吴玉搢（1699～1774），字籍五，号山夫，晚号顿研，又号钝根。江苏山阴（今江苏淮安县）人。于仕途不遇，晚年方得贡生，授凤阳府训导。生平究心金石、文字之学。有关语言文字的书有《说文引经考》、《金石存》、《六书述部述考》、《六书叙考》、《别雅》等。

《别雅》搜辑古书中文字形音歧异而意义相同的词语，按平水韵编之，初名《别字》，后改《别雅》，"别"取"别字"之义。王家贾序中说："吾友吴山夫集经籍史传中字形错互、音义各别、疑于传讹承谬者，会萃而订之，因为推阐义类，各疏其所以通、同、转、假之故，皆有证据，名《别字》，五卷。洵六经子史之津逮也。予以其体似《尔雅·释训》、《释诂》，因为易其名曰《别雅》。"此书中的"别字"指经籍史传中的假借字或异文，依平、上、去、入四声韵编排，各注出处，间作辨正。如卷一："忽明，聪明也。《汉书·郊祀志》衡谭奏曰：'陛下圣德忽明上通。'师古曰：'古曰忽，与聪同。'""穹桑，空桑也。《吕览》：'伊尹生于穹桑。'《春秋纬》：'少昊邑于穹桑。'即空桑也。《字汇补》云：'今云南县名浪穹，土音为浪空。'盖'穹'、'空'二字音近，古或通用。"《四库全书总目提要》评价说："是书取字体之假借通用者，依韵编之，各注所出，而为之辨证，于考古深为有功……就所征引，足以通古籍之异同，疏后学之疑滞，犹可以考见汉魏以前声音文字之概，是固小学之资粮，艺林之津筏；非俗儒剿窃之书所能仿佛也。"但吴氏对于古音并不很懂，所以他不能就古音通假以说明别字的语音根据，在讲解时就难免隔膜。对于古人用字之同声假借、转音变异、别体重文、同声转音等，辨析得并不明晰，时有谬误，且漏落亦多，古书中常见之假借通用之字，往往失收。此书有新安程氏督经堂乾隆七年（1742）刊本、《益雅堂丛书》本、小蓬莱山馆刊本、《文选楼丛书》本、《丛书集成》本等。

3. 夏味堂的《拾雅》

夏味堂，字澹人，江苏高邮人。此书谓之"拾"者，即拾取《尔雅》、《广雅》之所遗之意。周中孚《郑堂读书记补逸》曰："澹人以阮云台（元）《经籍籑诂》、王怀祖（念孙）《广雅疏证》上下千古，靡不赅洽，犹虑后学未能贯通，爰辑所录，遍翻故笈，依《尔雅》部居，专事撅补，以成是书，名曰《拾雅》。"此书凡二十卷，三部分。卷一至卷六为《拾雅释》，卷七至十为《拾广释》，拾《广雅》已释之所未备。卷十一至二十为《拾遗释》，拾《尔雅》、《方言》、《广雅》、《小尔雅》之所未释。夏味堂弟夏纪堂偕味堂子齐林、云林为之注，"其作注之例，惟经传全载，义取贯通，余则惟取一隅，以省毓冗；而每字辄注，取其赅备，且亦汉儒注释之所不废也。惟其止引经文，而不引郑氏诸家笺注，未免过简耳"。此书虽有遗漏，但收词宏富，资料可资利用者甚多，是清代雅书中较为优秀的一种。有嘉庆二十五年

(1820）刊本、道光二年（1822）刊本。

4．洪亮吉的《比雅》

洪亮吉（1746～1809)，初名礼吉，又名连；字君直，又字稚存，号北江。江苏江湖（今江苏武进县）人，祖籍安徽歙县。乾隆五十五年（1790）进士，授翰林院编制，充国史馆纂修官。嘉庆三年（1798)，因批评朝政被谪戍伊犁三年，赦归后，改号更生居士，放浪山水十余年。于书无所不窥，通经史、音韵、训诂、地理之学。著有《六书转注录》、《春秋左传诂》、《比雅》等。

《比雅》共十九卷，可称为一部古汉语近义词的资料书。书名“比”，就是义近相比附的意思，本书资料来源多为古书注释。陈庆镛在序中说：“依《尔雅释训》、《释言》之例，属辞比事，归当合一。凡经传遗言，以及《老》、《庄》、《荀》、《管》、《逸周书》、《白虎通》、马班二史，汇辑贯成一卷，曰《转注考》。”据此可知是书亦名《转注考》。《比雅》广泛搜辑意义相近、相对或相关的语词，所谓“两两比并”者，博引书证，详加辨析。如：

嬴，长也；缩，短也。

伤良为谗；害良为贼。

天地四方曰宇；古往今来曰宙。

阳之精气曰神；阴之精气曰灵。

行曰商；止曰贾。

无谷曰饥，无菜曰馑。

有墙曰苑；无墙曰囿。

小曰舟；大曰船。

樵取薪也；苏取草也。

有足谓之虫；无足谓之豸。

雄曰凤；雌曰凰。

此书收揖的材料大都注明书名出处，此书材料对研究同义词、反义词有很大的价值。可惜现在人们对此书价值并未能认识清楚。胡朴安在《中国训诂学史》中评论说："其书是洪氏随手辑录，未加整理。稿旋遭火，首尾焦烂，付刊时仍照原稿，颇多误人之处，《释木》误入《释诂》，《释鸟》误入《释诂》等极多。"本书体例不够严谨，收词亦失于芜杂，引文不标篇名卷数并时有删节。

《比雅》收入《洪北江全集》。单行之本有《玲珑山馆丛书》本、《粤雅堂丛书》本、《益雅堂丛书》本、《授经堂遗书》本，商务印书馆《丛书集成》据《粤雅堂丛书》本排印。

5. 史梦兰的《叠雅》

史梦兰（1813~1893），字香崖，号砚农，别号竹素园丁。乐亭（今河北乐亭县）人。道光二十年（1840）举人，选山东朝城知县，因母老不赴。家富藏书，遂博通群籍，治学以训诂考据为本。著有《燕说》、《论语翼注骈枝》、《古今谣谚补注》等。

《叠雅》共十三卷，专辑重言叠字。重言叠字，前人不甚重视，至史氏方始重视重言的作用。他在《自序》中说："形容之妙，每用重言；名物之称，尤多复字。"《叠雅》一书遂专门搜辑经史子集和诸家注疏中的叠字，"凡诸雅所已载者，旁搜以参其异同，诸雅所未载者，博采以考其源委"（胡朴安《中国训诂学史》），成为训诂学史上前所未有的专释重言叠字的专著。

此书仿《尔雅》体例，但不标明门类，略依类记之。大致上一至十卷为叠字形容词，卷十一为象声词，卷十二象声词和叠字形容词兼收，卷十三为叠字名词。字异而义同者，汇为一条；字同而义异者，则分属各条；同一重言叠字的异体字或假借字，用双行小字，注于该词目之下。一条之中类聚若干同义之叠字，然后总释其义，如第一条"岩岩"、"峨峨"、"隗隗"、"渐渐"等五十七个叠字词，然后释以"高也"。

此书对所辑录之词，不仅训释其意义，且博引群书，详加疏证，遂使其所确定的义诂令人信从，做到了信而有征，而且亦为学者理解其义诂提供了具体的语言环境。凡所征引，均按经史子集顺序排列，详注书名、篇名，有些还注明作者及其时代。这些特点不仅说明作者治学严谨，而且方法亦较前诸雅改进很多。例如：

卷一："枚枚、绵绵、缴缴、沐沐，密也。《诗·鲁颂》：'实实枚枚。'毛传：'枚枚，砻密也。'又《周颂》：'绵绵其麃。'《尔雅·释训》疏：'孙炎曰：绵绵，言详密也。'魏曹植《洛神赋》：'思绵绵而增慕。'《文选》李善注：'绵绵，密意也。'唐韩偓《屐子》诗：'六寸圆肤光缴缴。'《说文》：'缴，密也。'梁简文《南郊颂》：'故以熊熊灼灼，炫两明而仰七曜；纷纷沐沐，承五烟而带三灵。'《太玄经》：'密雨溟沐。'注：'溟沐，细密之雨也。'案：沐沐，亦细密意。"

《叠雅》共四百六十条，每条有多至七十六个叠字词，可谓集叠字之大成之作，对于重言词研究颇有价值。书后附有《双名录》一篇，搜录叠字之人名。

此书初刻于同治三年（1864），通行者为《止园丛书》本。

6.陈奂的《毛雅》

陈奂（1786～1863），字倬云，号硕甫，又号师竹，晚年号南园老人，江苏长洲（今江苏吴县）人。师事段玉裁，专治《毛诗》、《说文》。咸丰初举孝廉方正。著有《毛诗传疏》三十卷、《毛诗音》四卷、《毛诗说》一卷、《诗词助义》三十卷、《说文部目分韵》一卷等。

《毛雅》又称为《毛诗传义类》，附于《毛诗传疏》之后，是把《诗经》的毛传训诂，本《尔雅》十九篇之例编辑而成。此书专门收集《毛诗》诂训进行整理，未对毛传训诂作改动。《毛诗诂训传》是我国训诂学中传注训诂最早的典范，对于研究训诂历史、词义发展演变，都是很有价值的材料。《尔雅》是我国最早的专书训诂的典范，历来认为是先秦故训的汇集。毛传释义与《尔雅》不尽相同，如"大也"一条，《尔雅》收三十九个词，《毛雅》收五十个词；"善也"一条，《尔雅》收十六词，《毛雅》收十二词；"安也"一条，《尔雅》收五个词，《毛雅》收十一个词。由此可见，《尔雅》并非专门释《诗经》之作。陈氏将毛传训诂辑为专书，使学者可与《尔雅》比照，于探求词义发展规律殊为方便。《毛雅》附于《毛诗传疏》中，常见的为《续经解本》。

7. 朱骏声《说雅》

朱骏声著《说雅》附在他著的《说文通训定声》一书之后。他在《说雅》自序中说："循《尔雅》之条理，贯许书之说解，五百四十目纪之以形；十八部纬之以声；十九篇经之以意与事；参互错综，神旨益显，其在转注、假借亦可旁通云。"

《说雅》把《说文》九千三百五十三字及《说文通训定声》所增附之七千余字，循《尔雅》条例，按字义归为十九篇，每篇之目都按《尔雅》体例安排。《说文通训定声》变更《说文》体例，把《说文》所收字及新附字，分隶于朱氏所分古韵十八部中，《说文通训定声》以声音为纲纪，以声音训诂相通之理推演文字转注假借的规律。而《说雅》则以字义为据，把字义相同相近相关之字汇聚为一类，总分为十九篇。《说文通训定声》与《说雅》交互错综，对于考求字义的引申假借规律，语词音义之间的关系，具有很高的价值。如果将《说雅》、《毛雅》、《尔雅》三书综合研究，可整理出上古汉语词汇系统。

8. 程先甲和《选雅》

程先甲，字一夔，江苏江宁人。著有《广续方言》、《方言类聚》等。《选雅》用《尔雅》体例，搜集《文选》李善注中语词，依类编辑，故名《选雅》。《文选》李善注引用古籍一千多种，今尚存世者不过十之二三，故李善注所保留的材料是十分珍贵的。

俞樾在序中说："《文选》一书不过总集之权舆，词章之辐辏；而李则包多群籍，羽翼六艺。言经学者取焉，言小学者取焉。"

《选雅》二十卷，体例仿《尔雅》而成。每条被释词下均注《文选》中篇名。注语复见者，一般标最初出处，可参证者则并采之。李善所引旧注或有众解歧出者，则比并征录，以备一说。以胡克家翻宋氏本为据，采胡氏考异及他家之说，间参己见。此书取《文选》李善注所采千数百种书中有关训诂之旧注，贯穿排比，述为是编，虽托名于《文选》，实荟萃三代以后诸家之训诂为一编。俞樾在序中认为：陈奂作《毛雅》、朱骏声为《说雅》，皆限于一家之学，未若此书之皋牢万有。平心而论，此书归纳唐以前训诂，为学者研究采寻训诂材料提供了极大方便。此书有光绪二十八年（1902）千一斋原刻本。

（四）俗语学研究

清代学者逐渐脱离小学为经学服务的宗旨，开始较清醒地将俗语学、方言学纳入自己的研究视野。这个时期出了众多的俗语学、方言学著作，其中不乏真知灼见的论述，这在以前是不曾有的现象。

这时期的俗语学、方言学著作大致可分为三类：

1. 沿袭《方言》体例，比较研究方言词汇的著作。

这些著作只是搜集和载录古代文献中所见的古代书面方言词汇，并没有继承发扬扬雄调查记录活的方言口语词汇的长处。下面分别谈几种重要的著作。

杭世骏撰《续方言》。杭世骏（1696～1773），字大宗，别字堇甫，浙江仁和人。乾隆元年（1736）召试博学鸿词，授翰林院编修。后罢归，杜门著书。自号秦亭老民。晚年主讲粤秀、安定等书院。学识淹博，于小学、史学成就尤著。

《续方言》搜集唐宋以前经、史、传、注、字书中古代方言词语五百余条，以补扬雄《方言》所未备。分上下两卷。卷上包括言辞、称谓、计量、衣着等各类词语三百余条，卷下包括天文、地理、草木、虫鱼等各类词语二百余条。前后类次都依照《尔雅》，但没有标明类目。此书汇集古义，颇有助于训诂。不足之处是往往条目遗漏很多。有湘阴郭氏刊本，常见的有民国二十六年（1937）商务印书馆《万有文库》本。

戴震也写过一部同名的书。罗常培在序中说："其经始虽后于大宗（杭世骏），而实闭户暗合，未尝相袭。盖大宗汇辑群书，依《尔雅》类次，但不明标其目。而东原所辑，俱此原书为序，未经排比。……较东原所引，惟缺《荀子》杨倞注一种，余则博赡过之。"此书为未完成稿，因见到杭氏书，遂不再作。将其有关内容采入《方言疏证》一书。有 1932 年前历史语言研究所影印本。1936 年收入《安徽丛书》第六期《戴东原先生全集》。

此后以此类书为范本续作的著作很多，计有程际盛的《续方言补证》，徐乃昌的《续方言又补》，沈龄的《续方言疏证》，张慎仪的《续方言新校补》，后又写有《方言别录》，程先甲《广续方言》、《广续方言拾遗》等。

2. 分类考词派著作

此类著作企图证明方言口头词语皆有所本，对每一个词语皆引用古代文献，溯其源流。旨在指出某一方言词语最初见于何书，或出于何人所撰著作，可供词源学研究参考。重要的有以下两种：

翟灏著《尔雅补郭》。翟灏（1736~1788），字大川，晚年改字晴江，浙江仁和（今浙江余杭县）人。乾隆十八年举人，次年进士。翟氏尽毕生精力而成，刊于乾隆十六年（1751）。此书采集俗语、方言、成语五千余条，以类相从，考索源流、语义。每条先列词目，次引经史子集中解释及例证，未加定语。此书搜罗宏富，考证精详，对汉语语义、语源、语法乃至字体沿革研究均大有裨益，但有少数条目分类欠当，出处不详或失考。同时学者梁同书尝作《直语类录》，及见翟书后，放弃原计划，而补翟氏所遗，撰《直语补证》，列语汇四百余条，乾隆十六年翟书刊刻时附印于后。1957 年商务印书馆把《通俗编》与梁同书《直语补证》合并排印，并编有四角号码索引，是目前最为通行的本子。

钱大昕撰《恒言录》。"恒言"即常语，即俗语。本书搜辑俗语八百余条，分为十九类，比《通俗编》精密。所收录的复音词，包括双声叠韵词，亦较诸书丰富。对所辑录词语的源流一一加以精审考辨，并注名词语出处。凡经史子集及字典辞书、笔记杂著都广泛采辑，列证确凿而不繁冗，条理殊为清晰。周中孚《郑堂读书记补逸》赞曰："是编取恒言常语出于流俗相习而实有所本者，分为一十九类。每条各疏明出处，自经史以下，旁及前人诗文，引据不繁，而典核深至。单词类则多证以训诂之书；叠字类更注以双声叠韵之语。由其深于小学，又擅考证，故能精析如此也。……竹汀是书可与传注家相出入，而有资于小学者尤非浅鲜。"此书有嘉庆十年（1805）阮氏刻本，收入《文选楼丛书》内；《潜研堂全书》亦收入此书。1958 年商务印书馆将此书和《恒言广证》合印出版，并附有索引，是目前最为通行方便的本子。

3. 分类考字派著作

此类著作以考证方言词语的本字为目的，企图证明方言口语皆有"本字"。其中代表作为胡文英的《吴下方言考》、杨恭桓的《客话本字》。

胡文英，字绳崖，江苏武进人。此书完成于乾隆二十年（1755）左右。此书从编撰到刊行，历时几乎三十余年。胡氏认为《尔雅》之数十字而训一义，是方言造成的。《方言》一书是合全国之音以成一家之言的著作，而《吴下方言考》则专解吴语，注吴音，以求通晓古训。此书虽以吴语为主，也搜集了江南一带的方言俗语，可以与吴语相证明的燕齐等地的北方方言，亦一并附入。各词皆详加考辨，证以古训。对方言中的"伪"字，亦时或加以考订。胡氏此书并非专门集录吴语词汇者，而是通过方言词汇以考求本字、明训诂，以证释古书。本书按平水韵编次，词条皆用本字标目，条目之下，有难字者则先注音，次引书证，再次释义，后引吴语例语。释义多就其本字释之，不做强解；对于语义易明者不收，对于字书、韵书失收之字，义有可通者，概为检入；凡其他方言可与吴语互相证明者，亦一并附入。此书有乾隆四十八年刊本、北京中国书店影印本。

杨恭桓撰《客话本字》，一卷。此书包括《客话双字》、《客话叠字》、《客话单字》、《客话源流多本中原音韵考》。搜辑清代嘉应州客家方言词一千四百多条，包括单音、双音和多音词。每条先列本字，后博引古籍加以考证，侧重辨析客家话语词皆有所本。本书对研究清代客家话词汇有重要参考价值。